上海市长宁区推进学习型城区建设指导委员会办公室
上 海 市 长 宁 区 终 身 教 育 指 导 服 务 中 心

终身学习
云视课堂建设的理论与实践

姚 期 主编

图书在版编目（CIP）数据

终身学习云视课堂建设的理论与实践 / 姚期主编． —上海：上海科学技术文献出版社，2020
ISBN 978-7-5439-8088-4

Ⅰ．①终… Ⅱ．①姚… Ⅲ．①社区教育—教育工作—研究—长宁区 Ⅳ．①G779.2

中国版本图书馆 CIP 数据核字 (2020) 第 053183 号

责任编辑：夏　璐
封面设计：汪　溪

终身学习云视课堂建设的理论与实践
ZHONGSHEN XUEXI YUNSHIKETANG JIANSHE DE LILUN YU SHIJIAN
姚　期　主编
出版发行：上海科学技术文献出版社
地　　址：上海市长乐路 746 号
邮政编码：200040
经　　销：全国新华书店
印　　刷：昆山市亭林印刷有限责任公司
开　　本：720mm×1000mm　1/16
印　　张：16
字　　数：238 000
版　　次：2020 年 11 月第 1 版　2020 年 11 月第 1 次印刷
书　　号：ISBN 978-7-5439-8088-4
定　　价：48.00 元
http://www.sstlp.com

Foreword 前言

根据教育现代化的总目标,《中国教育现代化 2035》提出推进教育现代化的十大战略任务,并指出:“加快信息化时代教育变革,推动教育组织形式和管理模式的变革创新,以信息化推进教育现代化。”上海市终身教育工作要点在“推进数字化学习”方面,要求“依托社区教育数字化学习协作组,扩大‘云视课堂’的受众面和影响力”。

从 2008 年开始,长宁区在市、区学习办指导下,由区社区学院牵头,精心打造了“学在数字长宁”网,开启了推进长宁区社区数字化学习的篇章。十余年来,从数字学习网站到综合学习平台,从移动学习端到微信公众号,从云视课堂到学习云,长宁区社区教育数字化始终围绕区域发展战略和市民终身学习的需求,经历了从 1.0 到 4.0 的迭代升级,不断缓解社区教育优质学习资源供给相对不均衡、不充足的瓶颈问题,增强了全民学习、终身学习的服务供给活力,迈开了终身教育与学习信息化推进现代化的坚定步伐。

为了反映这一历程,汇聚有关成果,提炼相关经验,本书设置了以下栏目:一为理念、指向,阐述了终身学习云视课堂建设的背景、意义、目标任务和支撑理论;二为内涵、框架,展示了终身学习云视课堂建设的相关内容及其特色;三为实践、成效,集中了上海市兄弟区及长宁区各街镇终身学习云视课堂建设的经验与成果;四为拓展、研究,反映与终身学习云视课堂及信息化建设相关领域的探索和思考等。

时代在发展,我们要不忘初心、牢记使命,砥砺奋进。希望通过本书的出版、发行,能促进终身学习云视课堂建设的新发展,提升现代信息技术服务终身教育与学习的新水平,产生推动学习型城区建设和国际精品城区建设的新成效,为构建《中共中央关于坚持和完善中国特色社会主义制度、推进国家治理体系和治理能力现代化若干重大问题的决定》中所要求的"服务全民终身学习的教育体系"做出更大的贡献。

Contents 目录

四、拓展　研究

一、理念　指向

教育现代化引领教育信息化的思考

姚　期

党的十九大做出中国特色社会主义进入新时代的重大判断。党的十九届四中全会指出要构建服务全民终身学习的教育体系，要发挥网络教育和人工智能优势，创新教育和学习方式，加快发展面向每个人、适合每个人、更加开放灵活的教育体系，建设学习型社会。这开启了我国加快教育现代化、建设教育强国的新征程。我们必须聚焦新时代对人才培养的新需求，将教育信息化作为教育系统性变革的内生变量，支撑引领教育现代化发展，使我国教育信息化发展水平走在世界前列。新时代赋予了教育信息化新使命，也必然带动教育信息化的新提升。

什么是现代化？社会现代化是指一种由传统社会向现代社会转型的特殊社会变迁过程，是以科学技术进步为先导，以工业化、城市化为主要内容，经济与社会协调发展的社会变迁过程。现代化主要包括六个方面的内容——科学技术的现代化、经济发展的现代化、社会组织功能的现代化、社会生活空间城市化、社会价值观念和生活方式的现代化、人的现代化与教育的发达等。“十三五”时期是全面建成小康社会、实现我们党确定的第一个百年奋斗目标的决胜阶段，是落实教育规划纲要，基本实现教育现代化的冲刺阶段。我们必须充分认识到加快推进教育现代化，事关我国从教育大国走向教育强国，事关中华民族的伟大复兴，具有划时代的战略意义。中国教育现代化提法始于邓小平在改革开放之初，为景山学校题词时所提出的“教育要面向现代化，面向世界，面向未来”的主张，其中“面向现代化”是后两个面向的前提和基础，其实质是要使我国的教育赶上世界先进水平。

新一代信息技术的迅猛发展和日益普及正在革命性地构建信息社会新的社会形态。信息技术对教育的变革是必然的。2018 年 4 月 13

日，教育部正式发布《教育信息化 2.0 行动计划》，强调没有信息化就没有中国教育的现代化。教育信息化有两层含义：一是把提高信息素养纳入教育目标，培养适应信息社会的人才；二是把信息技术手段有效应用于教学与科研，注重教育信息资源的开发和利用。教育信息化不再仅为教育手段的先进，作为革命性的内变量，它成为教育现代化的推力和特征，要求在教育过程中全面地运用以计算机、多媒体和网络通信为基础的现代信息技术，促进教育改革，从而适应正在到来的信息化社会提出的新要求。其对深化教育改革实施素质教育具有重大的意义。

为何教育信息化必须由教育现代化引领？具体地说：

一是教育信息化是在历史成就基础上实现新跨越。党的十八大以来，我国教育信息化事业实现了前所未有的快速发展，取得了全方位、历史性成就，实现了“三通两平台”建设与应用快速推进、教师信息技术应用能力明显提升、信息化技术水平显著提高、信息化对教育改革发展的推动作用大幅提升、国际影响力显著增强等进展，在构建教育信息化应用模式，建立全社会参与的推进机制、探索符合国情的教育信息化发展道路上实现了大突破，为新时代教育信息化的进一步发展奠定了坚实的基础。

二是教育信息化是顺应人工智能新环境下的教育发展。人工智能、大数据、区块链等技术迅猛发展，将深刻改变人才需求和教育形态。智能环境不仅改变了教与学的方式，而且已经开始深入影响教育的理念、文化和生态。主要发达国家均已意识到新形势下教育变革势在必行，从国家层面发布教育创新战略，设计教育改革发展蓝图，积极探索新模式，开发新产品，推进新技术支持下的教育教学创新。

三是教育信息化是充分激发信息技术革命性影响的新举措。经过多年来的探索实践，信息技术对教育的革命性影响已初步显现，但与新时代的要求仍存在较大差距。充分激发信息技术对教育的革命性影响，推动教育观念更新、模式变革、体系重构，需要针对问题举起新旗帜、提出新目标、运用新手段、制订新举措。

四是教育信息化具有突破时空限制、快速复制传播、呈现手段丰富的新优势，必将成为促进教育公平、提高教育质量的有效手段，必将成为构建泛在学习环境、实现全民终身学习的有力支撑，必将带来教育科学决策和综合治理能力的大幅提高。

可见，教育信息化具有教育现代化的基本内涵和显著特征，是“教育现代化 2035”的重点内容和重要标志。教育信息化是加快实现教育现代化的有效途径。以教育信息化支撑引领教育现代化，是新时代我国教育改革发展的战略选择，对于构建教育强国和人力资源强国具有重要意义。

中国教育现代化如何引领教育信息化？

《中国教育现代化 2035》提出：到 2035 年，总体实现现代化，迈入教育强国行列，推动我国成为学习大国、人力资源强国和人才强国，为到本世纪中叶建成富强、民主、文明、和谐、美丽的现代化强国奠定坚实基础。还提出了推进教育现代化的八大基本理念：更加注重以德为先，更加注重全面发展，更加注重面向人人，更加注重终身学习，更加注重因材施教，更加注重知行合一，更加注重融合发展，更加注重共建共享。明确了推进教育现代化的基本原则：坚持党的领导、坚持中国特色、坚持优先发展、坚持服务人民、坚持改革创新、坚持依法治教、坚持统筹推进。在全国网络安全和信息化工作会议上，习近平总书记着眼党和国家全局，科学分析信息化变革给我们带来的机遇和挑战，深刻阐述了网络强国、抓好信息化工作的重要思想。这一重要思想体现出对教育信息化工作方向性、全局性、根本性、战略性问题的深邃思考，为我们更好认识、运用、发展、管理互联网，建设网络强国、推进教育信息化提供了坚强指引。

为确保教育现代化目标任务的实现，《中国教育现代化 2035》明确了三个方面的保障措施：一是加强党对教育工作的全面领导。各级党委要把教育改革发展纳入议事日程，协调动员各方面力量共同推进教育现代化。二是完善教育现代化投入支撑体制。健全保证财政教育投入持续稳定增长的长效机制，全面提高经费使用效益。三是完善落实机制。建立协同规划机制、健全跨部门统筹协调机制，建立教育发展监测评价机制和督导问责机制，全方位协同推进教育现代化，形成全社会关心、支持和主动参与教育现代化建设的良好氛围。

在上海市委、长宁区委的正确领导下，长宁的教育现代化引领了教育信息化的发展。“学在数字长宁”经过了从 2008 年的 1.0 版、2013 年的 2.0 版、2015 年的 3.0 版，再到 2019 年正式上线的“学习云”4.0 版，十年耕耘，凝聚着长宁终身教育工作者的坚持与执着。“学在数字长宁”已经成为上海乃至全国终身教育领域具有一定代表性的品牌。“学在数字长宁”平台的功能模块、注册人数、日访问量和学分累计等已经取得了明显突破；长宁区被评为“全国数字化学习先行区”，长宁区社区学院成为中国成人教育协会社区教育专业委员会上海研究中心数字化学习分中心，也是全国社区教育数字化学习联盟副理事长单位；社区教育云视课堂2018年已经在全市16个区实现全覆盖，成为推进全市优质课程共享、特色资源建设和教学名师培养的重要平台。可以看出，长宁数字化学习的品牌影响力正在迅速提升。

成绩是对我们过去坚持不懈、持续探索的肯定，展望未来，我们还需要开拓创新，牢固树立“开放、共享、普惠、创新、体验、数据”的互联网思维，我们要对接新时代的新要求，开展新思考、实现新发展。

首先，要落实全国教育大会精神，办好人民满意的终身教育。在2018年召开的全国教育大会上，习近平总书记强调要坚持把立德树人作为根本任务，坚持以人民为中心发展教育，促进人的全面发展。终身教育作为市民身边的教育形式，与群众的心理距离最近，更应当为市民提供精准、个性、优质、便捷的教育服务。教育技术是传播终身学习理念、形成全民学习格局的重要手段，我们应牢固树立“以学习者为中心”的教育理念，以学习方式的数字化引导城区市民的学习化，通过开展技术升级与方式创新，积极回应市民的终身学习需求，持续改善市民在线学习的体验，努力提高教育服务的契合度，为市民打造个性化的智能学习空间，不断增强市民终身学习的获得感。

其次，要结合教育信息化2.0行动计划，加快信息技术与终身教育的深度融合。新技术是变革传统教育模式的强劲动力，是推动教育现代化、引领教育公平的重要途径。一方面，我们要加快构建互联网＋终身教育的服务模式，发挥信息技术在优化数字平台、创新教学方式、开发多媒体资源、培育优秀师资和营造舆论氛围等方面的优势功能，实现新技术在终身教育领域的全方位、常态化应用；另一方面，要逐步完善社区数字化学习支持服务体系，做好终身教育信息化的顶层设计，提供配套的政策、师资、技术、资金等保障，扩大在线学习机会，探索基于大数据的学情分析、自主导学和成果认证等技术与制度创新，不断提高市民的信息素养。

第三，要对接国际精品城区发展战略，承担教育服务城区建设的重要使命。2018 年 6 月 13 日，“2018 全球智能＋新商业峰会”在上海长宁世贸展馆举办，人工智能已经上升到产业发展战略高度，成为长宁经济社会发展的新动能和新增长点，本次峰会还提出了个性化教育定制的理念。如果说前一个十年“学在数字长宁”定位要求终身教育致力于数字化、信息化建设，那么新的时代则要求我们把握长宁区新一代智能产业发展的重大机遇，主动拥抱人工智能，发挥社区数字化学习在深化学习型城区建设中的支撑作用，提升市民的文化品位和生活品质，助力于长宁国际精品城区建设。

我们正身处一个信息技术飞速变革的时代，终身教育发展因此也面临着新的机遇和挑战。面对《中共中央关于坚持和完善中国特色社会主义制度、推进国家治理体系和治理能力现代化若干重大问题的决定》以及《中国教育现代化 2035》《上海教育现代化 2035》《长宁教育现代化 2035》的新要求，我们站在新的起点上，相信在各级领导的关心指导下，兄弟单位的关心帮助下，各街镇的大力支持下，我们一定能够更好地对接发展趋势、奋发有为，“发挥网络教育和人工智能优势”，齐心协力推动“学在数字长宁”实现不断深化，为服务长宁学习型城区建设和社会经济发展、为实现上海市教育信息化的相关工作提供“长宁方案”做出更大贡献。

（本文作者为长宁区学习办主任、长宁区教育工作党委书记）

教育信息化 2.0 发展研析

鱼东彪

自人类社会迈入 21 世纪以来,信息技术已经融入到社会生活的方方面面,信息技术与教育的双向融合催生了教育的信息化。所谓教育信息化,是指在教育中普遍运用现代信息技术,开发教育资源,优化教育过程,以培养和提高学生的信息素养,促进教育现代化的过程。而教育信息化 2.0 则标志着我国教育信息化建设迈入新的发展阶段。它不仅仅是一个运用信息技术改进教育、教学的过程,更是整个教育领域的变革。

目前,我国教育信息化建设在立足本国国情的同时,参照国外已有实践经验,已经初见成效。当前教育信息化不仅是教育发展的必然趋势,更获得了国家政策的大力支持。党和政府出台的一系列相关政策,不仅为教育信息化发展做出了全面规划,也提供了发展方向。但教育信息化的实践还存在诸多亟待解决的问题。

社区教育作为实施终身学习、建设学习型社会的中坚力量和重要途径,同样受到了教育信息化进程的影响、国家政策的支持。教育信息化在一定程度上,直接推动了社区教育信息化的发展,为社区教育的发展提供了新的业态和突破口。社区中开展的一系列实践探索,在为社区教育提供实践经验的同时,也指引着社区教育的进一步发展。

一、国内外推进教育信息化的历程

从历史的发展上看,欧美等发达国家教育信息化起步早、经验丰富,其中美国作为头号经济强国,在教育信息化方面一直处于世界前列。与此同时,随着近些年来我国经济腾飞、国家对信息技术的重视,我国教育信息化发展逐渐呈现出强劲的赶超势头。

以美国为代表的欧美教育信息化建设，一直走在世界前列。自1992 年克林顿就任美国总统以来，美国就一直十分重视信息技术在教育中的应用。1996 年提出“让每一间教室都联上信息高速公路”的目标，发起了“全国学校网络试点项目”等信息化工程。这些都体现出美国在教育信息化初期，针对信息化所做的基础设施建设。进入 21 世纪之后，美国的教育信息化发展逐渐呈现出新的姿态和面貌，从以基础设施建设为重心，转为以教育、学习方式的改变为核心，通过信息技术将学习者的需求与丰富的教育资源有效地连接起来。

与欧美国家相比，我国教育信息化起步较晚，信息化最初并未与教育直接接轨，而是作为经济社会发展的重点领域在全国范围内推行。在较长一段时间内，教育信息化仅作为整个国家信息化宏观规划下的一部分。自从 20 世纪 90 年代以来，以政策推行为切入点看，我国教育信息化主要经历了初步推行、系统规划和深入发展三个阶段。

（一）初步推行阶段

1996 年国家教委拟定了第一个“关于 1 000 所学校教育手段现代化试点项目的五年计划”，从基础设施入手推动我国教育信息化进程。2006—2010 年，又陆续出台了《2006—2020 年国家信息化发展战略》《国家中长期教育改革和发展规划纲要（2010—2020 年）》，明确提出“提高人民群众的受教育水平和信息技术的应用技能”“加快教育信息化进程”“将社区教育信息化纳入到教育信息化的范畴”等目标。在这一阶段，我国的教育信息化建设虽然有明确的战略目标，但在建设过程中呈现出表面化、碎片化、区块化的特点，并没有涵盖整个教育领域，且重点在于教育信息化硬件、软件等基础设施建设。

（二）系统规划阶段

2012 年教育部发布《教育信息化十年发展规划（2011—2020 年）》，规划提出“探索现代信息技术与教育的全面深度融合”“统筹规划、整体部署教育信息化发展任务”“最终实现教育信息化可持续发展”。到2016 年，教育部再度印发《教育信息化“十三五”规划》，把教育信息化提升至一定的战略高度。在系统规划教育信息化发展前景的基础上，进一步细化和明确教育信息化目标，解决我国教育信息化在实践过程中出现的问题和困难，最终实现“人人皆学、处处能学、时时可学”的教育发展目标。这一阶段，我国教育信息化建设领域进一步拓宽，不仅着力于整个教育大系统向信息化迈进、加强全方位的规划和顶层设计，同时注重目标设置与整个教育信息化体系的适配性、可操作性，重点开始向信息技术在教育教学、学习中的应用偏移。

（三）深入发展阶段

与改革开放以来 40 多年的“教育信息化 1.0”时代相对比，2018 年《教育信息化 2.0 行动计划》的提出，标志着我国教育信息化建设步入新的、升级转型的历史阶段。计划指出要“利用大数据技术采集、汇聚互联网上丰富的教学、科研、文化资源，为各级各类学校和全体学习者提供海量、适切的学习资源服务”。此一阶段，信息技术与教育融合发展的水平显著提升，对教育信息化的理解也不再拘泥于基础设施配置、教学应用，开始更广泛地涵盖教育观念、信息素养和服务主体等各个方面。以“四个更加坚持”“四个更加兼顾”为宗旨，加大力度解决教育信息化深度发展带来的新问题、新挑战。

教育信息化是一个不断深入发展的过程，目前我国教育信息化建设已进入深水区，《中国教育现代化 2035》也即将出台。教育信息化作为一种反映国家教育信息化整体可持续发展的综合竞争能力、教育发展的必由之路，在建设过程中备受各界学者的关注，也形成了丰富的研究成果。

二、教育信息化研究路径

由于教育信息化直接与国家政策挂钩，是我国教育研究的热点、焦点，因此国内学者对教育信息化的研究受到政策时效性的影响，研究路径主要可以划分为三种：以政策解读为切入点的历程回顾、以实践试点为基础的对策建议，以及以教育信息化发展为主体的深入剖析。

上述三种研究路径中，政策解读和实践试点针对教育信息化发展中出现的问题和制约因素进行了阐述，并提出相应的建设意见。而对以信息化发展为主体的剖析，涉及教学策略的创新、"互联网＋"及"云技术"在教育信息化中发挥的作用等方面。

（一）以政策解读为切入点的历程回顾

教育信息化发展是国家政策主导的过程，政策是整个历程发展的引导和保障。有学者专门从某一政策出发，阐述政策内涵并提出针对性意见。余胜泉从内容框架、7 个核心要点出发对《教育信息化十年发展规划(2011—2020 年)》进行解读，继而提出技术与教育双向融合，让信息技术为教育发展提供新的生态环境。任友群则详细解读了《教育信息化 2.0 行动计划》中提出的"四个坚持""四个兼顾"。

此外，更多的学者从一段时间内的政策出发，回顾国内和国外信息教育发展历程。祝智庭、李志河、宋亦芳等人，分别从不同时段论述了我国教育信息化、高等教育信息化和社区教育信息化的发展历程。祝智庭、洪明、蔚蓝等人专门论述以美国为代表的欧美国家、加拿大、亚洲地区国家的教育信息化发展历程，并为我国教育信息化建设提供经验和借鉴。

（二）以实践试点为基础的对策建议

我国自 20 世纪 90 年代以来，进行过多次现代教育技术方面的实验，如："电化教育促进中小学教学优化"课题实验、全国 1 000 所中小学现代教育技术实验学校教改实验等；在远程教育方面，创建了中国广播电视大学、网络教育学院和网校三个系统，这些都是教育信息化在实践中的体现。

以实践试点为基础，为教育信息化建设建言献策的研究很多，如：沈光辉阐述了福建广播电视大学推进社区教育信息化的实践，包括创建"福建终身学习在线"平台、"福建老年学习网""i-生态菜园"教育体验基地，立足信息技术与教育的融合，推进社区教育信息化，最终构建"互联网＋"和人工智能背景下的学习型社会。许骏等人论述了广东省的"粤教云"计划和示范工程，在架构"1＋3＋N"的理念和核心云服务的基础上，通过"试验田"达成"粤教云"从论证到实践的最终目的。

（三）以教育信息化为主体的深入剖析

现代社会是信息大爆炸时代，人们对世界的认知越来越依赖信息技术。数字化、网络化、云教育都是建设教育信息化的步骤和途径，也是对教育信息化所做的更深入的探索。

相当一部分学者没有直接研究教育信息化，而是从侧面或内部剖析教育信息化，如：祝智庭专门从云技术、教育云与教育信息化的关系出发，论证其对教育信息化发展的推动作用；从智慧教育乃是教育信息化最终状态，构建教育信息化发展的新境界、新诉求。除此之外，还有学者专门对数字化的移动互联网学习、慕课平台的搭建、数字化校园进行研究，从教育信息化的其他方面出发，为教育信息化建设提供更完善的未来行动策略。

从目前已有的研究看，学者们所做的实证性研究和跨学科综合研究数量还是偏少，特别是缺乏立足于信息化所带来的技术优势和资源整合优势的跨学科前瞻性研究更少。在实践中，我国信息化教育仍然面临着诸多现实问题。信息技术与教育的融合，虽然取得了一定的成效，却远没有真正解决信息技术与教育"两张皮"的问题。

三、聚焦社区教育信息化

新兴信息技术的应用影响着整个教育系统，不仅给教育信息化提供了技术上的支持，并促进教育观念、教育媒介、教育模式、教育环境和教育管理等产生一系列变化。基础教育、高等教育、成人教育以及社区教育都在教育信息化的影响下，树立起新的发展理念和发展模式。尽管目前，我国教育信息化已经步入 2.0 时代，相比其他教育阶段，社区教育仍然是教育信息化发展的薄弱环节。

未来的教育应该是更加开放自由的、终身的、多元化的教育，社区教育是充实和提高教育现代化内涵和水平的重要举措。就目前来看，必须提高和重视社区教育信息化的建设。一方面，我国已经通过政策的顶层设计，转变了社区教育原本零散、无序的发展状态；另一方面，借助信息技术，已经为社区教育的发展塑造出更有利的支持和条件。与此同时，无论何种试点实践，都在教学模式的转变、教学平台的搭建等方面取得了一定成效。

尽管目前有关社区教育的试点实践已经取得了显著成效，但仍然存在一定的问题。比如：信息化流于形式，仅仅是技术与教育简单叠加，而非教学方式、方法、理念的转变，信息技术应用不深入、创新实践不强；没有充分地系统地挖掘、整合社区资源，以探索社区教育信息化的长效发展机制；等等。面对这些问题，应树立正确的信息化价值观念，进一步完善管理体制和运行机制，将已有经验与创新发展路径相结合，最终将社区教育信息化落到实处。

（一）政策引导与环境塑造

社区教育信息化，是社区居民为追求精神生活的充实及对终身学习的需求，将信息资源作为其基本学习内容，并将计算机、多媒体和网络通信为基础的现代信息技术作为其主要学习手段，同时伴随着社区成员技能、知识、能力不断提高的发展过程。国家宏观政策的引导和信息技术高速发展的现实条件，都为社区教育信息化的发展创造了条件。

一方面，国家政策的积极引导和扶持。

我国出台的相关政策文件，不仅在全局上着眼于教育信息化，也聚焦于社区教育与信息化的接轨。虽然这些政策文件没有专门针对社区教育信息化建设做出指示，但都将社区教育信息化放在了较为突出的位置，并提出了前瞻性的指示。教育部在 2004 年《关于推进社区教育工作的若干意见》中指出，要运用现代化远程教育手段，“构筑起社区居民全民学习、终身学习的平台”。2013 年专委会设立了《社区教育信息化建设对策研究》，并选择上海、北京、大连等地联合实施。2016 年，教育部等九部门《关于进一步推进社区教育发展的意见》将“推进社区教育信息化”作为社区教育发展的 16 项主要任务之一。

在信息化热潮的推动下，社区教育与信息化相结合的趋势是必然的。这些政策的提出，为社区教育信息化建设提供了方向指导，而政策在落实过程中，则为信息化平台的搭建、技术的运用提供了资金和支持。

另一方面，信息技术日趋成熟为社区教育大环境的改变提供了契机。

就目前的现实情况看，信息技术的发明和使用改变了人们日常生活的各个方面。云计算、大数据、人工智能的到来，使人们过上快节奏的生活，也向教育活动的开展提出了挑战。想要适应目前学习者“人人可学、处处可学、时时能学”的需求，社区教育就要将信息技术引进来，为传统社区教育打开新局面。

“互联网＋”模式的不断拓展，云计算、大数据、人工智能以及 VR、AR、MR 等信息技术高速发展，确实在为经济社会的发展创造契机的同时，为社区教育的信息化提供了新的业态与环境。在这样的环境下，网络教育、数字化学习作为“互联网＋”与社区教育相融合，成为在线学习的新模式；人工智能与教育的碰撞，开启了社区教育智能化的新阶段，这些都是社区教育能够与信息技术相融合的表现。

（二）“云视课堂”等实践探索

早在 2000 年，教育部就在 8 个中心城市的中心区开展过教育实验工作，后又陆续批准了一些全国性的社区教育实验区和示范区。在试点实验的过程中，信息技术的使用是社区教育创新的体现，也推动了社区教育信息化的发展。

上海市长宁区学习办与社区学院联合推出的“社区教育云视课堂”、福建广播电视大学依托“数字福建终身教育大数据研究所”搭建的远程教育平台“福建终身学习在线”、日照电视大学奥鹏学习中心创建的“教育虚拟社区”等都属于社区教育信息化的实践探索。由于信息化不仅是技术手段，同时也是一种学习方式、学习过程和一种教育模式、教育过程，它影响着社区教育和学习型社区建设的各个方面，几乎每一种实践探索都包含教学模式的转变及教学资源和平台的搭建。

1. 教学模式的转变

云计算、大数据、人工智能、虚拟现实等新兴技术的使用，促进了学生在教学过程中主体地位的凸显，转变了传统课堂教师讲、学生听的固化模式。依托信息技术的新型教学模式的出现，是发生在教育内部最重要的变革。社区教育的服务对象是市民群体，具有需求多、难统一、自主式的特点，想要使社区教育真正面向人人，只有借助教学模式的信息化才能实现。

STEAM 融合教学模式、基于教育大数据和精准分析的教学模式、与深圳大学“WECO 课堂”类似的课堂师生交互的教学模式、课前在家听看教师的视频讲解，课堂上在教师指导下做作业或实验的翻转课堂教学模式、注重线上线下互动的 MOOC 教学模式等，都以信息技术、数字化为依托，切实做到“从学习者出发，一切为了学习者”的学习型社区宗旨。

2. 教学平台和资源的搭建

为了与当前信息化的新型教学模式相适配，需要发展各种适应网络化教学应用的新型资源、知识工具与智能学习体、AR(虚拟现实)、VR(增强现实)平台，以此促进社区教育信息化的根本实现。课程资源的建设和平台形式的多样化，能够推动社区教育信息化达成服务功能。

以上海市社区教育卫星网项目为例，其以“三网合一”为理念，搭建“天网”“地网”“人网”三种平台，形成卫星网络体系以开展社区教育。依托不同平台的相互连通，既可以整合、开发和创建课程资源，形成量大、质优的资源网络，实现优质资源的利用最大化，还能灵活地使用新型教学模式，满足不同层次的社区居民的学习需求。

(三) 未来展望

自 20 世纪 90 年代社区教育兴起至今，我国的社区教育虽然有了长足的发展，却也存在诸多制约因素，如：社区教育信息化发展历程更短，且缺乏顶层、系统的规划和管理；信息化流于形式，仅仅是技术与教育简单叠加，而非教学方式、方法、理念的转变；信息技术应用不深入、创新实践不强；没有充分地系统地挖掘、整合社区资源，造成软硬件资源的浪费；社区与社区之间的信息化发展程度不均衡、关起门来搞沟通不到位；等等。

教育信息化最终的落脚点是实现教育的现代化，教育现代化的本质不是技术的提高，不是让信息技术将课程变为“表演课”“作秀课”，而是实现教育思想、教育理念的现代化。现代社会人工智能的发展速度太快，这对社区教育而言既是机遇也是挑战。面对当前的现实情况，应该主要从以下三个方面出发更好促进社区教育信息化。

首先，应树立正确的信息化价值观念。信息化不仅仅是一个建设工程，更是一个体制与文化变革的过程。教育信息化的开展一直以来都多少存在局部优化的状况，随着信息化工作的深入，会直接导致教育信息化面临无法想象的阻力。社区教育是教育体系的重要组成部分，无论是政府、执行者、学校、社会第三方教育服务组织，都应该树立正确观念，力求信息技术与教育全面深度融合，坚持将落脚点立足于教育对象的需求和特点，使信息化能够产生更为深入的持续性影响。

其次，进一步完善管理体制和运行机制。要逐步建立“政府领导统筹、教育部门主管、有关部门配合、社会组织广泛参与”的管理模式，不断完善各级社区教育的管理体制；加强制度和政策保障，将其纳入各级政府教育发展规划中，制定相关政策保障数字化学习的可持续进行；要加强运行机制建设，如学分银行和学习成果互认制度，各地区尽快建立可衔接的、可集成的教育资源。这样一来，既可以为社区教育信息化提供保障，又能提供信息化宏观设计，推动进一步的微观落实。

最后，将已有经验与创新发展路径相结合。在教育信息化建设上，社区教育所包含的课程内容、搭建的资源的平台载体还需要继续丰富。基础教育、高等教育领域，在教育信息化发展上已经积累了大量经验，社区教育可以在巩固已有成果的基础上，借鉴教育系统中其他层次的实践经验。同时，从社区教育自身的特点出发，立足于社区居民的具体问题和需求，软硬件兼顾，创新社区教育的内容、形式，提升社区教育的层次。最终在应用信息技术的过程中，真正做到促进居民有意义、有组织、有深度地学习。

教育信息化 2.0 还是一个动态发展中的概念，社区教育信息化的发展既需要顶层设计的指引，更需要对具体实践问题进行系统、深入的分析。在描绘社区教育发展 2.0 的蓝图和愿景的同时，更应该认清当前面临的困境，敢于攻坚克难、戮力创新，最终真正将教育信息化 2.0 落到实处，为我国构建学习型社会、实现教育现代化做出更大贡献。

（本文作者为长宁区学习办副主任、区教育局副局长）

打造云平台推进迭代升级 依托大数据提升支持服务

张东平

在云计算、大数据和移动信息技术迅速发展的“互联网＋”时代，长宁区开启了推进全区社区数字化学习的工作。2008 年开始，从数字学习网站到综合学习平台，从移动学习端到微信公众号，从云视课堂到学习云，长宁区社区教育数字化始终围绕区域发展战略和市民学习需求，经历了 1.0 版到 4.0 版的迭代升级。我们从满足市民不断增长的数字化学习需求出发，缓解社区教育优质学习资源供给相对不均衡、不充足的瓶颈问题，逐步走出了自己的道路。

一、数字引领，在线学习突破社区教育局限

“数字长宁，国际城区”一直都是长宁区重要的发展战略定位，长宁区在信息化软硬件建设方面一直比较领先，2003 年更在全市率先试点开展“百万家庭网上行”实施项目，市级启动仪式就是在我们长宁区社区学院举行的。随着信息技术的不断发展，我们在推进区域终身教育的过程中认识到，数字化学习方式将有效拓展市民学习空间，为市民提供更加开放、平等、共享的学习机会，为学习型社会建设注入新的活力，是实现“人人皆学、时时能学、处处可学”学习型社会的重要途径。2008 年，我们创建了“学在数字长宁网”，打造了包含信息发布、在线学习、教学管理、数据统计等核心功能的在线学习平台，并通过发放学习卡、宣传单页、学习指南和推出市民激励等措施，引导市民参与在线学习，有效提升了长宁市民数字化学习的参与率。

2009 年，上海市迎世博市民文明培训活动全面开展，凭借社区教育三

级网络以及数字化平台的优势，“学在数字长宁网”积极承担了长宁世博文明在线培训、世博礼仪在线培训等市民素养培训工作，均大幅超额完成培训任务，为长宁区学习型城区建设和全国文明城区创建发挥了积极作用。2009年长宁区被评为首批“全国数字化学习先行区”，并于次年在全国成人教育协会、上海市教委终身教育处及上海市学习型社会建设服务指导中心办公室指导下，发起成立上海市推进数字化学习社区建设协作组，共同推进上海社区数字化学习工作的发展。

二、重心下移，区街一体化拓宽数字学习网络

随着信息技术和数字学习的不断演进，社区数字化学习呈现出新的特点，即拥有“共同文化”“共同地域”“共同学习需求”“共同网络交流空间”的社区数字化学习群体急需有能满足这些需求的新型数字化学习平台。全区10个街镇社区层面的工作者也急需以系统管理者的身份实现在数字平台上对本社区居民的终身学习行为进行引导、组织和管理。

于是，2013年“学在数字长宁网”实现了全面升级改造。“1＋10”的区街一体化数字学习平台上线，区级学习网站之下为10个街镇建立相对独立的子平台，实现了在线学习的重心下移，街镇社区居民有了自己的网上学习社区，而平台之间及时的资源共享、信息互通、管理同步有效地提升了管理效率。此后，“学在数字长宁”移动学习端正式上线，适配移动智能终端设置了在线课程、学习档案、资讯推送等功能模块，推动“学在数字长宁”进入了移动学习的时代。

三、云视课堂，“互联网＋”助力终身教育融通

在推进社区数字化工作过程中，我们感受到社区日益增长的终身学习需求与优质教育资源供给的不均衡、不充分之间的矛盾日益凸显，无法进行即时互动也制约了很多在线学习的拓展。基于以上现实，在长宁区学习办指引下，社区学院积极创新，探索创建了社区教育云视课堂，借助互联网＋技术开设在线互动课堂：一方面，将优质的社区教育资源通过网络开放给在线学习者，突破了教学场所和空间的限制，扩大了受众

人群；另一方面，开发了在线即时互动功能，解决了原有的在线学习难以实时互动的缺陷，增强了在线课程的趣味性和吸引力。

社区教育云视课堂充分利用互联网技术，打造了具有一对多、无中心、可移动、云存储和大数据特点与优势的新型在线教学模式，标志着“学在数字长宁”进入 3.0 时代。2018 年，社区教育云视课堂建设写进了上海市教委终身教育工作要点，在上海市各区逐步推广并实现全面覆盖，不仅应用于社区教育的在线互动课程，还在市民修身、学历教育、技能培训、课程教研等领域发挥独特优势，逐步向成人高校、培训机构、白领学习中心、体验学习基地等学习场所不断延伸，进一步促进了终身教育优质资源的整合、共享和融通。社区教育云视课堂不仅被评为首届 NERC 杯全国十佳“互联网＋”社区教育项目，还入选了《中国互联网学习白皮书》。

四、智慧升级，云平台提升支持服务能级

经过十年的发展，我们努力构建了“学在数字长宁”的社区数字化学习支持服务体系，为市民提供了包括在线平台、网站集群、移动学习端、云视课堂等在内的支持系统。然而，如何让在线学习系统更加权威、可靠和稳定，如何能够建立功能集成度更高的服务平台，如何实现区级平台的数据和资源能够与市级学习站点无缝对接，如何让“以学习者为中心”在新技术下更加有效地呈现，都是我们在探索中要不断解决的问题。2018 年，我们开启了新一轮的“学在数字长宁”升级更新，也就是“学习云——学在数字长宁 4.0 版”。它有以下四个特点：

第一，新的平台将更加突出云服务的主线。4.0 版学习云系统将直接对接长宁区政务云系统，将整个平台部署到政务云平台，无论是学习资源，还是学习行为、数据记录都将直接在云服务器上提供和统计，系统的可靠性和权威性将得到巨大的提升。同时呈现在云服务器的还有系统平台整合的云视课堂和微信公众号等功能模块，为市民在线学习提供了便捷的一门式在线支持服务。

第二，新的平台将提供更加多样化的资源。4.0 版学习云系统结合最新技术的发展，除了继续提供优质的微课、慕课等优质学习资源外，依靠强大的系统兼容能力，能够支持、整合和提供更多形式的数字化学习

资源,例如基于虚拟现实技术的沉浸式体验学习,基于网络会议技术的云视互动教学,基于全息影像技术的线上线下一体化学习等,进一步丰富数字化学习形式,提升数字化学习的互动性和吸引力。

第三,新的平台将打造个性化的学习空间。4.0 版学习云系统将进一步深化"以学习者为中心"的理念,一方面为学习者打造量身定制的智慧学习空间,在学习者登陆后以专属界面的形式将学习模块、自选课程、学习积分等进行个性化显示,方便学习者对自身学习信息的把握;另一方面将通过对学习者个体学习行为统计分析,为学习者提供相关学习的建议和优质课程的推荐,使学习者能够更有效获取适合自己需求的在线学习资源,提高数字化学习效率。

第四,新的平台将以数据提升服务的能级。4.0 版学习云系统在数据上与市区各级终身学习网站实现了联通,在资源类型、数据格式和学习信息等方面形成一致的统计标准。这不仅有助于加强学习平台的开放性和共享性,还将大大提升数字化管理工作的效率。新的系统还将通过学习者数据的采集、统计和分析,在云端实时调用模型算法进行计算,形成对学习行为的及时评估与反馈,更好地认知与解读在线学习的需求特征,指导数字化学习支持服务质量的改善与提升。

"学在数字长宁"一直是长宁区终身教育发展的重要抓手和支撑,也是我们致力打造的终身学习品牌。我们始终坚持数字化学习要与区域发展战略相适应,以学习者需求为中心,以不断创新发展为驱动,以科学研究为引领,通过迭代升级逐步建成了"学在数字长宁"综合学习平台。如今,学习的"数字化"有力引领了的长宁城区的"学习化"发展,推进了学习型城区建设事业的发展,在长宁区参评全国社区教育示范区、全国文明城区等过程中也发挥了重要的作用。

新时代赋予了教育信息化新的使命。我们相信,在习近平新时代中国特色社会主义思想的指导下,在各级领导、同仁的关心和支持下,通过我们共同的努力,一定能够进一步发挥好"学在数字长宁"的作用,实现终身教育资源的大融通,为市民数字化学习提供更加高质量的学习资源和支持服务。

(本文作者为长宁区学习办副主任,长宁区社区学院、长宁区业余大学、上海开放大学航空运输学院党委书记、院长)

二、内涵　框架

长宁社区教育云视课堂发展概况

长宁区学习办

近年来，随着“互联网＋”行动计划不断推动，移动互联网、云计算、大数据、物联网等与各项事业紧密结合，人们的工作、学习和生活方式都产生了巨大变化。在建设学习型社会的过程中，数字化、信息化技术是不可缺少的助力，信息技术已渗透到社会生活的各个方面，人们的学习方式也逐渐多元。社区数字化学习正是一种以终身学习理念和现代信息技术为基础的新型学习方式，是社区居民实现“人人皆学、时时能学、处处可学”的重要途径。教育部印发的《教育信息化十年发展规划(2011—2020年)》要求：要面向全社会提供服务，为学习者提供方便、灵活、个性化的信息化学习环境，促进终身学习体系和学习型社会建设。2016年教育部等九部门《关于进一步推进社区教育发展的意见》提出：要着力“推进社区教育信息化”。作为信息技术与社区教育不断融合的实践成果，社区教育云视课堂发展起来了。

一、社区教育云视课堂建设缘起

(一) 信息技术对社区教育的有效推动

社区教育作为推进落实终身教育的“排头兵”，是终身教育体系的重要一环，关系着学习型社会的最终实现。目前，市民对以何种方式开展学习、开展什么样的学习有多样化的要求。面对当前复杂的现实状况，社区教育势必应该紧跟时代步伐，积极与互联网、数字化信息技术相结合，开展社区教育新实践、新研究。

社区内优质师资力量和课程资源相对缺乏，社区教育方式较为传统，这些都已经不能满足市民的学习需要，限制了市民学习的场所和时间。

同时,目前数字化的移动学习日益成为市民重要的学习方式。面对这种现状,数字化学习在社区教育中不断地推广,在一定程度上缓解了社区居民日益增长的学习需求与社区教育资源有效供给不足之间的矛盾,使优质的学习资源可以通过网络空间惠及更多的学习者,同时也有效地突破了社区教育教学的时空限制,使学习者可以更加灵活、方便地安排自己的学习,进一步推动了时时能学、处处可学、人人皆学的终身学习目标的实现。此外,借助各类移动设备、利用零碎时间进行“充电”的形式,和让市民能够随时随地、根据自己的需求选择性进行学习的方式已经受到更多人的青睐。

(二) 基于数字化学习调研的分析研判

2014 年,长宁区作为上海市推进数字化学习社区建设协作组中的牵头区,组织开展了上海市社区教育数字化发展情况的调研工作。调研工作覆盖上海市 17 个区(县),对各区开展的数字化学习工作进行了分析。通过调研发现,上海市社区数字化学习建设呈现出以下几个方面的特征:数字化学习网站平台实现全市全覆盖,网站平台初步具备相关功能,网站平台建设重心向街镇层面下移,开发移动学习平台成为共识,学习平台制度建设不断健全,各区都在多渠道、多类型的建设数字化学习资源,提供多样化的数字学习服务等。上海市各区县通过在平台、制度、资源、渠道和队伍等方面的积极实践,为大力推进“互联网+”时代的社区数字化学习奠定了坚实的基础。

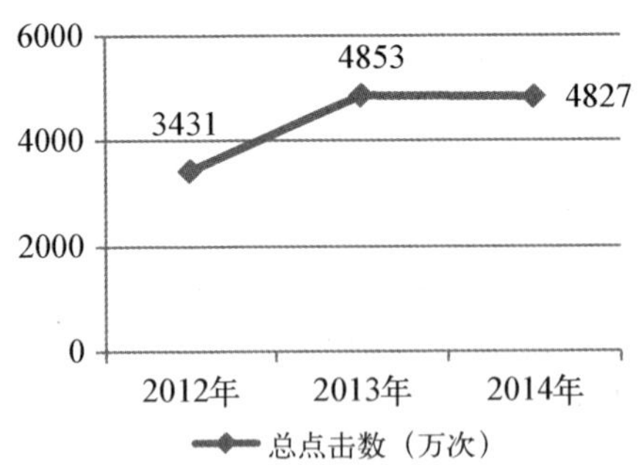

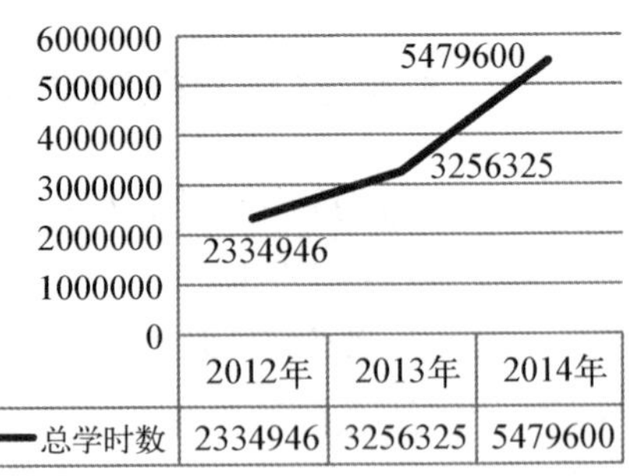

图 1　2012—2014 年各区县社区数字化学习平台总点击数及在线总学时统计表

由图可知,数字化学习正在不断普及:2012—2014 年,上海各区(县)社区学习数字化平台的总点击数从 3 400 多万次已经攀升至近

5 000 万次，市民在线学习总学时数由 233.5 万小时上升至近 548 万小时，在线学习累计学分也由 690 万分增长到 3 624 万多分。同时，调研也发现，目前各区（县）提供的学习方式依然单调，学习活动缺乏持续性。由于社区教育的受众群体多是老年人，他们在数字化学习方面还有很多心理和技术上的障碍，推动他们形成数字化学习的习惯，还需要更多的宣传引导和生动有趣的学习氛围营造，同时不断创新学习方式，提高数字化学习的吸引力。在个别访谈中学习者普遍认为，数字化学习的活力在于方式的不断创新，让学习者获得更好的学习体验，而不能固守那些传统的学习方式。

（三）数字化学习模式的创新需求

从调研来看，目前学习网站作为学习平台主体，能够推进社区教育方式转型，向数字化方向发展，符合目前的时代发展趋势，是支撑社区数字化学习的重要前提和条件。然而，在推进社区教育的实践中可以看出，现场教学与数字化学习各有利弊。社区教育现场教学虽然具有很好的现场感，教学互动也可以随时实现，但是由于场地、时间等原因，使得受众群体有限，优质的教育资源无法满足更多学习者的需求；数字化学习可以让优质的社区教育资源克服时空、学员数量的限制，但是无法向现场教学一样实现即时互动，成为影响在线学习吸引力的巨大瓶颈。如何突破两者的局限，使终身教育的优质资源能够突破时空限制，惠及更多的学习者，同时又能够让学习者与讲授者及时互动交流，提升在线学习的生动性和吸引力，成为推进数字化学习创新的焦点。

长宁区学习办、社区学院积极创新，利用云视频会议技术，探索创建了“社区教育云视课堂”，借助这一平台扩展传统课堂教学空间，将教学现场与多个远程课堂和学习者在线连接。在上海市教委终身教育处的指导下，区内依托社区学校开展试点探索，区外依托上海市推进数字化学习社区建设协作组，探索跨区资源共享的有效模式，在上海市 16 个区实现云视课堂全覆盖，市级跨区共享优质课程资源的平台和体系有效架构起来。

二、社区教育云视课堂的内涵与特点

随着云计算、无线热点 WiFi 技术、移动 4G 网络等新技术和“软件即服务”新理念的产生应用，为构建“云视互动课堂”提供了一个新的机遇。社区教育云视课堂正是借助于这些新技术、新理念，创新发展出来的社区数字化学习新模式。

（一）社区教育云视课堂的内涵

云视课堂是利用云视频会议技术，将教学现场与多个远程课堂及学习者在线相互连接，同步进行音视频教学和互动，以此拓展传统课堂教学活动空间的一种数字化教学模式。远程课堂及学习者可以通过电脑、平板电脑或智能手机等电子设备参与到视频互动课堂中，同时还可以对教学过程进行视频录制或制作成课程课件，使即时课程成为数字化学习资源，供更多学习者使用和分享。

社区教育云视课堂是借助互联网、云计算、大数据、移动学习等理念和技术，在社区教育中将授课现场、社区学习点和学员等在线连接起来，使用云视频会议系统开展网上教学，实现线上线下教与学能够即时互动的新型社区教育模式。云视课堂利用云计算技术将社区教育授课现场呈现在网络云端，学员可以通过在线的形式进入云端课堂，视频会议技术使处于不同空间的教师与学员，能够即时互动，同时还通过数字学习平台，呈现一些由优秀的、有特色的课程教学内容制作成的课件，供学员随时随地点播学习。

（二）社区教育云视课堂的特点

社区教育云视课堂作为一种新型的数字化学习模式，充分利用互联网技术，将优质的教育资源通过网络实时共享给学习者。在有效解决社区教育场所不足和优质师资紧缺问题的同时，还支持教师与学生的在线互动，能够增强学习效果，提升学员学习兴趣。

1. 一点开课，多点云视

社区教育云视课堂基于云服务器搭建在线课堂，无论是有组织的学习点，还是分散独立的学员，都可以通过智能设备连入，即时收看，并与教师实时互动。不仅能够让更多的学员轻松便利地享受到优质的学习资源，实现网络教学在时空上的多点实时分享，而且缓解了社区教育优质教学资源短缺与市民不断增长的终身学习需求之间的矛盾。

2. 去中心化，能者为师

社区教育云视课堂脱胎于云视视频会议技术，支持多个终端的无差别连接，即每个终端都可以成为学习的中心。讲师可以在任何一个终端授课，学员也可以通过任何一个终端成为课程的主持人，充分体现了终身教育能者为师的特质。这种模式也可以支持多样化的团队研讨式在线学习，极大地拓宽了数字化学习对社区教育学习模式的支持类型和辐射范围。

3. 移动便利，随处可学

凭借日益成熟的移动互联网技术，云视课堂对于软硬件的要求非常简单。无论是在广场还是公园，只需要有一台智能设备，教师就可以实时授课；无论是在出差途中还是相隔千里，学习者均可以按照课程安排，通过手机、平板电脑等移动终端非常便捷地连入云视课堂，参与实时学习和讨论，真正实现了处处皆可学习。

4. 云端存储，数据记录

云视课堂的在线视频功能不仅支持即时互动的学习，还能把现场教学录制的视频进行云端存储并加工成优质的数字化学习资源，无论是未能参与教学活动的学员，还是课后需要复习的学员，均可在线进行访问和学习。云视课堂系统还能够通过后台数据记录和存储，收集与学习者相关的各类数据，通过相关数据的积累、挖掘和分析，为今后更好地满足终身学习者移动学习需求，提供决策依据。

三、社区教育云视课堂建设过程

自2015年底以来，在市教委终身教育处、上海市学习型社会建设服务指导中心办公室（以下简称“上海市学指办”）的指导下，在上海市推进数字化学习社区建设协作组的共同推进下，长宁区牵头开展社区教育“云视课堂”建设的实践与探索，经过试点、推进、全覆盖等阶段，在体制机制建设、教育教学方式创新、技术服务保障等方面取得了初步成果。

（一）需求调研，提出服务策略

确立建设云视课堂的方略之后，长宁区学习办、社区学院通过调研现状和需求，对区内社区学校、居委学习点等学习场所的信息化软硬件条件、技术人员队伍和相关课程等进行摸底。调研结果梳理如表 1 所示：

表 1　社区数字化学习调研结果分析

项　目	结　果　分　析
教学对象	大多为中老年人群，其生理和心理特点为：视听觉机能减退，记忆力和认知能力下降，有对新知识、技能、兴趣爱好才艺的渴求，有社会交往和人际沟通的需求
教学主体	多为有一定特殊才艺技能的退休人员、志愿者、社会工作者。其特点为信息化教学工具使用能力差异较大
教学环境	街镇文化中心共用教学场地，设备技术条件和维护力量较薄弱
教学组织	街镇社区学校按正常工作时间，组织师生开展日常教学活动；较少的专职组织管理人员难以满足城市日益增加的老年教育需要；教学组织较为自由松散
教学需求	缓解优质课程的师资、场地限制，学员名额紧张所带来的求学压力；提供方便易用的网络多媒体教学装备设施，满足中老年学员视听觉特点的教学需求
扩展功能	以远程教育方式实现社区教育发展，建立以课堂面授教学为主，兼顾实时远程教学的实体/在线混合教学模式

从上述摸底调研的结果可以看出，云视互动课堂作为一种信息技术应用水平高、技术环境要求高、教学人员素质高的项目，在建设过程中，需要从设备的灵活适应性、方便易用性、稳定可靠性综合考虑，尽量做到使用人员自维护—远程维护—上门维护的阶梯服务方式，降低维护强度和技术难度。技术和设备选型采用通用成熟的方案，在保证课堂教学效果的前提下，减少因灵活性而带来的复杂性，这是设计系统支持服务成败、乃至系统成败的关键。在调研的基础上，社区学院联合专业公司开发了社区教育云视课堂的软硬件设施，并以系统集成和账号绑定的形式，推进云视课堂在区内部分社区学校的摸索和实践。2015 年底，长宁区学习办与社区学院正式启动社区教育云视课堂，标志着这一新型数字化学习模式的诞生。长宁区先期筛选出了华阳路、周家桥、天山路、虹桥和程家桥等 5 个适合开展“云视互动课堂”的街道，经过沟通探讨达成共建意向。随后，与专业公司共同为首批 5 所街道镇社区学校配备了搭建“云视互动课堂”所需的软硬件设施。

（二）由点到面，实现全市覆盖

2016 年，长宁区陆续在 10 个街镇社区老年学校配备了云视课堂设备，通过开设课程和讲座的形式进行区内推广。区内各街镇社区老年学校逐步开设云视课堂，并进行课程互选，云视课堂成效初显。同时，长宁区作为上海市数字化学习社区建设协作组牵头单位，在市教委终身教育处、上海市学指办的指导下，积极促进云视课堂在各成员区推广服务，协作组在长宁、嘉定、徐汇、浦东新区和普陀的社区教育云视课堂试点先行工作稳步开展，成功实现了区际云视课堂互动共享的模式，在更大范围内共享社区教育优质课程资源。长宁区根据云视课堂的特点和优势进行挖掘遴选，选取周家桥街道社区学校开设的“英语口语”与市民中心开设的“现代全营养新观念”两门课程作为云视课程。教师精彩的课程通过网络即时传递到网络另一端，在线即时地与学员进行互动，给网络另一端的学员带来身临其境的学习体验；嘉定区以传播优秀传统文化为主题，依托“梅源讲坛”举办了多场养生保健、市民修身等云视讲座；徐汇区旅游英语课程教师授课方式诙谐有趣，生动活泼，在课堂上师生互动热烈，分课堂英语班学员与徐汇英语班学员通过云视平台进行了互动交流，学员们的学习热情高涨；浦东新区洋泾街道社区学校凭借优越的信息化条件，选取“学说上海话”作为云视课程试点，充分发挥“数字化学习1＋2模式”品牌项目优势，主课堂与分课堂实时共享、即时互动，教学和互动宛如在同一个空间开展；普陀区“影视欣赏”课程，英文原声高清电影通过云端实现同步播放，通过教师对电影的解读，让学员在享受视听盛宴的同时，也能思考影片反映出的文化内涵和主题。

2018年，推进云视课堂建设被写入上海市教委终身教育工作要点，经过不断地探索实践，社区教育云视课堂已经在全市16个区实现全覆盖。由此，云视课堂的应用范围逐步扩大，为市民数字化学习提供了一条理想的途径。社区教育云视课堂在上海市范围内开展在线课程互选，每个区至少提供一门区域特色课程升级为云课程，初步形成了30多门精品云视课程在云端呈现，各区和街镇、居民在线选课和收视，并与授课老师进行远程即时互动，初步形成上海数字化终身学习的新局面。嘉定、奉贤等区也将云视课堂建设纳入区域信息化发展总体规划，重心下移，自主建设镇和村居委的云视课堂学习点。

（三）服务支持，助力推广使用

为了推进云视互动课程系统的建设，提高系统覆盖单位中相关人员的设备操作水平，专门制作了《云视互动课堂操作手册》。对云视设备的原理、硬件以及软件程序的具体操作进行详细的说明，并随着设备、技术和系统的不断升级及时进行完善，同时还制作了电子教程，形成一整套培训材料。随着云视课堂的逐步推广，区学习办、社区学院分层次、分序列陆续开展了云视课堂的培训。培训对象包括云视课堂管理者、技术支持团队和任课老师。通过一系列培训活动，增加了相关人员对云视课堂技术原理及其在社区教育中所起作用的理解，进一步推动了云视课堂的深入实践。

云视课堂的技术支持服务人员在项目建设之前需要与使用者进行细致的沟通，以了解项目建设所需的场地、技术环境，为具体方案设计提供依据。此外，还要与相关技术人员加强沟通，进行技术指导和简单培训。（见表 2）

表 2　社区教育云视课堂技术支持服务形式与内容

形　式	内　　　　容
电话支持	云视课堂建立了专门的设备维护服务电话，使用者可以从技术支持方得到及时有效的电话支持
网络支持	如果网络环境允许，可以利用远程协助工具进行远程支援，通过这项服务，支持服务中心可以远程检查使用者的云视系统，以便加速解决问题
专人支持	云视课堂组建有专人用户支持小组，支持小组除包括硬件提供商、软件服务商和管理服务团队，可以提供一定时期内的专人支持服务
定期走访	根据云视课堂系统的特点安排不同的频次(如半年内每月一次，半年后每 3 个月一次)，与使用者维护人员共同组成系统维护小组对系统进行实时维护
现场支持	现场支持有两个方面的内容，一个是云视系统的使用者在需要通过云视课堂进行较为复杂或重要的社区教育学习活动进行云视直播时，可以申请项目核心团队到现场提供相关技术支持；二是对于重大或严重影响系统服务的故障，如果问题不能通过电话解决，项目团队将到现场为使用者解决问题

云视课堂在各区和街镇学习点开通之后，项目组及时跟进后续服务，协助使用者熟悉和掌握系统的运行和管理，解决系统相关环境、网络、配套设施的问题。在使用过程中继续加强业务应用技术指导，同时还为云视课堂的协调沟通、师资教研、课程梳理、开课信息发布和课程变动信息反馈等需求的实现，提供及时的支持服务，从而保证云视课堂在软硬件配置和综合管理上的顺利开展。

(四) 协同发展，提升建设品质

随着“云视课堂”建设的不断推进，长宁区牵头建立了社区教育云视课的组织管理队伍，安排专人负责社区教育云视课堂的信息联络、课程发布、教学管理、技术咨询、支持服务等内容，各区社区学院安排业务和技术负责人落实本区云视课堂的管理与维护，参与协同管理。依托“学在数字长宁”网，建设了云视课堂线上管理平台，并建立了专门的“终身学习云视课堂”公众号，对云视课堂的使用进行在线管理。利用“系统聚合功能”收集云课堂开设的课程信息，编制并在线发布云视课堂课程表，供广大市民远程视频互动教学，突破传统教学的诸多限制。

为保障云视课堂建设的有效开展，长宁区牵头组建了运维团队，负责云视课堂软硬件维护，建立专业的运维体系流程。根据互联网安全管理相关要求，对公开发布的社区教育云视课程进行前期介入、内容筛查和实时监控管理，保证课程内容和质量符合相关要求。项目组还开设了云视课堂服务热线，配备专门客服，负责解决各区在云视课堂使用过程中遇到的软硬件问题。每天实时对互动和直播课程进行在线监控。同时，还通过在线管理对云视课堂的课程实时录制，定期收集录制的云视课程视频，对这些课程资源进行加工转化，形成系统的、完整的在线课程学习资源，借助云服务器进行资源存储和发布，为广大市民和课程学习者提供云视课程的远程学习和回看服务。

云视课堂的授课模式突破了传统课堂式教学，对课程设计、师生互动、教师教研带来了新的功能和挑战。根据云视课堂的技术特点，各区共同研究社区教育云视课堂准入标准，根据课程教学对技术支持的不同需求，对社区教育云视课程进行分类管理，推动相关教学管理方法的完善和硬件设施的配套。总结提炼云视课堂建设过程中形成的各项技术标准，包括云视互动课堂系统软硬件安装、设置、调试等环节技术要求，固化相关技术指标，在完成了系统设计、组建、测试和模拟运行后，进入教学现场进行实践，概括各环节的技术要求，形成具有参考和指导作用的规范文本作为技术标准，在实施过程中根据情况不断加以完善补充。在各社区学院的大力支持下，各区的精品课程开展了分层分类探索，不断提高课程的教学品质。

四、社区教育云视课堂建设成效

2018 年 4 月，教育部印发的《教育信息化 2.0 行动计划》提出：人工智能、大数据、区块链等技术迅猛发展将深刻改变人才需求和教育形态。社区教育云视课堂的出现，是社区数字化学习发展到一定阶段的重要创新。经过三年多的实践探索，云视课堂通过将教授现场呈现在网络云端，学员在线加入云端课堂进行学习的方式，实现了让学员打破时空与授课教师互动，真正做到了随时随地的点播学习。“云视课堂”从无到有的过程，不仅证明了社区教育“云视课堂”模式具备一定的优势，也证明了它确实能够为社区教育带来传统教学无法企及的成效。

（一）突破了社区数字化学习瓶颈

从 2015 年开始，长宁区学习办、社区学院正式推出社区教育云视课堂，在长宁市民学习中心和 5 个街道社区学校配备云视课堂设备，开展实践探索，先后以云视课堂模式开展了讲座和课程，并取得了很好的效果。到 2018 年，社区教育云视课堂陆续实现了在上海市 16 个区的全覆盖，社区教育云视课堂在上海市范围内开展在线课程互选，初步形成了 30 多门精品云视课程在云端呈现，各区和街镇、居民在线选课和收视，并与授课老师进行远程即时互动，初步形成上海社区数字化学习的新局面。抽样调查的数据显示，参与云视课堂的社区学员中有超过 90%的人表示很喜欢这种远程在线互动教学模式。

两年多的实践探索证明了社区教育云视课堂模式能够利用自身优势，有效解决现阶段社区教育优质资源供不应求，原有的数字化学习又无法进行教学即时互动的问题，让更多的社区学习者既能够享有优质的学习资源，同时又能以在线互动的方式提高学习效果和乐趣，显示出很强的优越性。

为了获取学员对云课堂的体验情况，项目组针对云课堂的参与者进行了满意度调查，以获取教师和学员的反馈和意见。调查共发放 200 份问卷，回收有效问卷 180 份，有效率为 90%（见图 2、图 3）。调查显示，很多社区学习者非常喜欢云视课堂的学习方式，特别是既能够享受到优质

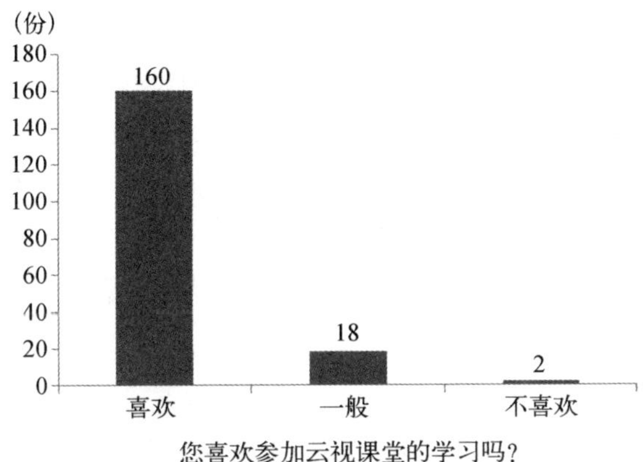

图 2　社区学习者对云视课堂的好感度调研结果

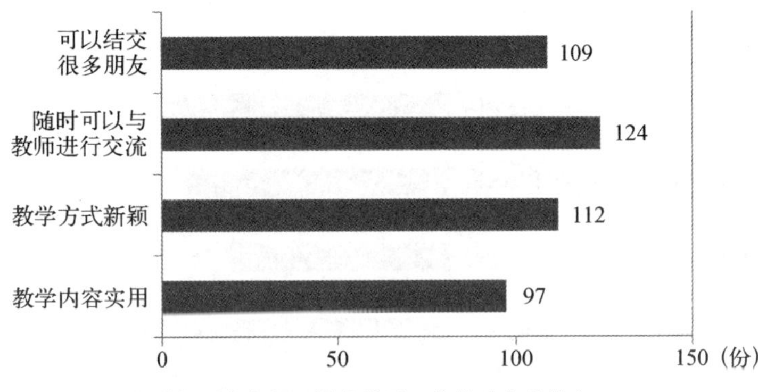

图 3　社区学习者选择云视课堂学习的动力调研结果

的学习资源，又能够与老师进行远程沟通，极大地提高了学习者的学习兴趣和获得感。

（二）打造了市民数字化学习新模式

通过充分利用互联网技术，云视课堂打造了具有一对多、无中心、可移动、云存储和大数据等特点和优势的新型在线教学模式，兼顾了优质教育资源和即时互动的学习需求。

社区教育云视课堂环境主要由软件和硬件两个部分组成。软件是依托于目前国际上广泛使用的远程视频会议系统，该软件技术成熟，操作简便，性能稳定。硬件主要是以电脑、音视频采录设备和网络组成，在保证教学效果的前提下,硬件设施的总成本可以控制在 1.5 万元以下。在移动网络日渐普及的条件下,这一套可移动的云视设备以较低的成本、简单的操作要求,可以为绝大多数想要开展在线教学的社区教育学习点解除经费上的顾虑。在网络环境下,除了有音视频收发功能的电脑可以满足学习和互动需求外,笔记本、平板电脑或者智能设备也可以作为云视课堂的接收端,只需要安装应用程序即可让学员直接实现云视学习,简单易行。由此可见,云视课堂对运行环境的要求并不高,这也决定了其易于推广的优势。云视课堂推出以来的迅猛发展趋势,也充分证明了这一点。

据统计,2018 年在线选课、收视,并与授课老师进行远程即时互动的各区和街镇、居民达到 21 600 多人次。多数云视课堂学习的学员,表示愿意继续参加云视学习。

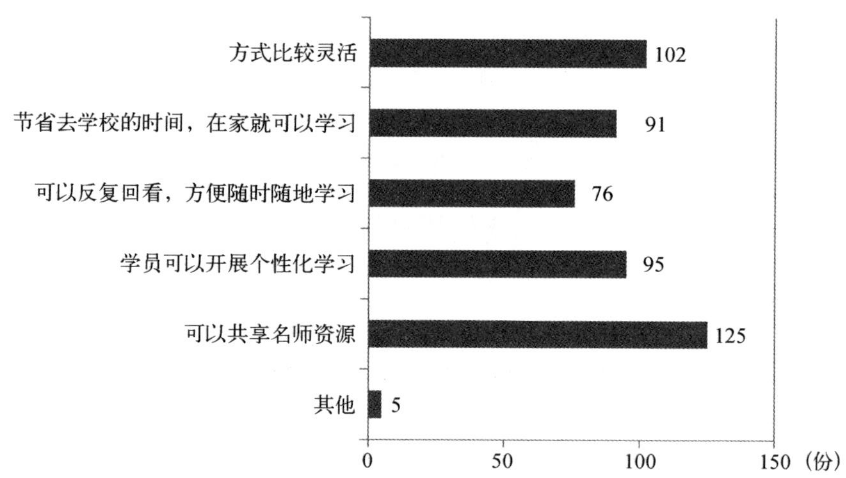

图 4　云视课堂的吸引力调研结果

(三) 建设了一批社区教育优质在线课程

在云视课堂的实践探索中,各区通过充分调研,精挑细选了一批适合云视教学的社区教育课程,以其优质的内容、数字化的形式和云视互动特色满足了学习者的需求,同时也形成了一批社区教育品牌云视课程。例如静安区"乐龄讲坛"、杨浦区"有道课堂"等终身教育品牌项目,借助云视课堂不仅实现了辐射全市,而且有效解决了高端课一票难求的

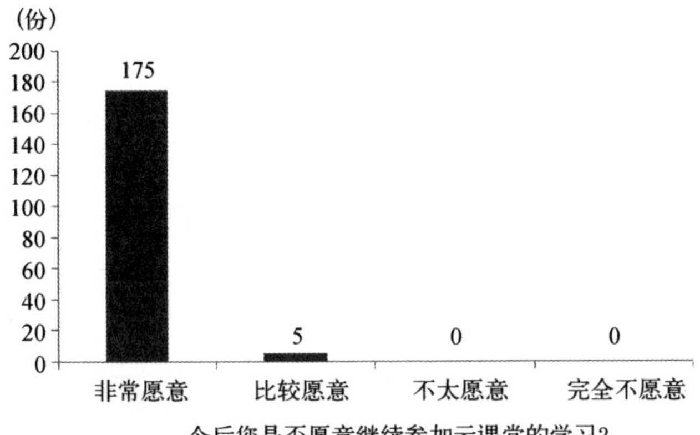

图 5　云视课堂的学习意愿调研结果

问题,服务更多市民。宝山区“瓷刻艺术”、金山区“金山农民画”、奉贤区“撕纸艺术”等郊区的特色课程,通过引入云视课堂,让操作类课程授课更加生动直观,也有效解决了地域广泛,市民远距离参与学习的难度高、民俗特色课程的推广难等问题。长宁区“智能手机应用”、徐汇区“单反相机的操作”、虹口区“风筝制作”等逐步形成了云视课堂的特色品牌课程,充分利用了“云视课堂”的屏幕共享功能,通过实际应用操作,让学习者的视觉、听觉都能享受到数字化学习的乐趣。

表 3　2019 春上海社区教育云视课堂课程表

区　县	课　　程	时　　　间
黄浦区	诗词赏析	每两周周二下午 13:30—15:00
徐汇区	带着英语去旅行	每周五上午 9:30—11:00
长宁区	智能手机应用	每周二上午 9:00—10:30
	人像修图	每周四上午 9:00—11:00
	浮光掠影环球游	每周一下午 13:30—15:00
	中国传统绳编	单周二下午 14:00—15:00
	朗诵	每周二下午 13:30—15:00
	武当太极拳	每周一下午 15:00—16:30
	书法入门(楷书)	每周一下午 13:30—15:00
	书法	每周五下午 13:30—15:00
	耳穴	单周四上午 8:45—10:15

续 表

区 县	课 程	时 间
长宁区	中国古典文学	每周三上午 9:00—10:30
	尤克里里	每周二上午 9:30—11:00
	学画中国画	每周三下午 14:40—16:10
静安区	乐龄讲坛感悟生命系列	每周五上午 9:00—10:30
普陀区	影视纪录片鉴赏	每周五上午 8:30—10:00
	摄影技艺第一期	每周四下午 13:00—15:00
浦东新区	摄影入门(下)	每周一下午 13:30—15:00
	歌曲演唱(下)	每周二下午 13:00—14:30
	诗词写作班(下)	每周二下午 14:45—16:15
	沪剧提高(1)班	每周三上午 8:30—10:00
	古典舞(下)	每周三上午 10:30—11:45
	声乐基础	每周四下午 13:00—14:30
	旅游文化知识强化班	每周五上午 8:30—10:00
	咖啡文化知识一期班	隔周六下午 13:00—14:30
	智能手机应用(下)	每周一上午 8:30—10:00
嘉定区	手机摄影摄像	每周二上午 8:45—9:45
虹口区	形体舞蹈	每周四下午 14:30—16:30
	摄影后期初级	每周二上午 9:00—11:00
	木活字印刷	每周三下午 14:00—16:00 周四上午 9:00—11:00
杨浦区	有道学堂	每月第三个周六上午 9:30—11:00
闵行区	春光灿烂花世界系列手工	隔周四下午 13:00—14:30
宝山区	瓷绘工艺	每两周周一上午 9:30—10:30
金山区	数码摄影	每两周周三上午 9:00—10:30
青浦区	诗歌朗诵	周三上午 9:00—10:00
松江区	巧手做纸艺花	每周五上午 8:40—10:30
奉贤区	撕纸艺术	每两周周日下午 14:00—15:30
崇明区	茶的分类与冲泡	周六下午 13:15—14:15

(四) 拓展了终身教育数字化受众群体

随着云视课堂技术的成熟和实践经验的积累，基于云视课堂的数字化学习模式，不仅可以支持在线互动课程的开展，同样也适用于大型讲座直播。由于云视课堂在线互动方面具备特殊优势，社区教育领域的任课教师借助云视课堂远程开展教研活动，可以直接有效地进行互动。云视课堂提供的屏幕共享和录屏等功能，可以提升沟通效果，并留存活动档案。在社区的学习团队中，利用云视课堂开展网上视频讨论，交流学习心得也成为一种便利的可实现的方式。与此同时，与云视课堂相嫁接的基于 html5 技术的直播模式，还可以进一步简化在线学员端的参与门槛，无需下载相关程序即可参与在线学习。总之，云视课堂的技术延展性特点，为其在更多的场合和领域进行推广提供了充分的可能性。它不仅可以应用于社区教育的在线互动课程，还在市民修身、学历教育、技能培训、课程教研等领域发挥独特的优势，并逐步向成人高校、培训机构、白领学习中心、体验学习基地等学习场所不断延伸，进一步促进终身教育优质资源的整合、共享和融通。

2017 年，长宁区将云视课堂应用于成人学历教育，让课程老师面授的同时开启云视课堂，让由于工作或家庭原因不能参加面授学习的学生，使用云视课堂远程上课。目前已经有 20 多门课程使用了云视课堂，有效地解决了成人学生的工学矛盾问题，受益学员达到近万人次。

2017—2018 年，社区教育云视课堂多次应用于东西部社区教育对接的尝试。长宁区社区学院先后与内蒙古青山区社区学院、贵州铜仁广播电视大学、成都金牛区社区教育学院多次通过云视课堂进行交流，共同探讨社区教育发展问题，互通信息和资源。还通过云视课堂开设了主题讲座等，助力解决区域之间社区教育发展不均衡的问题，实现师资和课程的远程互通，达成资源共享的目的。

2017 年，云视课堂多次应用于长宁区残疾人培训、建筑安全专业培训等培训课程中，使很多行动不便和距离较远地区的学员，通过在线云视学习就可以达到如临现场的效果，受到广泛好评。

2018 年，社区教育云视课堂先后在上海市全民终身学习活动周和全国终身学习活动周总开幕式上亮相。新颖的模式和优质的教学互动效果，受到教育部职业与成人教育司、中国成人教育协会以及上海市教委等领导的肯定。

2019 年，社区教育云视课堂分别参与了“老年教育在线教学”和“长宁区对口帮扶的基础教育云视课堂”项目,在老年教育和基础教育中逐步发挥作用,显示了其强大的适应性。

五、推进社区教育云视课堂进一步发展

(一) 进一步完善机制保证可持续发展

如前所述,云视课堂自身具备的开放、共享属性,要求更多优质教育资源的提供方参与进来,形成协作组织。这就需要探索和建设云视课堂协作组织的管理方法,既要保证各方资源共享权益,又要规定相应的职责和义务,形成共同推动云视课堂发展的管理机制。

随着云视课堂实践的深入,能够更加清晰地认识到其在社区数字化学习中的角色和作用。目前的云视课堂还处于初级阶段,整个系统从网络运行环境、硬件标准、软件性能等方面需要形成更加明确的技术标准,形成专利性技术固定下来,才更有利于其进一步的推广。除了技术标准,还要探索符合云视课堂模式的社区教育课程类型,并开展相应的课程教学内容、过程、效果评价的再设计,形成与云视课堂模式相适应的社区教育课程标准。同理,开设云视课程的教师标准也需要进行研发和制定,并配套完整的教师培训方案,才能够形成合格的云视课程教师队伍。

另外,云视课堂作为一种基于云计算和大数据的在线学习方式,其功能和优势的实现必须有数字化平台支撑。因此,还需要建立更加完善的云视课堂在线共享平台,不仅支持云视课堂的云播、云视、云互动的功能,而且能够以平台为枢纽进行课程信息的及时发布与共享、课程资源的录制与存储。与此同时,在线共享平台还应该具备更加强大的在线学习统计功能,对于学员在云视课堂中表现出来的学习行为和过程进行记录和分析,为云视课堂的升级发展积累更多的数据和可能。

(二) 进一步整合资源满足市民学习需求

社区数字化学习工作的核心是以学习者为中心,本质是为社区市民提供数字化学习的指导和帮助。因此,云视课堂建设必须以市民的学习需求为出发点,教育服务的“供给”应与学习者的需求相“匹配”。

目前,随着社区教育的深化,全国各地对数字化学习平台建设工作

的不断探索，在一定程度上满足了市民数字化学习的需求。然而，在各种学习平台和资源不断涌现的同时，如何加强整合的问题也越来越突出。一方面，云视课堂的建设，需要整合各方力量共同参与，形成科学顺畅的参与、协作与共享机制，让更多的文化教育资源通过云视课堂平台发布到云上，为学习者提供更加丰富多样的学习资源；另一方面，在社区教育云视课堂推进过程中，还要注重课程、师资、学习资源、学习者反馈等方面的管理。在充分了解学习需求的基础上，依托云视课堂平台，打造品牌课程、骨干师资和优质的学习资源，以更好地适应学习者日益增长的学习需求。

（三）进一步优化队伍提升支持服务水平

在任何工作中，人都是最关键的因素。在云视课堂的推进过程中，从组织学习活动、指导教学过程到信息技术服务，都需要大量的人力和智力输出，如辅导教师、技术人员及服务人员等的配置。目前来看，相关人员配备较为薄弱、师资队伍的缺失是制约社区数字化学习可持续发展的重要因素。社区教育云视学习是一种专业性、技术性很强的学习方式，而且发展异常迅速，是未来社区教育的一个发展方向。强调建立和健全专职、兼职支持服务队伍，以实现更加专业化的支持服务。云视课堂团队应该是一支具有鲜明的复合型特征的队伍，需要由不同职务和专业背景的人员来承担，同时也强调教师队伍的管理能力、专业技术能力、教学能力等几个方面的核心能力。队伍中的每一个成员不仅要掌握其中的一项能力，而且要通过学习具备多项能力，使自己成为复合型的人才。只有这样才能够保证在人员有限的情况下，最大程度满足社区在数字化学习支持方面的需要。

与此同时，建设社区教育云视课堂还可以加快服务社会化的步伐。从社区教育工作领域本身来看，符合云视课堂发展需求的队伍很难在短时间内，实现很大规模的增加。因此，除了继续在终身教育领域继续挖掘和培育外，还应当加大服务社会化的步伐，根据云视课堂的服务需求整合成为项目包，向具有资质和能力的相关技术和咨询公司购买服务，依托市场的专业力量弥补人力资源的需求缺口。作为社区教育的管理机构，一方面要加强对相关服务提供商资质、信誉等方面的评估，选择真正适合的合作对象;另一方面要做好项目策划和过程控制,保证支持服务的质量。

参考文献:

[1] 陈丽. 教育信息化 2.0:互联网促进教育变革的趋势与方向[J]. 中国远程教育,2018(9).

[2] 宋亦芳. 社区教育多元学习方式互补性探索与思考[J]. 职教论坛,2018(03).

[3] [美]尼葛洛庞蒂. 数字化生存(Being Digital)[M]. 胡泳等译. 海口:海南出版社,1997.

[4] [英]安东尼·凯依,格伦维尔·鲁姆勃尔. 远距离高等教育[M]. 王遵华,丁兴富等译. 北京:中央广播电视大学出版社,1987.

[5] 陈东毅,尹学松等. 复合型教学支持服务平台模型及服务模式研究[J]. 中国电化教育,2011(11).

[6] 叶忠海. 关注数字化学习社区建设:终身教育专家各抒己见[J]. 成才与就业,2010(21).

[7] 甘永成,祝智庭. 虚拟学习社区知识建构和集体智慧发展的学习框架[J]. 中国电化教育,2005(1).

[8] 李克东. 数字化学习(上):信息技术与课程整合的核心[J]. 电化教育研究,2001(8).

精心打造云视课堂建设平台

长宁区社区学院

一、引语

随着“互联网+”、云计算等的普及，云视课堂目前已走向与各行业应用融合的阶段。尤其在智慧教育领域，与传统课堂多媒体教学、网络教学相结合的云视频互动教学，在优化媒体呈现效果、增强教学互动、录播教学场景等方面均有相当良好的功能，更值得一提的是它将课堂教学实景延伸至云端，一定程度上解决了课堂教学优质资源供需矛盾、工学矛盾。

如何精心搭建云视频互动课堂建设平台包括技术环境、设计系统架构、开发软件功能、组织教学活动、优化课程设计等一系列伴随而来的问题。

长宁区社区学院在社区教育及成人高等学历教育等方面开展了云视互动课堂教学的实践探索，逐步积累了一定的云视互动教学环境建设、软件功能应用开发、课堂管理与教学设计等方面的经验，并在不断探索和完善过程中。

二、系统架构

（一）公共云视频平台提供多点远程视频互动的基础服务

在“互联网+”时代，基于局域网、教育专网或互联网普通点对点视频互动技术已不能适应现代远程开放教学快速发展的需要。教育用户在尝试使用多点互动视频教学手段时，存在多路并发视频流对网络带宽、质量以及编解码计算等较高的技术门槛，云计算的兴起恰好提供了解决方案。位于云端的视频会议系统中心控制单元(MCU)能提供终端灵活接入、按需动态编码、实时转发和方便部署的能力,是体现 SaaS(软件即服务)及 PaaS(平台即服务)等云计算特点的典型应用,解决了智慧教育平台实施过程中多点实时视频教学所需的专业网络基础设施和服务提供的问题。

采用公共云服务的各种类型课堂终端可以在较低接入带宽(1～2 Mbps)下灵活组建数个、数十乃至上百个多点并发视频流的远程互动课堂,全面支持各种不同类型的硬件设备(PC、MAC、手机、PAD),更好地适应不同规模和场景的现场教学环境。

(二) 网络教学管理平台提供云课堂教学管理信息服务

云课堂教学属于线上线下兼顾、现场远程混合的新型教学模式,教学过程的组织必须依靠网络教学管理平台提供相应的课程发布与查询、预约远程听课资格、课程入口与授权、云教室场地资源管理、公共云服务资源管理、课件资源上传等教学管理功能。这一系统是建立在已有网络教学管理平台基础之上,开发相应的云课堂教学管理与服务功能。为更好实现应用功能开发者应注意以下功能特点。

1. 统一界面

出于简化用户操作的考虑,用户在具体操作中仅需在已有的教学管理平台中集成相关云课堂教学功能,而不是另外开发平台及操作界面。

2. 集约服务

出于有效调配公共云服务资源的考虑,用户在教学管理平台中主持发布教师、参与学习者均无需了解具体云通道分配和权限控制,教学平台将技术细节通过加密链接或二维码发送给相关师生。

3. 整合资源

出于整合课程所需多种网络学习资源的考虑,云课堂现场直播和互动也需要有课前、课中、课后的相关学习资源支持,而这也是网络教学管理平台应具备的功能。

4. 集成多种教育技术装备的云教室是主要教学场所

在开展云课堂教学实践中,基于传统教学组织的课堂教学模式仍是开展教学活动的主要阵地。一是因为课堂教学已有大量的教学资源;二是良好的面授学习方法能提供最好的师生互动沟通渠道，达成最好的教学效果；三是教学需要相对专业和稳定的环境作为保障。

在云视互动课堂教学系统架构中，云服务下组织开展教学活动的主要场所是云视互动教室（简称云教室）。普及多年的多媒体教学技术已是课堂教学中不可或缺的工具，近年来兴起的录播教室为优质课堂教学提供了资源采集记录的功能，将这些已有技术手段有效整合到云教室中进行适当改造和优化。

云教室中教师操作的教学计算机是所有信息输入、输出与处理的中心，它负责连接采集师生教学活动视频的摄像头，内置软件采集计算机显示屏幕的视频源，接入采集文本和实物影像的实物展台，采集计算机数字音频的音频源，教师扩音用的麦克风、师生互动用的无线麦克风以及大屏影音播放设备在多媒体中控的集成下统一为数字信号传输控制，由计算机程序管理。在实际操作中须做到现场拾音、计算机录音与现场扩音一体，具备远端回声啸叫抑制。为降低教师操作难度还应注意界面简明直观和提示辅助。

打造效果良好、成熟稳定的云教室，功能上应注意整合完整的多媒体教学功能，能够适用多种教学场景，给师生最佳的现场教学效果。而后才可能为远端提供良好的教学直播视频和互动体验。在实践中需要根据具体情况因地制宜，按需设计，定制集成，属于系统集成服务项目。

对于分散的个人远程学习者，云服务系统也提供其个人 PC、平板电脑、手机等终端的接入支持，但因为互动体验和操作上的差异，教师在实际授课中应注意根据需要设置其视音频、操作课件等远程互动功能。

三、教学设计

（一）优化教学流程、注重远程互动环节是云课堂教学设计的关键

在一年多的试点实践中，上海市社区教育数字化学习协作组在成员区（县）及社区学校间组织开展了多种类型社区教育课程的云视互动教学实践，总结经验，不断完善教学组织和课程设计。在这种新型课堂教学模式中，为远程学习者设计的视频互动教学内容，是发挥此类课程技术优势，提高远程学习质量的关键。在各具特点的社区教育课程中，较

为适用远程视频互动教学模式的课程大致可分为讲授讨论互动、语言教学互动、演示操作互动以及上述类型组合运用的课程。

1. 讲授讨论互动

在偏重知识讲解类的教学中，教师根据教学内容的讲授同步播放PPT、即时插入标注重点提示的过程，伴随现场和远程语音问答，让远端学员跟上教师的教学节奏，同步观摩、思考和讨论达到更好的教学效果。

2. 语言教学互动

在语言教学尤其是口语类教学实践中，不同场地的师生可通过系统组成跨空间的交流学习小组，进行师生、生生间的模拟对话训练。学员就近学习，远程共享课堂教学过程，效果堪比现场。

3. 操作演示互动

一些偏重操作技能类教学的课程，如太极拳的教学，分布在各处的师生通过屏幕观摩自己和远端的师生动作，进行模仿、比较和纠正，实时影像的传递的互动信息远胜语言表达的描述。对于计算机类操作、手工制作及其他实操类课程，由于远程学员在学习时难以配送素材、材料或工具，互动以远程观摩及语言交流讨论为主，还可通过视频进行过程演示、成果展示。

（二）合理运用各种技术资源的能力是必要的教学技能

教师在运用云视互动技术设计课堂教学过程时，除了注意传统课堂教学的各种要素和环节，还应根据课程特点和教学需要，着重关注视频画面的呈现，保证其作为教学中心资源的效果，所有需要向现场学员交代清楚的图、文、音、视等各种信息都必须被设备采集进入系统，而后经恰当的控制播出成为教学内容。

教师在授课过程中应根据课程进程灵活切换视频源，在课程引入和师生相互介绍熟悉的环节，建议使用教师正面全景画面；在讲解、演示操作和互动过程中，需要教师注意根据教学进程及时调整画面内容，以丰富的内容和形式吸引学生注意力。

为保证教师现场走动和指导交流的音视频采集稳定，教师应佩戴无线拾音（小蜜蜂）设备，视频镜头也需要及时跟进或切换，在没有技术支持的普通云课堂教学，应避免这类场景出现。

（三）有效组织课堂各环节，减少远程教学技术障碍

云课堂顺利开展，保障正常的教学秩序需要靠师生共同创建并维护。在实践中总结出以下可供参考的建议。

1. 课前准备

教师设置云课堂教学计划的同时，需要设置必要的课堂时间、名称、简介、学习对象等基本信息，在授课前提早一定时间开启主播端设备，测试网络及相关设备，播放课程提示欢迎画面，指引学员加入课堂。

课程辅导教师（班主任）应提前掌握基本的远程听课互动操作技术，如如何设置终端、加入课堂及签到等，并通过一定渠道指导学生，还需提醒学员应注意的远程听课交流互动礼仪。

为避免教学开始之后教师端被后续加入的成员干扰，需要提前设置成员加入课堂时的设备状态，建议设置为禁用全体成员的摄像和拾音设备，禁用全体成员远程标注和互动操作 PPT 的功能，在教学过程中根据互动需要开启上述互动功能，以免学员在无意中或在不注意的情况下干扰正常的课堂教学秩序。

2. 课间休息

在课程休息间隙，教师要为远程学习者提供休息和再次开始教学时间的提示画面，也可安排提示后续教学的活动准备、思考问题、互动要求等信息。

3. 课后补充

在完成现场实时授课后，录制在教师端的教学视频素材可在简单编辑后上传至网络教学管理平台，成为课程学习资源，供未能实时参与云课堂教学或还想回顾复习的学员点播学习。教师反思修订教学设计和资源。更多线上教学活动的组织和开展依托网络教学平台开展。

四、结语

开展云课堂教学对教师信息化教学技能和素养有提升，对促进教师钻研课程教学设计有要求，对提高课堂教学效果有帮助，对优化信息化教学环境有推动。这种新兴的远程视频互动课堂教学技术和教学方式，有很多环节要兼顾，教学管理和组织者应注意到教师为成功开展云视互

动教学需要额外付出的心血，应建立一定的评价和激励机制，支持鼓励这一高度整合多种现代教育技术的新型课堂教学模式顺利应用推广。

参考文献：

[1] 叶娟. 基于云视频构建智慧家庭多屏互动环境探索[J]. 科技管理研究，2013，33(16)：175－180.

[2] 杜磊，许博，阚媛，王晓卓，马文彬. 云视频会议平台研究[J]. 微型机与应用，2013，32(18)：4－6.

[3] 李彩燕. 基于云视频的中学英语城乡互动教学探析[D]. 厦门广播电视大学学报，2015，18(03)：31－34＋78.

[4] 李晓兰，顾钢，李云平. 云视频会议系统的设计与应用[J]. 电子技术与软件工程，2015，(21)：19.

[5] 李珊珊. 云视频会议在高校的应用研究[J]. 福建电脑，2016，32(07)：102－103＋137.

（本文作者为上海市长宁区业余大学信息中心主任件明辉）

云视课堂与成人高校教学系统的整合

长宁区业余大学

一、概要

(一) 所指的问题

云视课堂已经在成人高校学历教育中广泛投入使用,学员在远程的教学点或者在家也能通过云视课堂进行远程上课。其上课方式灵活、音视频传输高效等优点,受到广大师生的普遍好评,云视课堂有进一步普及的趋势。但是在使用过程中也存在以下问题:一是与现有教学系统中的用户账号不统一。云视课堂作为第三方应用软件,有自己独立的账号体系,与现有教学系统中的用户账号不一致。云视课堂使用者需要记住额外的的云视课堂登录账号、密码以及课堂 ID 号才能正常使用云视课堂,而不能直接使用现有教学系统中的账号,这给使用者的操作带来不便。二是与现有教学系统的学习档案不统一。云视课堂上课过程中产生的学习记录,作为教学过程中的原始资料,应当保存下来用于统计和预测学生学习行为的依据。因为没有与现有教学系统相通,所以云视课堂中产生的学生学习记录不能有效地与现有教学系统整合并综合统计,影响了学生学习档案的完整性。

解决上述问题的关键是有效整合云视课堂与现有教学系统,做到任课教师可直接在教学系统中开设相关云视课堂进行上课,学员也可以通过教学系统进入云视课堂学习,并由教学系统实时跟踪学生学习行为、记录学习情况,将云视课堂产生的学习记录及时保存到教学系统数据库中。云视课堂与现有教学系统整合的难点是目前使用的远程视频会议系统云视课堂属于非网页版的、需要独立安装客户端的应用软件,而现有教学系统是基于浏览器的互联网平台,两者的整合有一定技术难度。

（二）整合的意义

云视课堂与现有教学系统的整合有以下现实意义：

1. 操作方便性

独立使用云视课堂时，授课教师及学习者都要直接面对远程视频会议系统客户端软件进行操作，比如：使用远程视频会议系统的账号和密码登录系统，并输入课堂 ID 加入云视课堂等，操作者往往需要掌握较多的使用技巧。与现有教学系统整合之后，授课教师和学生只需通过教学系统中的相应功能模块进入云视课堂，而无需记住云视课堂的登录账号、密码、课堂 ID 等容易忘记的信息，操作方式更加简单方便。

2. 数据融合性

独立使用云视课堂时，云视课堂的学生学习记录与现有教学系统分离，作为信息孤岛存在。与现有教学系统整合之后，云视课堂的学生学习记录与现有教学系统中的学习数据进行有效关联、融合，形成统一的学生学习档案，有助于更加准确地统计和预测学生学习行为。

（三）整合的内容

本文所指的目标，是在深入研究远程视频会议系统云视课堂软件接口标准的基础上，整合云视课堂与现有教学系统，做到教学系统中不用登录直接进入云视课堂的功能，为师生便捷使用云视课堂提供技术基础，并做到云视课堂的学习记录及时保存到教学系统中，为学校教学部门统计和预测学生学习行为提供可靠依据。

这里的“云视课堂”，是指用云技术创新学习方式，具有“一对多、无中心、可移动、云服务”特点的新型教学载体，是突破教育资源和面授课堂的时空限制，着重实现实时可“视”的教学互动，强调应用环节便捷性的性能稳定的远程教学课堂形式。本文中所指的云视课堂限定在基于“ZOOM 云视频会议”产品的云视课堂。“教学系统”是指成人高校学历教育教学平台，目前已经建设了较完善的教学管理功能及教学信息库。

本文主要内容包括：一为深入分析远程视频会议系统云视课堂软件提供的 API 接口标准，分析如何在现有教学系统中调用其接口，提出整合云视课堂与现有教学系统的初步方案。二为分析电脑端及移动端的不同使用特点，设计既能在电脑端的教学系统中使用，也能在基于微信公众号开发的移动学习平台中使用云视课堂的机制。三为设计云视课堂使用过程中产生的学生学习记录数据结构，形成与现有教学系统统一的学生学习档案，供教学部门统计和预测学生学习行为使用。

二、云视课堂软件接口分析

（一）软件应用场景分析

1. 教师授课

授课教师一般是在指定的教室上课，云视课堂软件就安装在教师机上，教师运行云视课堂软件实现云视课堂教学与互动，教师也可以使用平板电脑等移动设备代替教师机。

2. 学生听课

学生参与云视课堂的方式比较灵活，可以到教室现场听课，也可以在其他教学点(如果设立了远程教学点的话)听课，也可以在家或者在室外通过手机等移动终端连上云视课堂听课。

在以上教师授课和学生听课场景中，教师和学生都可以使用电脑或移动设备进入远程视频会议系统云视课堂进行授课或学习。

（二）软件 API 接口分析

远程视频会议系统云视课堂软件提供相应的 API 接口，供其他应用系统调用，主要有以下四类 API 接口：Account 接口、Meeting 接口、User 接口、Report 接口。其中，与现有教学系统的整合所需要的接口为 Meeting 接口和 Report 接口。Meeting 接口主要提供控制云视课堂的功能，包括云视课堂的创建、修改、删除、结束等功能，并提供获取课堂列表、课堂详细信息等功能。Report 接口主要提供各类报表，包括按日报表、按账号报表、按用户报表等。Account 接口和 User 接口，主要提供云视课堂软件本身的账号和用户管理功能。

1. Mccting 接口分析

(1) 创建课堂

创建一场云视课堂，返回创建的课堂链接。

API 请求链接：https://www.zoomus.cn/v1/meeting/create

(2) 删除课堂

删除一场云视课堂,返回被删除的课堂 ID。

API 请求链接: https://www.zoomus.cn/v1/meeting/delete

(3) 修改课堂信息

通过课堂 ID 修改云视课堂信息。

API 请求链接: https://www.zoomus.cn/v1/meeting/update

(4) 结束课堂

结束一场云视课堂,并返回结束的课堂 ID。

API 请求链接: https://www.zoomus.cn/v1/meeting/end

(5) 获取课堂列表

获取所有已排计划的课堂列表。

API 请求链接: https://www.zoomus.cn/v1/meeting/list

(6) 获取课堂信息

根据课堂 ID 获取指定云视课堂详细信息。

API 请求链接: https://www.zoomus.cn/v1/meeting/get

2. Report 接口分析

(1) 获取每日报告

获取一个月中每日的报告,只能获取近 3 个月的数据。返回该月每日的课堂数目、新增的用户数、总参加课堂人数、总课堂分钟数等。

API 请求链接: https://www.zoomus.cn/v1/report/getdailyreport

(2) 获取账户报告

获取指定时间段内某账户的总课堂数以及每个课堂的详细信息。

API 请求链接: https://www.zoomus.cn/v1/report/getaccountreport

(3) 按用户报表

获取指定时间段内某用户的总课堂数以及每个课堂的详细信息。

API 请求链接: https://www.zoomus.cn/v1/report/getuserreport

三、整合方案分析与设计

(一) 用户角色分析

云视课堂的用户角色主要包括授课教师和学生两类用户。用户角色权限对应关系如表 1 所示，每一个用户角色的职责如下：

1. 授课教师

授课教师是云视课堂的主持者，授课教师拥有设置云视课堂主题、上课时间的权限，并拥有启动云视课堂，主持云视课堂的全过程的权限。

2. 学员

学员是云视课堂的主要参与者，学生在指定时间通过教学平台进入相应课程的云视课堂进行听课或互动，学生在云视课堂的学习记录将实时保存下来用于教学管理部门的统计。

表 1　用户角色权限对应关系表

用户角色	对应权限
授课教师	在教学平台上设置云视课堂主题、上课时间，启动并主持云视课堂
学　员	通过教学平台进入云视课堂进行听课或互动

（二）角色功能设计

角色功能设计主要包括对授课教师和学生的功能设计。

1. 授课教师功能设计

授课教师登录教学系统之后，选择云视课堂模块，并在自己的课程下面开设云视课堂，开设的次数不受限制，可按需添加云视课堂。添加的信息主要包括云视课堂主题、上课开始时间和结束时间等，并在指定时间点击开课按钮开始授课，结束上课之后可查看学生出勤记录。具体操作界面如图 1 所示。

课程：统计学原理　班级：17工商，17会计　添加

序号	云视课堂主题	开始时间	截止时间	操作	云视课堂
3	第4章 统计指标	2018-03-05 18:00	2018-03-05 21:00		开课 出勤记录
4	第8章 指数分析	2018-05-21 18:00	2018-05-21 21:00		开课 出勤记录

总共 2 条记录！

图 1　授课教师界面效果图

2. 学员功能设计

学员登录教学系统之后，选择云视课堂模块，就可看到授课教师开设的云视课堂列表，选择正在进行的云视课堂并点击上课按钮就能进入

云视课堂听课并可与教师互动，具体操作界面如图 2 所示。学员端同时提供通过移动设备上云视课堂的功能，学员可从手机端教学系统中进入云视课堂开始上课，手机端具体操作界面如图 3 所示。

课程：统计学原理　班级：17工商　教师：崔东浩

序号	云视课堂主题	开始时间	截止时间	云视课堂
3	第4章 统计指标	2018-03-05 18:00	2018-03-05 21:00	上课
4	第8章 指数分析	2018-05-21 18:00	2018-05-21 21:00	上课

总共 2 条记录!

图 2　学生界面效果图

图 3　手机端学生界面效果图

3. 关键类图设计

本节对整合时所需要的类进行分析设计，定义出它们的属性，以下选取了几个具有代表性的关键类，分析它们之间的关系，如图 4 所示。

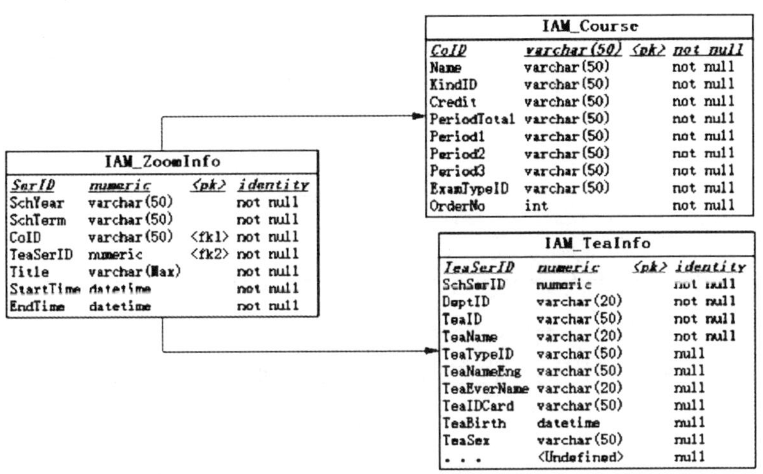

图 4　整合方案关键类图

其中，IAM_ZoomInfo 为云视课堂信息类，主要存储教师开设的云视课堂信息；IAM_Course 为课程信息类，IAM_TeaInfo 为教师信息类，此两个类为基础信息类，主要提供课程、教师的基础信息。

IAM_ZoomInfo 类的属性中主要包括：SerID（系统自增序号）、SchYear（学年）、SchTerm（学期）、CoID（课程 ID）、TeaSerID（教师 ID）、Title（云视课堂主题）、StartTime（上课开始时间）、EndTime（上课结束时间）。其中，课程 ID 关联课程信息表，教师 ID 关联教师信息表。

4. 调用接口设计

调用接口主要包括授课教师开启云视课堂的接口以及学生加入云视课堂的接口两类。

授课教师接口设计：授课教师登录教学系统后在云视课堂列表中点击开课按钮，系统自动调用云视课堂软件接口创建并进入云视课堂开始授课，调用接口如下，接口参数如表 2 所示。调用 API 接口：https://www.zoomus.cn/v1/meeting/create

表 2　云视课堂调用接口参数表

接口参数	参数说明
api_key	API key，可以通过远程视频会议系统获取
host_id	课堂主持人的 ID 值

续　表

接口参数	参数说明
topic	课堂名称,最长为200个字符
type	课堂类型:"1"代表及时课堂,"2"代表安排的课堂,"3"代表周期课堂
start_time	课堂的开始时间
duration	课堂时长

学员接口设计：学员登录教学系统后在云视课堂列表中点击上课按钮,系统自动调用云视课堂软件接口进入课堂开始上课。学生端的调用相对简单,调用方法如下,其中123456789为课堂ID,使用过程中需要用真实的课堂ID代替。调用API接口：https://www.zoomus.cn/j/123456789

四、小结

本文主要提出了远程视频会议系统云视课堂使用过程中存在的问题及与现有教学系统整合的需要,分析了云视课堂软件的API接口,设计了与现有教学系统整合的有效可行的方案,实现了在教学系统中直接使用云视课堂并整合两者的学生学习记录的功能。

该整合方案还有一些值得进一步研究和改善的地方,主要包含以下两点：一是远程视频会议系统云视课堂作为独立的应用程序,在第一次使用时需要下载安装,如果能实现嵌入到教学系统中的网页而无需下载安装,对用户来说操作会更加方便。如何实现网页版云视课堂是进一步需要研究的内容。二是在移动端教学系统中启动云视课堂的过程略显复杂,要做几步操作才能进入到云视课堂,如何提高学生在移动端使用云视课堂的体验还需要进一步努力。

参考文献：

[1] 祝智庭. 以智慧教育引领教育信息化创新发展[J]. 中国教育信息化,2014(09).

[2] 钟守春,李荆钟,陈佩. 搭建三级视频系统,提升教育治理水平[J]. 软件导刊(教育技术),2017,16(03).

[3] 王鹬,杨倬. 基于云课堂的混合式教学模式设计：以华师云课堂为例[J]. 中国电化教育,2017(04).
[4] 马仲吉,李汉斌,刘思来,锁配烈. 教育信息化时代下的个性化学习研究[J]. 中国教育信息化,2017(06).
[5] 沈显君,魏开平,杨进才,王敬华. 基于云课堂的个性化自主在线学习模式研究[J]. 软件导刊(教育技术),2017,16(12).
[6] 付宇航,赵晓艺,安璇璇,刘梦婷. 云课堂环境下本科教学现状分析：以华中师范大学为例[J]. 软件导刊(教育技术),2015,14(05).
[7] 王立达. 论视频会议系统在成人高等教育教学中的应用[O]. 宁波大学学报(教育科学版),2015,37(03).
[8] 孙建文,张昭理,刘三,舒江波. 基于开源技术的云课堂平台构建[J]. 中国教育信息化,2014(19).

(本文作者为上海市长宁区业余大学信息中心副主任崔东浩)

云视课堂课程建设的实施

长宁区社区学院

云视课堂是一种依靠互联网开展教学的方式，是利用良好的网络条件和合适的设备进行的教学活动。教师的教学活动通过网络，学生只需通过网络环境和相应设备，就能够实时加入学习活动。云视课堂作为一种新型的教学手段，受到学习者的欢迎。要发挥云视课堂的优势，关键是要把握其课程建设的实施。

一、云视课堂基本情况

（一）传统课堂和云课堂的比较

传统课堂主要是教师将教学内容和知识点通过面对面讲授的形式传递给受教育者。上课的时候，教师通过板书、语言和肢体语言传授自己的知识。学习者则是通过听讲、背诵、操作练习等接受知识。

云课堂主要通过现代化的电子设备，例如计算机、平板电脑、手机等设备通过高速的网络传递将丰富的图片、文字、视频、音频传授给受教育者，知识的迁移更多的是通过智能设备寓于云课堂模式中。知识的载体可能是音频、视频、图片、文字甚至是3D仿真模型等，而知识的传递工具则是PC机、平板电脑、手机等可联网硬件设备与播放器、仿真软件、网络等软件设备。云课堂教学更加方便、快捷。

（二）云课堂和云视课堂的比较

云课堂主要是通过电子设备将知识和教学资源通过网络传递给受教育者，知识载体是音频、视频、图片、文字、3D仿真模型等，知识迁移更多是在于媒体。学习者只要具有网络和上网设备可以时时处处开展学习。

云视课堂则是通过教师将教学内容和知识通过网络媒介传递给受教育者。在云视课堂授课模式下，教师不仅需要更加熟悉教学内容，还需要适应远程教学过程中与异地受教育者的实时交流，适应不同情境下受教育者的提问，及时解答教学中的问题。同时需要教师有更高的技术水平能够操作云视课堂的设备，甚至需要一定的审美的能力和镜头前自我形象的设计能力。教师通过实时网络为受教育者提供指导与帮助，使受教育者的学习更有成效。

（三）云视课堂的优势所在

1. 云视课堂具有学习评价性

信息技术的快速发展及其在教育中的应用，新型的在线开放网络课程的出现，虽然课程众多但却存在着一个比较大的问题是师生缺少面对面的交流，缺乏对学生学习活动的全面客观的了解和评价，教师难以把握学员的学习进度，单靠网上评价不足以真实掌握学习效果。而云视课堂解决了这一问题，它通过线上直观的交流，让教师掌握学生的学习进度，并能及时对上课进度进行调整，从而解决现在网络课程的通病：注册率高，完成率低。

2. 云视课堂具有空间辐射性

云视课堂从空间上突破了限制，不再受到学习场地集中的约束，大大提高了受教者的出勤率。随着网络条件越来越优质，使云视课堂开展更加便捷，不论有线网络、无线网络甚至 4G 网都能满足云视课堂的需求。云视课堂充分发挥了学习空间辐射性的优势，它在个人自主学习的独立性得以保障的条件下，师生之间、学生之间的分离状况被打破，使教育的场地可以遍及到世界的每一个角落成为可能。云视课堂的辐射性在地域分离的师生之间，在教师“教”和学生“学”分离之间，使学生获得了时间上的自主性和空间上的灵活性。允许学生根据自己的具体情况选择在任何地点参加学习。满足了更多受教育者学习的渴望和需求，解决了因为地域原因不能就学的困境。

3. 云视课堂具有实时互动性

云视课堂以“一对多”利用网络视频技术实现实时教学，教师授课通过各种采集设备将画面、音频传入云视系统，开展双方或多方的实时交互,每个受教育者都能进行学习的反馈。云视课堂是通过远程学习、自主学习,形成以信息技术手段对传统课堂教学实施变革的一种新的教学模式,这一教学模式主要将教室的课堂内容通过网络传递给异地受教者,它并不等同于过去的在线教学。现在人们越来越重视学习过程中的参与性和社会性,更加注重以对话的形式进行学习,而云视课堂正是实现教师与受教者的有效互动的教学形式。

二、云视课堂课程建设

如何进行云视课堂的实施呢?

(一)明确云视课堂的课程定位

在教育学文献中,课程是作为教学论的一部分来研究的。通常把课程理解为“教学科目及其体系”。我国理论界对课程定义往往有狭义与广义两种解释。广义的课程即为实现学校教育目标而选择的教育内容的总和,包括学校所教各门学科和有目的、有计划、有组织的课外活动。狭义的课程即一门具体的科目。把课程理解为学习方案或具体的学习科目,是我国教育理论界及广大教师最为熟悉的课程定义,也是最普遍、最传统、最一般的课程含义。云视课堂的课程含义采用后一种定义。云视课堂课程的教学突破了传统的教学模式,通过网络将各个教学点互相连接,形成大规模的互动式、规模式、参与式的学习环境。云视课堂课程作为对外开放课堂,引入外部教学能量,必须探究网络条件下的教与学的方式,实现常态化受教育者自主探究学习和过程性评价、生成性评价。

(二)云视课堂的课程设计

对于云视课堂来说制定一个完善的学习方案和确定一个有效的内容是必不可少的,但更重要的是如何将传统课程转换成云视课堂的课程。其中有两点需要前期研究:首先是语言的提炼,由于云视课堂受教对象是不在现场的受教育者,更多的是通过网络在电脑、手机、平板电脑的另一端收看的受教育者。由于师生之间有了间隔,如果想要受教育者更投入教学活动中,教师的语言表达就需更加精确和标准,不能掺杂太多的口头语。其次是课件的精制,教师的语言是知识通过听觉传递的媒介,课件就是知识通过视觉传递的媒介。课程内容通过课件进行传递成为非常重要的一环。如何将课件内容更好地传递给受教育者,要做到提纲明确,文字说明清晰,加深受教育者的学习记忆。精致的课件也会提高对未能实时上课,而在其他时间到云视课堂资源中补课的学生的吸引力。

(三)要确保云视课堂课程实施的有效

云视课堂优化整合了教学内容,课程内容是精品课程的重要层面。教学内容的实用性、前沿性和创新性是衡量课程是否能进行有效教学的重要指标。教学内容电子化在云视课堂中尤为重要。通过电子教案、电子课件等多种方式完善现代化的呈现,更好地展现教学内容,使教学内容更容易被受教育者认知。

三、云视课堂课程建设的保障

(一)云视课堂课程操作团队的建设

加强教学队伍作为操作团队建设是云视课堂课程建设的第一要务。建立云视课堂教师的培训和培养机制:为教师队伍建设落实教学研讨机制,让教师能互相交流研讨实现课程良性发展是云视课堂课程建设的重要环节,是坚持课程建设可持续发展的关键所在。终身教育系统办学单位可以选择一批教师尝试将传统课程转化成云视课堂,并且组织互相听课学习云视课堂的教学手段。同时还能组织在线听课模式,通过共享云视课堂账号听取同行对上课的不足与优点的评价。

(二)把握云视课堂互动环节

云视课堂的互动形式是目前最刻不容缓需要解决的问题,异地受教育者需要和主讲教师互动可以实现,但是不能像现场受教育者那样达到实时互动,目前只能在固定的答疑阶段与教师交流,这也许是今后云视课堂需要攻克的重要难关,让交流变得更加便捷。为了更好地开拓互动形式,长宁终身教育云视课堂现已覆盖本区 10 个街镇社区学校,云视课堂设备已配送至街镇并建立了一套完整的终身云视课堂开展的体系,优秀的课程可推送至各个不同的教学点。在此基础上并进一步向本区的白领人群拓展,通过在白领中心和园区(楼宇)课堂的软硬件配备,将白领需求的优质学习资源放入云视课程,为他们提供最为及时优质的学习支持服务,让教育惠及更多有需求的人群,为长宁区白领学习便利服务工作打造新的亮点和品牌项目。

(三)加强云视课堂硬件建设

云视课堂教室中,教师操作的教学计算机是所有信息输入、输出与处理的中心。它负责连接采集师生教学活动视频的摄像头,内置软件采集计算机显示屏幕的视频源,并且接入采集文本和实物影像的实物展台,采集计算机数字音频的音频源,教师扩音用的麦克风、师生互动用的无线麦克风以及大屏影音播放设备。在多媒体中控的集成下,把所有信息统一为数字信号传输控制,并且由计算机程序管理。在实际操作中,需做到现场拾音、计算机录音与现场扩音一体,具备远端回声啸叫抑制。为降低教师操作难度还应注意界面简明直观和提示辅助。这一切设施,教师应该学会操作和管理。

发挥数字化课堂教学优势,力求在技术应用上进行创新,以“云视课堂”建设突破教育资源的时空限制、交流互动形式的局限,形成新型线上线下相结合的学习方式,是云视课堂课程建设的新课题。要不断推进云视课堂课程系统的建设,还需我们进行更多的思考和实践。

(本文作者为上海市长宁区社区学院信息中心教师郭敏杰)

校园云视课堂安全风险分析与防控

上海开放大学航空运输学院

为解决学习者多样化的学习需求，长宁区社区学院推出了利用云技术打造的云视课堂，云视课堂基于互联网来开展教学服务，因此网络安全问题就凸显出来，ARP 攻击，IP 欺骗，网络蠕虫及操作系统漏洞被利用时有发生，会影响到云视课堂的运行效率和信息安全。一旦发生相关的网络安全事件，会造成一系列的后果，如：重要数据的破坏或被窃取，造成系统无法正常为用户提供服务等。所以，探讨校园云视课堂所面临的安全风险，进而提高校园网抵御外部攻击和内部漏洞的能力，就显得迫在眉睫。本文从长宁区社区学院校园网入手，对云视课堂所面临的安全风险状况进行了探讨并提出防控方案。

一、长宁区社区学院校园网及云视课堂简介

（一）校园网现状

长宁区社区学院水城路校区，位于长宁区的水城路虹古路交界处。该校区目前已完成校园网升级改造，主要内容包括教学楼的网络核心设备升级、各个楼层的接入设备升级，办公室、教室的有线接入点增加和更新，公共部位的无线接入点配置等，能够提供约 900 个上网信息点，有线和无线节点覆盖整个校区。由于该校区只有一幢建筑，因此结构设计相对比较简单。而由于实际需求的缘故，出口线路不止一条，为了对多条线路进行负载均合与整合，因此采用华为的 USG6600 系列产品作为路由器和防火墙，华为 S12700 作为核心交换机。校园网络拓扑图见图 1。

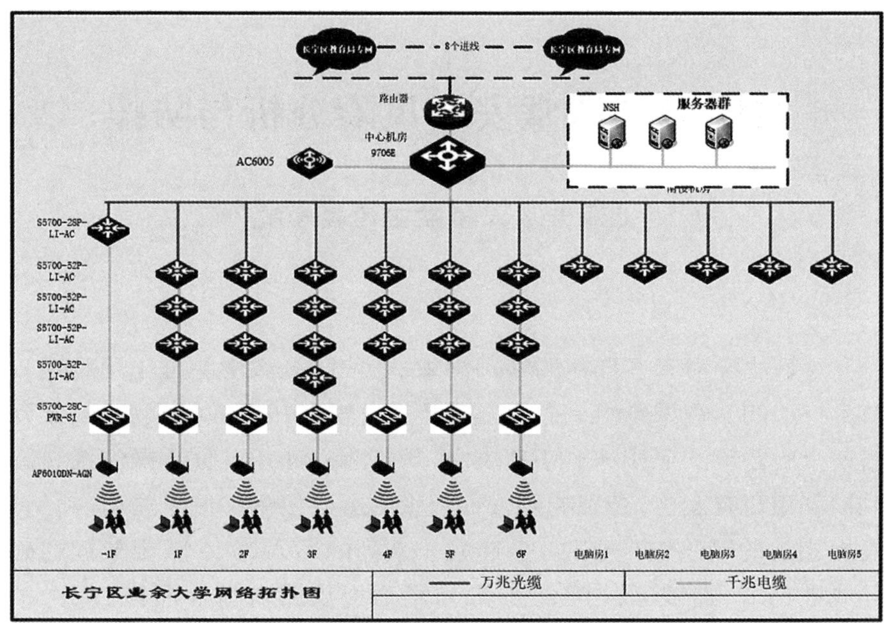

图 1　校园网络拓扑图

在网络中心还配备了联想、IBM、DELL 等近十台高性能服务器，为教育教学工作提供了万维网门户、教学管理系统、教务管理系统、教室管理系统、在线学习、社区教育网等公众服务；另外还提供国研网、万方、学位论文全文数据库等数字资源供师生使用。

（二）云视课堂介绍

云视课堂是一种利用云技术的创新学习方式，是具备“一对多、无中心、可移动、云服务”特点的新型教学载体，是“学在数字长宁”体系与新技术结合实现深化发展的新探索。其不同于一般意义上的云课堂和在线课堂，是突破教育资源和面授课堂的时空限制，着重实现实时可“视”的教学互动，强调应用环节的便捷、宜用、稳定，利于推广。

2015 年底，长宁区社区学院利用云技术开发的“云视课堂”系统原型上线，标志着“学在数字长宁”体系进入 3.0 时代。首批开通 6 个试点分课堂，通过云视课堂系统展现了分课堂的授课场景并与主会场主持人进行了“云视互动”。主要体现了云视课堂特点：教师可以在任何一个中心授课,多个不同地点的学员可以通过系统实现在线收看,并与教师远程实时互动。学院信息中心课题组尝试探究云视频技术在开放远程课堂教学的应用设计,以课堂教学现场结合云视频会议软硬件技术,制订相关的环境技术标准、探索云视频技术在远程课堂教学中的支持服务模式与相关软件平台设计方面的内容。

二、云视课堂面临的安全风险分析

长宁区社区学院校园网是基于 TCP/IP 协议架构的大型局域网,TCP/IP 协议组可以分为五个概念层次,分别是硬件层(或称为物理层)、网络接口层(Network Interface Layer)、Internet 层(Internet Layer)、传输层(Transport Layer)和应用层(Application Layer),每一层都是为通信而提供服务的,与此同时也成为安全风险节点。除此以外,作为应用层软件的运行基础,操作系统所面临的安全风险也是十分巨大的。首先,操作系统存在漏洞;其次,操作系统会受到病毒、蠕虫等恶意程序的攻击,使用户数据面临危险;最后,操作系统的相关设置也会成为风险的来源。另外,在网络安全管理体系建设及安全意识方面的不足也是产生安全风险的潜在源头。下面从六个方面对风险进行分析。

(一) 硬件层的安全风险

网络的硬件层不仅包括网络设备、线缆,还包括设备安置的机房以及所在建筑提供的供电、供水、防火、防盗、绝缘等设施的配置。硬件层的安全决定了整个网络系统安全的基础。长宁区社区学院的校园网包含了环境安全、设备安全和介质安全三个方面。硬件层存在的安全风险可能导致整个校园网络及系统内部数据的丢失甚至损毁。具体风险可以归纳为以下几个方面:

一是由地震、暴雨、火灾、雷击等环境因素引起系统的灭失。二是供电环节故障引起设备断电导致的硬件损坏或数据丢失。三是设备被人为偷窃、破坏所造成的信息泄露和数据丢失。四是由于电磁辐射管控不当而引起的信息被盗取或非授权访问。五是监控和预警系统的设计配备不足所造成事故的发生。除此以外,核心机房的环境控制设备的不专业也是造成硬件故障的一大风险,例如:安装的空调设备为家用或商用空调,在高强度的 24×365 的工作状态下经常会出现故障,导致机房温度超出安全范围,服务器停机风险陡增。

(二)网络接口层的安全风险

1. ARP 欺骗攻击

ARP(Address Resolution Protocol)的功能是通过 IP 地址来查找相应端口的实际物理地址 MAC,以实现在 TCP/IP 网络中的节点间通过 MAC 地址进行通信。由于 ARP 协议是无状态的协议,主机在没有发送 ARP 请求报文的情况下,也是可以接收到 ARP 应答的,如果有主机发送了虚假的 ARP 请求报文或响应报文,并对报文中的源 IP 地址和源 MAC 地址都进行伪造,那么就会影响整个网络内结点的正常通信。在局域网中,除了可以伪造成某一台主机的 IP 地址和 MAC 地址以外,还可以伪造成网关的 IP 地址和 MAC 地址的组合。现有的局域网缺乏相应机制和协议来防范此类伪造行为。

2. MAC 地址泛洪攻击

交换机各端口与其所连设备的 MAC 地址有对应关系,这个对应关系表被存放在内容寻址存储器 CAM(Content Addressable Memory)表中。当交换机从某端口获取到数据帧后,交换机会从中提取源 MAC 地址和目的 MAC 地址,然后将端口与源 MAC 地址的对应关系记录在 CAM 表中。同时,交换机查询 CAM 表中是否有目的 MAC 地址所对应的条目,如果存在,那么就从对应的端口转发数据帧,如果未找到,交换机会将数据帧进行广播发送至所有的端口。MAC 地址泛洪攻击也被称为 CAM 表溢出攻击,它就是利用交换机的 CAM 表大小有限的原理,将大量虚构的带有不同源 MAC 地址的数据帧发给交换机,迅速填满交换机的 CAM 表。之后,交换机将会将接收到的所有单播数据帧都以广播方式进行处理,攻击者将会接收到这些数据帧,从而获得其他用户的地址信息。

3. VLAN 跳跃攻击

虚拟局域网 VLAN(Virtual Local Area Network)是在交换式局域网基础上出现的一项管理技术,目的是将局域网设备逻辑地划分为多个网段,以缩小广播域,从而提高用户通信的安全性和网络的可管理性。有趣的是,作为局域网中的一种安全技术,它本身却存在着安全隐患,可能被利用来进行攻击。VLAN Hopping 攻击(VLAN 跳跃攻击)就是其中一种。它是利用了 DTP(Dynamic Trunk Protocol)实现的。两台交换机进行互联时,会通过 DTP 进行互联端口的协商,以确认是否设置为支持 IEEE 802.1Q 的 trunk 端口,如果是 trunk 端口,则可以接收所有 VLAN 的数据帧。VLAN Hopping 攻击就是利用了相关漏洞,将计算机伪装成交换机,同时发送虚假 DTP 报文,请求成为 trunk 端口,被攻击交换机收到此 DTP 报文后,便启用基于 IEEE 802.1Q 的 Trunk 功能,误以为攻击者是一台合法交换机。攻击者就会获取所有 VLAN 的数据帧。

4. DHCP 欺骗攻击

DHCP(Dynamic Host Configuration Protocol)的功能是为客户端主机动态地分配 IP 地址及子网掩码、DNS 等相关参数。但 DHCP 存在安全隐患:当一台运行 DHCP 客户端程序的计算机接入网络时,即使没有权限它也能从 DHCP 服务器获得一个 IP 地址及网关、DNS 等信息,从而合法使用网络。同时,攻击者可能会使用伪造大量 DHCP 请求的方式,来消耗 DHCP 服务器中可供分配的 IP 地址,最终使合法用户无法获取到 IP 地址。此时,由于 DHCP 客户端获取 DHCP 服务器的 IP 地址等信息时,系统并没有对合法 DHCP 服务器进行认证,而是以先入为主的方式从首先给予 DHCP 响应的服务器那里获取 IP 地址等信息。因此,这时如果在网络中出现一台虚假的 DHCP 服务器,它就能为客户端提供 IP 地址等信息服务,这会导致客户端获取了不正确的 IP 地址、网关、DNS 等参数,无法实现正常的网络连接或是引起数据的泄漏;或是客户端获取的 IP 地址与网络中已经被使用的 IP 地址产生冲突,导致网络通信的异常。

(三) Internet 层的安全风险

1. SYN Flood 攻击

SYN Flood 攻击利用了 TCP 协议的漏洞,伪造大量虚假源 IP 地址的 SYN 数据包,使被攻击服务器在等待回应的过程中,耗尽相关的资源

(CPU 负载和系统内存)。SYN Flood 攻击过程是源于 TCP 协议是属于基于连接的协议,在通信双方建立连接的过程中需要进行三次握手,而攻击者正是利用了这一过程的相关漏洞。

2. 敏感信息明文传输的风险

TCP/IP 协议在跨主机之间通信所封装发送的数据都是明文数据,存在着较大的安全问题。在这些数据中包含着用户登录应用系统使用的用户名、密码等隐私信息,一旦被第三方非法截获,则会导致用户重要数据的丢失等严重后果。在这一点上学校的应用系统是存在风险的,由于区办高校预算不足,因此应用系统的设计公司在安全方面的考虑和能力也相对不足,对于敏感信息的传输没有采取相应的加密方式,而是直接进行明文传递,这就给系统安全带来了较为严重的隐患。

3. IP 地址欺骗、冒用的风险

IP 地址作为 TCP/IP 网络中的重要资源,是主机与其他设备进行通讯必备的条件。但是在校园网环境中,这一资源是有限的,并且受到资源管理方的控制。但是网络中的 IP 地址与设备的物理地址并不完全一对一匹配,因此就会有 IP 地址欺骗和冒用的情况发生,非法用户为了获取上网权限或是盗取用户信息,可能会使用修改主机 IP 和冒用他人 IP 的方式,这也就会给网络通信带来潜在的风险。

(四) 操作系统的安全风险

目前较为常见的主机操作系统主要是 Windows 系列(包括 Windows Server 系列)和 Linux 系列,对于 Windows Server 系列操作系统来说,虽然新版本加入了新的网络和虚拟化技术,可以提高用户的基础服务器设备的可靠性和灵活性,并且利用新的虚拟化工具,使网络资源具有增强的安全性。但是操作系统存在的安全漏洞却是无处不在,时刻威胁用户的系统安全。前一阶段闹得沸沸扬扬的 WannaCry 勒索病毒就是利用了 Windows 操作系统的相关漏洞在全球范围大肆发作,150 多个国家、30 多万用户受害。这其中国内的校园网用户首当其冲,重要数据被加密,损失可谓惨重。所涉及的操作系统从 Windows XP 一直到 Windows Server2008 R2 和 Windows 7。可见,忽视操作系统存在的安全风险和漏洞,将会蒙受非常巨大的损失。

除了系统存在的漏洞之外，系统配置的不合理也会造成相应的安全风险。例如：未修改超级管理员用户账户、密码策略设置不合理、允许任意用户远程管理、一些不需要使用但又存在安全漏洞的服务没有禁用等，都可能对系统安全造成潜在的不利影响或威胁。

当然，对于服务器操作系统来说，计算机病毒的威胁也是不容忽视的重要问题，前面提到的 WannaCry 实际是一种蠕虫程序，之前还有“熊猫烧香”等病毒也对全球的计算机系统造成过大规模的侵扰和破坏。因此，病毒防范的问题也必须给予高度重视。

（五）应用层的安全风险

校园网中提供的应用服务无外乎包括 WWW、FTP、Email、数据库等，除此以外，对校园网来说，云视课堂的应用也是要重点加以考虑的。存在的主要风险如下：

WWW 服务方面主要包括教学管理系统、教务管理系统、教室管理系统、在线学习系统、社区学习系统等几部分，其中存在一些敏感的用户数据，包括用户登录信息、口令、手机号码等，如果系统存在较为严重的漏洞，就将会被攻击者利用，从而造成包括 WWW 服务中断或是用户数据丢失或被篡改在内的损失。

而对于数据库服务来说，主要提供 WWW 服务的后台数据支持，相关数据包括学生的个人信息、学业数据，学校各类新闻，教学管理数据以及大量的学习资源。一旦数据库服务存在漏洞而被攻击者利用，则会影响到 WWW 服务的正常提供，甚至造成重要的数据丢失和被篡改。这其中 SQL 注入是较为常见的攻击行为，也是曾经发生过的攻击，所幸采取了对数据库的备份，并且较为完整及时，攻击没有造成大的损失，但以上风险必须加以足够重视并做出应对。

云视课堂是基于单机版软件的应用，但是也在网站端设置了实时参课和回看功能，因此也就涉及到 WWW 服务的安全。另外，将来的课程视频将会存储在云端供学习者使用，因此数据库方面的安全性也同样面临风险。

（六）安全管理方面的风险

网络和应用的安全与否，很大程度上取决于网络管理机构的管理是否到位，这其中存在的风险包括制度漏洞、设备漏洞、人员漏洞和安全意识的不足等。具体地说，大致包括以下内容：首先是管理人员对于重要管理信息，如网络安全措施、管理用户账号、密码等信息保管存储不善，或是密码未按要求进行定期更换、或是没有设置强口令策略、或是账号权限过大，没有按照最小权限进行分级管理等，造成网络风险的大幅提升。这其中还包括云视课堂的账号密码管理，因为一旦这些账号密码被冒用，会直接影响到相应课程的开设和不良信息的传播。其次是机房管理制度缺失，人员出入没有登记和授权，进出机房进行相关操作较为随意，造成系统出现故障而无法进行审计。另外还有设备存在漏洞而未被及时发现，造成数据的泄露或是丢失，影响网络相关服务的正常进行。最后是网络设备缺乏相应的预警和纠错机制，无法对网络威胁进行监控和报告，也无法记录相应的非法操作，造成威胁发生而无从追索的情况。安全意识的问题包括对校园网络的管理人员和使用者主要是教师的相关安全培训比较缺乏，有些学校只有网络管理人员而没有配备专门的安全管理人员，有时网管需要身兼数职，既要管理网络的正常运行，又要负责安全问题的排查处理，难免力不从心；另外，由于区办成人高校这一较为特殊的地位，主管信息安全的部门在整个学校中处在一个支持服务的地位，而并不是教育教学业务的主要部门，因此相关工作有时候得不到最大程度的支持，在预算紧张的情况下，这方面的问题尤其严重。

三、云视课堂安全风险防控方案

要建立安全的校园网络系统，保证云视课堂应用的安全性，涉及到从硬件到软件多方面的问题。前面分析过，长宁区社区学院校园网是基于 TCP/ IP 协议架构的，因此安全风险存在于不同的层次，这就要求云视课堂的安全防护也要针对不同的层次结构来进行设计，也就是说一个完善的云视课堂安全方案要能够完整覆盖校园网的各个层次，除此以外，安全的管理也是不可或缺的。根据学院校园网的应用实际和拓扑结构，以下分别从硬件层、网络层、Internet 层、操作系统、应用层和安全管理六个方面来设计相应的安全方案。

（一）硬件层面安全设计

针对长宁区社区学院校园网硬件层存在的各种安全隐患，为了提高校园网物理环境的安全性，需要在以下几方面做出改进：

1. 中心机房内部署自动消防系统，安装烟感、温感探测器，自动监测火情，自动报警，自动灭火。

2. 温度控制方面采用更专业的设备，避免断电后无法自动回复工作状态，并增加湿度控制。

3. 设置中心机房门禁系统，可采用指纹锁，以确保授权人员才能进入。

4. 中心机房布线优化，将供电线路和通信线路分开铺设于防静电地板下方的不同线槽中，避免信号干扰和保证安全。

5. 服务器连接管理端口，实时监测电源、风扇、硬盘等各系统状况，遇到问题及时处理。

（二）网络层面安全设计

针对网络层存在的安全隐患，进行安全设计的过程，对于以下几方面的问题需要加以重点关注：远程接入安全性、用户身份认证、资源访问控制、传输数据的完整和保密、路由安全、是否有可靠的入侵检测手段、网络病毒的防范等。通过相关设置，可以解决非授权的访问和对重要数据的破坏、窃取。

在这里边界防火墙就可以发挥它的作用，华为的 USG 系列 6650 防火墙可以解决用户认证、权限控制、安全检测等功能。它内置的安全区域包含 Local、Trust、DMZ 和 Untrust，通过对不同安全区域设置不同的安全策略，可以保证网络间的数据访问在可控、安全的状态下运行。增加上网行为记录设备 AC1400，对上网流量进行审计，并对有线、无线用户进行认证，保证用户身份的合法性。相关安全区域拓扑图参见图 2。在安全策略的配置方面，提供了手工配置安全策略、预置安全策略模板、对策略进行冗余分析和命中分析，并提供应用风险调优功能。配置界面如图 3 所示。另外提供的策略路由功能，可以为用户的个性化需求提供支持。VPN 功能的提供，为用户在家中或学校之外的网络场合需要访问内部资源时提供了一种安全保密的连接方式。对于 ARP 欺骗在内的单包攻击这款防火墙也有相应的防范措施。

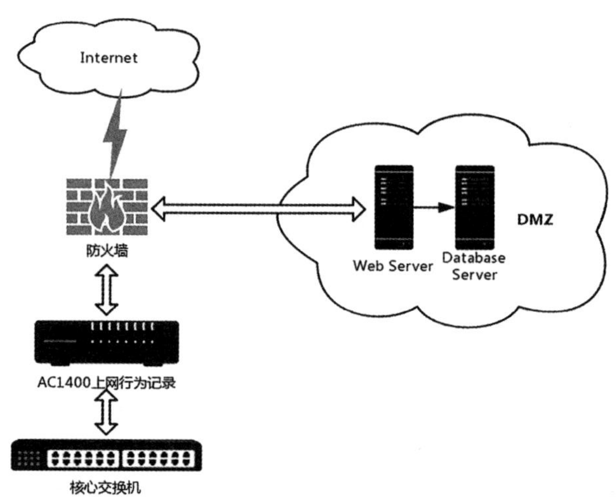

图 2　安全设备拓扑图

（三）Internet 层安全设计

针对在 Internet 层中普遍存在的 DDoS 攻击，华为的这款防火墙可以提供全面的防护，包括前面提到过的 SYN Flood 攻击和 DNS Request Flood 攻击等。另外，为了应对 IP 欺骗，一方面在用户认证时采用 Mac 地址与 IP 地址绑定的策略，另一方面，关闭 DHCP 服务，采用手动分配 IP 地址的方式来管理上网计算机，虽然麻烦一些，但安全性可以有很大提高。同时，防火墙也提供了对 IP 欺骗的防范功能，如图 3 所示。

DDoS

配置学习参数　应用学习结果

攻击类型	防范技术	启用	阈值		学习结果
SYN Flood	源探测	☑	2000	<1-1200000>pps	2000pps
UDP Flood	指纹防范	☑	50	<1-10240>Mbps	50Mbps
	分片指纹防范	☑	50	<1-10240>Mbps	50Mbps
	限流	☑	50	<1-10240>Mbps	50Mbps
ICMP Flood	限流	☑	2000	<1-1200000>pps	2000pps
HTTP Flood	◉基础源探测　○高级源探测	☑	8000	<1-1200000>pps	8000pps
HTTPS Flood	源探测	☑	2000	<1-1200000>pps	2000pps
DNS Request Flood	◉源探测　○CNAME重定向	☑	2000	<1-1200000>pps	2000pps
DNS Response Flood	源探测	☑	2000	<1-1200000>pps	2000pps
SIP Flood	源探测	☑	2000	<1-1200000>pps	2000pps

图 3　攻击防范设置

（四）操作系统层面安全设计

1. 安装操作系统补丁和杀毒软件

根据长宁区社区学院校园网中所采用的操作系统来看，基本为Windows系列，作为微软的系列操作系统，存在大量的漏洞几乎是常态，因此微软公司会定期发布操作系统的补丁供用户进行修补。这种亡羊补牢式的补救措施也是目前使用Windows系列操作系统的用户必须经常做的维护工作。当然更高、更新版本的操作系统在安全方面肯定比之前较老的系统更有优势，但是校园网中的某些应用不是轻而易举就可以迁移的。所以对于老版本的操作系统，也只能通过及时安装操作系统补丁来修补安全漏洞、提升安全性能。

一般情况下，微软操作系统都自带自动更新补丁的服务，但某些用户为了图方便，会关闭这一服务。但是基于校园网安全考虑，所有的联网计算机都应该开启这一服务，并定期检查是否安装了最新的补丁。对于办公和教学计算机，可以通过安装卫士类软件来实现操作系统补丁的自动安装。而对于服务器来说，除了及时安装最新补丁外，及时升级操作系统也是非常重要的，当然前面提到过，应用系统也必须提前考虑对新版操作系统的支持，这样才可以平滑过渡，不断保证应用的安全性。

针对网络中大量存在的病毒和木马等，安装杀毒软件是防范工作的重点。服务器需要安装正版的网络杀毒软件并打开实时防护功能和自动升级功能，并且要设置定期扫描，以防病毒和各类攻击的侵入。办公和教学计算机可以安装企业版杀毒软件，方便统一管理，如统一升级，统一扫描等。

2. 严格限制启用的服务

对于操作系统来说，多开启一个服务，就等于多打开了一扇对外的窗口，那么系统的安全性就会随之降低，而且有很多系统服务存在着尚未被发现的漏洞，因此没有对应的补丁提供。在这种情况下，就要求系统配置人员采用最少服务原则，对于不使用的操作系统服务进行禁用操作。同时，可以在防火墙配置中，仅仅打开必须的服务，这样可以更加有效地避免服务漏洞对网络安全的影响。

3. 用户账号和口令的管理

操作系统的账号和口令是非常重要的，而很多管理员在使用过程中不管是出于方便的考虑还是其他的原因,都会使用默认的缺省账户和比较容易记忆的简单口令。这样就会给某些非法用户以可乘之机,利用暴力破解来获取管理员权限。因此,在操作系统使用过程中应该避免使用缺省账号,如:admin、administrator 等,尽量设置为不能轻易猜测的个性化账号,这个可以在组策略中设置;其次,对于账户口令,要采用严格的口令策略,设置符合安全性要求的复杂口令,并定期进行更换,以防被非法用户暴力破解。这一账号和口令的策略同样适用于网络设备、数据库和应用系统。

(五)应用层面安全设计

根据长宁区社区学院在应用层面的实际情况,需要做到如下几点:

1. 加强审计管理

对于目前审计记录仅仅保存在本地服务器的情况,可能会因为某些原因导致日志受到未预期的删除或覆盖。因此,建议单独设置日志服务器,来对各应用系统的审计记录进行统一管理。并且,需要定期检查日志服务器的审计内容,及时发现可能的攻击。在发生安全事件时,也可以很方便地回溯管理员的操作记录来判断问题。或是排查用户行为记录,来发现安全问题的始作俑者。通过对日志的分析,还可以及时发现系统中存在的相应漏洞,以便及时进行修补。

2. 建立数据备份和恢复机制

针对之前发生过的由于病毒侵入和硬件损坏所造成的数据丢失,虽然采用了一定的备份方式,减少了数据的损失,并较快地恢复了系统的正常工作,没有对教学和管理造成致命的问题。但是,从中也暴露出了数据备份缺乏自动化和及时性的问题,而数据的恢复也需要比较长的时间,在恢复之前,会对教学管理造成了一定程度的影响。因此,建议配置较为先进的备份设备或软件,为应用系统提供较为完备的保护,并能及时恢复被破坏的数据,使系统的离线时间最短,并且将对教学管理的影响降低到最低的程度。

3. 采用加密算法

在目前使用的应用系统中,由于开发人员对于安全性的重视程度不够,没有对通信过程中的敏感信息字段(包括用户账户和口令)进行加密,可能导致用户身份鉴别信息被窃听。建议修改相关模块,采用 RSA 或 3DES 等加密算法,对用户身份鉴别信息进行加密保护。

(六) 管理层面安全设计

管理层面的安全不像网络设备和应用系统那么明显,因此往往会被忽略,得不到足够的重视,然而,仅有高级的硬件设备和合适的软件系统,并不能在缺乏有效管理的情况下,保证校园网的安全运行。因此,管理层面的安全实质是非常重要的,其重要程度绝不低于网络安全设备和相关软件。这方面的安全包括安全管理制度、安全管理机构、人员安全管理、系统建设管理和系统运维管理和安全事件库的管理。

1. 安全管理制度

在管理制度方面,长宁区社区学院拥有较为全面的安全管理制度,但是制度建设不是一劳永逸的,应该根据时间的推移进行不断地改进和完善,并根据不断变化的实际情况进行修正。

2. 安全管理机构

安全管理机构方面,长宁区社区学院成立了以校长为组长的信息安全管理小组,成员由信息中心主任和网络管理员等组成。在这一安全管理机构中,还缺少专职的安全管理员这一角色,需要在今后工作中加以补充、完善。

3. 人员安全管理

在这个方面,学校平时对于教师和相关管理人员缺乏信息安全方面的培训,也没有对相关人员进行考核和进行相关记录。建议开展定期的信息安全培训和考核,并对应急预案进行培训,保留好培训、考核记录。

4. 系统建设管理

在这方面,在进行新的应用系统建设的过程中,要做好安全方案的设计,从系统建设一开始,就把安全工作融入其中,制订相应的目标,并且在工程实施的过程中,严格管理,以达到最初设计的标准。

5. 系统运维管理

系统的建设非常重要,系统的运行维护同样重要。好的建设可以使系统易于使用,而好的运维可以使系统发挥最大的使用价值,为客户提供长期的服务。系统运维方面主要包括环境管理、资产管理、设备管理、密码管理等。要指定专职人员或第三方运维公司对系统进行运维管理，最好在系统建设阶段运维人员或运维公司就能够介入，这样可以更好地了解系统的状况，提高运维的效果。作为学校，也要及时对运维效果进行评估，及时督促调整。另外，要编制信息系统资产清单，以方便系统管理人员对资产采取相应的保护措施。

四、总结

云视课堂工作正在全市社区教育系统不断推广，如果因为网络设施出现问题，可能造成正常教学活动的停止或是带来难以挽回的损失，因此，它的安全健康运行对于社区教育工作的正常开展有着举足轻重的作用，在了解了它所面临的一系列风险的基础上，针对以上提出的各个方面的风险做出有针对性的应对就显得非常迫切。本文只是比较浅显地分析了问题和提出了一些还不成熟的想法，希望抛砖引玉，将云视课堂工作推向完善。

参考文献：

[1] [美] Douglas E. Comer. 用 TCP/IP 进行网际互连[M]. 林瑶，张娟，王海等译.北京：电子工业出版社，2009.
[2] 于晓阳. 校园网网络各层次安全风险分析[J]. 信息通信，2014，(04).
[3] 赵君梅. 校园网络安全方案的设计与实现[D]. 重庆大学，2009.
[4] 徐波涛. 校园网网络安全方案设计与工程实践[D]. 北京邮电大学，2012.

（本文作者为上海开放大学航空运输学院信息中心讲师严强盛）

三、实践　成效

居委会学习点云视课堂的实行

浦东新区洋泾社区(老年)学校

居委会学习站点是社区教育最基层的"触点"和服务站,是居民"家门口"的学习场所。不断提升居委会学习站点的数字化学习能力,有利于提高社区教育均衡化水平,让更多居民受益。

近年来,浦东新区洋泾街道积极构建"数字化学习 1+2"平台,以"洋泾学习港"为枢纽;社区学校"数字化校园"和居委会学习站点"移动教室"为两翼,通过"市云视课堂""社区学校""居委会"三位一体的环境和资源建设,实现学习手段、学习内容、学习空间和学习激励等方面数字化技术的整合,逐步形成互联网背景下的居委会学习站点数字化学习模式。洋泾社区学校以居委会"移动教室"为基点,通过社区学校的直播课程,利用市"云视课堂"及社区学校直播平台,探索居委会学习站点数字化学习发展的有效途径。

一、建设课程资源,满足学习需求,供给便捷有效

(一) 注重"直播课堂"的内涵品质

每学期,社区学校都会挑选部分优质课程,依托"洋泾社区学习港"及市"云视课堂"进行对外直播,居委学习站点运用"移动教室"进行"在线直播、点播学习"。

在挑选直播课程时,社区学校注重从课程的质量、学员的需求、教师的能力、课程的内涵等方面入手,2017 年挑选了声乐、礼仪、文化、旅游、英语等 12 门课,直播课时达 384 课时。2018 年,挑选了智能手机、上海话、文学鉴赏等 14 门课程,直播课时达 448 课时。同时,为了更好地提升课程质量,学校制定了《洋泾社区学校远程直播课程实施办法(暂

行)》,并由学校教学老师全程关注课程授课,根据居委学习反馈,与授课老师沟通,调整教学进度,提高课程质量。

(二) 注重"远程学习"的分类设置

"微课程"由于时间短、内容精而受到了社区居民的普遍欢迎,也是居委学习站点"移动教室"最常规的学习方式。为此,社区学校通过资源共享及特色建设两个方面,丰富学习内容。

"在线课程"可以回看,学习灵活方便,目前,社区学校把"云视课堂"的所有课程,制作成"在线课程"放到网上,供学员点播回看,同时也为组织远程学习提供了学习资源,是学员们随时学习、网上学习的好途径。

(三) 注重"创新融合",加强拓展应用

引进市"云视课堂"的先进理念,与社区学校原有的直播课堂进行互补、融合,提升整体性能。在设备方面,"云视课堂"弥补了社区学校直播课堂的移动性、便捷性问题,使单一的直播教室,变为何时、何地都可直播。而社区学校的直播教室,使"云视课堂"在固定直播教室的录制、拍摄更加清晰、简便。在播放方面,"云视课堂"与社区学校直播课堂实现互通有无,即云视课堂的课程在"洋泾学习港"上能直接点击,社区学校的直播课程,云视课堂也能全程收看,拓展了学习手段,丰富了收视方式。

二、强化指导服务,提升应用能力,拓展学习模式

(一) 加强办学干部队伍建设,定期开展业务培训

社区学校每年至少开展 2 次居委会办学干部"移动教室"应用能力培训,以提升其数字化应用能力,内容包括:设备的运用维护、"云视"课堂的运用,学习资源的查找、管理系统的操作、数字化学习的组织等,使居委办学干部真正成为数字化学习推进骨干。

(二) 建立志愿者导学队伍,增强数字化学习能力

挖掘居委会学习站点的班级、团队骨干,建立志愿者导学队伍,通过

培训,使导学员了解“移动教室”建设的初衷与目标,成为数字化学习的先行者与实践者,以个人带动班级、团队,积极开展各类数字化学习活动,形成学员自主参与、自我学习的数字化学习氛围。

(三)创新学习站点“家门口”的学习途径和模式

居委会学习站点“移动教室”与“云视课堂”的应用与拓展,增强了居委学习站点和居民的学习参与性、便捷性,与传统的办学相比,“移动教室”增强了社区教育的学习辐射和教育覆盖面,通过环境、资源的整合,有效地推进了学习站点各类课程及培训活动。

（本文作者为浦东新区洋泾社区学校常务副校长顾建华）

居家养老视角下的云视课堂

黄浦区社区学院

随着经济的发展与医疗水平的提高，我国进入了高速发展的老龄化社会，其中，上海的老龄化程度位居全国第一。截至 2018 年底，黄浦区 60 岁以上老年人口比例已达到 39.26%，随之而来的老年教育需求也不断扩大。探索多样化学习手段，切实满足并引导老年人学习需求成为大势所趋。

一、黄浦区老年教育服务居家养老的实践探索

当下，黄浦区老年人养老现状表现为居家养老、社区养老、机构养老等多种形式并存，其中，居家养老比例最高，达到 90%以上。以居家养老为主，多种养老形式并举已经成为黄浦特别是上海中心城区的基本养老模式。伴随着物质性养老服务日益完善，现代老年群体愈加追求精神生活，渴望便捷、舒适的学习环境和学习资源。因此，老年教育服务有效融入养老服务体系，扩大教育资源供给，成为黄浦区为老服务的重要组成内容。

为进一步践行《老年教育发展规划(2016—2020 年)》相关要求，结合黄浦城区特点及老年人口现状，在"供给侧"改革理念指引下，黄浦区老年大学将扩大教育资源供给确立为老年教育工作的着力点。2017 年年初，黄浦区老年大学申报了市老年协会重点课题《老年教育进家庭，服务居家养老的研究》，并开展了 10 000 份居家养老教育服务需求监测，通过发放 10 000 份问卷了解老年教育进家庭需求，调研居家养老实施、拓展情况，通过项目持续推进为老年教育服务居家养老提供了实践案例。

通过大样本调研我们发现：家庭成为最受老年人欢迎的学习地点。根据数据统计分析，上海老年人最喜欢的学习地点是在自己家里，其后依次是小区学习室、社区文化中心、街道社区学校、各类文化设施（剧场、书场、影院、文化宫、博物馆）、老年学校。居家学习无疑已成为中心城区老年人首选，但由于师资、设备、社会环境等多重因素影响，很少有老年人能够真正享受到居家养老的服务。网络学习已经成为老年人居家养老的新选择。从技能看，过半的上海老年人能够熟练或基本掌握电子设备（如电脑、手机）。说明通过网络开展学习的能力已经基本普及。年龄上，网络学习的接受程度与老年人年龄成反比，低龄老人往往更偏爱网络学习。除了传统的课堂学习，网络已经成为不少老年人获取信息、开展学习的重要手段。

二、黄浦区终身教育云视课堂的推广与应用

云视课堂作为一个打破传统教育模式、实现在线教育和知识分享的平台，在优质资源共享、师资队伍建设以及市民学习方式变革方面有重要作用，并以其灵活的学习方式、快速的知识获取而广受市民青睐。

2018 年，黄浦区社区教育云视课堂顺利开播，这是在市教委领导下，黄浦区加入上海市推进数字化学习社区建设协作组之后所开展的重要实践探索，通过阶段运作，云视课堂的优势逐渐显现，市民知晓率逐步提升。

2019 年 3 月，终身学习云视课堂 2019 年度黄浦区第一讲在瑞金二路街道社区学校开讲，拉开了新学期云视课堂在区域层面试点推广的序幕。本期云视课堂的授课主题是诗词鉴赏，特邀黄浦区业余大学的资深教师郑剑辉授课，郑老师曾获评上海市老年教育优秀教师，他长期进行古典诗词教学工作，专业知识扎实、教学经验丰富。课堂内，他由浅入深地带领学员品味古典诗词魅力。课堂外，各兄弟区的领导、区社区学院和瑞金街道社区学校的老师们纷纷用手机观看授课情况，长宁区周家桥街道社区学校的学员们也通过云视课堂接入学习，这种新颖的学习方式再次得到了大家的认可。

终身学习云视课堂为市民“足不出户”随时随地学习创造了条件，也

扩大了终身教育学习资源的覆盖面。后续，黄浦区也致力于在更多的领域特别是居家养老教育服务中推广云视课堂，满足老年人居家学习需求，共享优质终身学习资源，让云视课堂在黄浦走得更远。

三、云视课堂在居家养老教育服务中的应用与思考

（一）统筹规划，推进学习资源整合与开发

云视课堂的学习质量根本上还是依赖于课程质量，当前，云视课堂已经在全市得到推广，但大都局限在基于本区域、本系统的分散式资源开发模式，云视课堂学习资源的海量需求和快捷获取的要求，是任何单个社区学院或学校都无力一肩承担的工作，多元的学习需求与单一的资源供给的矛盾成为了共性的问题。要解决这一矛盾，就必须整合资源，探索建立整合式的云视课堂资源服务体系，通过专门的社区教育指导机构具体协调云视课堂学习资源的共建共享。

居家养老的老年人学习需求有其特殊性，统筹规划、整合开发是云视课堂资源开发的必由之路。在此过程中，首要的是加强云视课堂的宣传、动员工作，提高老年人的终身学习意识，尤其要提高教育机构对云视课堂重要性的认识。在此基础上，可适当采取行政干预手段，通过政府推进，由主管部门牵头，集思广益，统筹规划，制订完整的终身教育云视课堂联合开发和整合方案并切实推进实行，满足居家养老群体的学习需求。

（二）专业指导，强化云视课堂师资队伍的培育

稳定的师资是云视课堂持续发展的基础。在工作中，我们不难发现，基层教师对云视课堂这一新鲜事物的接受程度和掌握情况不容乐观，对从事云视课堂教育教学人员、管理人员、技术服务人员进行定期培训十分必要，同时建立社区学院—街道社区学校—居民学习点三级联络员制度，充分了解与掌握云视课堂运作最新情况，并及时做出相应调整，尽力为居家养老老年人利用云视课堂资源创设优质环境和提供良好服务；逐步打造一支专兼职及志愿者相结合，具有奉献精神而又有一定专业素养的师资队伍，为居家养老老年人的云端学习提供支持服务。

应当强调的是，重视云视课堂师资队伍打造，并非要求社区教师全都从事云视课堂教学和服务，而是引导广大教师都能通过利用云视资源，提升自身的数字化学习资源开发、应用和服务能力，为居家养老提供学习服务。

（三）多管齐下，进一步加强居家养老云视课堂建设

现阶段，各社区教育机构和资源建设单位所建的数字化学习资源，分布相对分散，学习资源使用效率仍有提升空间，许多优秀的学习资源不被其他区域的市民了解和利用；另一方面，已有的学习平台建设流于形式，资源开发忽视专业技术规范，平台应用性不高，自建资源内容也是制作相对简单，缺乏支持学习者进行自主学习的优质资源和便捷支持服务。

针对以上问题，应充分利用云视课堂技术，把网络这个重要的终身教育学习资源载体建设好，同时加强区域内外网络资源沟通，充分发挥学习资源的整体效能；促进云视课堂在居家养老教育服务中的功能发挥，搞好终身教育网络平台的基础设施建设，为数字化学习资源搭建利用平台、拓展使用空间；不断丰富云视课堂学习内容，提高教育资源质量，真正发挥数字化学习优质、便捷和低价的优势，优化终身教育功能，积极提供内容丰富、功能多样的适合居家养老学习的内容和服务。

（四）提升素养，引导老年人充分利用现有学习资源

提升市民信息素养是云视学习的关键，终身教育机构需要指导老年学员主动通过网络学习各类知识，鼓励居家养老老年人运用云视课堂这一新载体学习新知识，汇集老年学员对数字化学习的社情民意，推动云视学习发展，进而健全数字化网络教育服务和管理体系。

在云视课堂推广时，可以通过积极倡导老年学员参与云视课堂来学习各种知识，鼓励老年学员运用新载体学习新知识，汇集老年学员对云视课堂学习的社情民意，掀起网络学习热潮，进而推动云视课堂教育服务和管理体系的健全。

云视课堂对老年教育服务居家养老事业具有很强的前瞻、指导意义。云视学习作为终身学习领域的新增长点，尤应得到我们的重视。将

云视课堂推广到居家养老教育服务开发的大背景，指导数字化学习资源的开发，探索数字化学习手段，必将促进数字化时代的老年教育发展，更好地满足学习型社会的进步要求，促进社区老年教育乃至整个社会的长远发展。

（本文作者为黄浦区社区学院副院长、中学高级教师涂丽敏，黄浦区社区学院教师、中学一级教师王美楠）

区域社区教育云视课堂的实践初见成效

静安区社区学院

社区教育在学习型社会建设中占有重要地位。社区教育数字化是社区教育发展的必然趋势。静安区紧紧围绕"数字中国"建设,打造社区教育数字化学习体系,开展全区云视课堂建设的实践,让数字化、信息化发展更好地造福全区居民。

一、静安社区教育数字化学习展开的现状

截至 2017 年底,静安全区常住人口 107 万人,静安老年人口数达 32.65 万人,约占全区总人口数的 30%,特别是老龄化的趋势日益加剧。区内学习团队总学员人数已达 5.3 万人,社区居民对于教育的需求日益增长。参与全区各级社区教育机构学习的 60 岁及以上学员总数达到 3.2 万人,占全区老年人口数超过 10%。为应对日益增长的老龄人口数和老年教育需求,推进社区教育数字化工作迫在眉睫。

静安社区学院经过近 20 年的实践探索,显著提升区域终身教育数字化水平,有效满足了社区居民对美好生活的向往。静安学习网、学习网 APP、静安社区学院"静思乐学"微信公众号以及在实践探索中为静安社区教育的网上学习和信息发布提供了平台和渠道,也为社区学院针对老年群体学习点管理提供了经验积累和案例参考。

(一) 静安学习网、学习网 APP 和微信公众号三网合一

随着互联网时代的到来,各类高科技与数字技术得到大力发展。静安社区学院紧跟时代步伐,将各类数字化学习工具运用到日常社区教育的推进进程中,取得了一定的成效。静安社区学院积极建设并维护静安

学习网，逐步完善网络建设，使静安学习网日益成为市民喜欢的学习网，社区居民可以在网站上浏览区内社区教育的新闻、在线课程学习与社区教育活动报名等。2016年，静思乐学微信公众号正式上线，承担了区内社区教育信息发布、宣传推广、风采展示、活动报名等一系列功能。目前静安社区教育的数字化推进已经形成了"静安学习网"、APP、社区学院"静思乐学"微信公众号三网合一的格局，已经积聚了不少网站和微信公众号的粉丝，并依托社区学院线下的"数字化体验中心"开展数字化的推进工作。

（二）网校建设

静安网校小区分校于2009年在社区学院的领导下开始建立，旨在让更多的老年朋友能够学习、享用到优质的学习资源、利用便捷的学习平台，提高学习效率、提升生活质量。在近十年的实践中，静安社区学院不断加强管理员队伍建设和设备投入，为第一批网校小区分校统一配置了电脑、学习台、大屏幕彩电等硬件设备，组织了管理服务团队，运用网络资源，组织小区居民开展的特色学习活动，积极为社区中的老年居民服务。通过近十年的实践探索，社区学院对于学习点管理积累了宝贵的经验和一定的案例素材。

二、静安云视课堂建设的创新举措

（一）云视课堂的内涵

云技术是指在广域网或局域网内将硬件、软件、网络等系列资源统一起来，实现数据的计算、存储、处理和共享的一种托管技术。最简单的云计算技术在网络服务中已经随处可见，例如搜寻引擎、网络信箱等，使用者只要输入简单指令即能得到大量信息。

云视课堂这一概念的核心是：把客户端的计算工作迁移到云服务器，而云服务器却又是完全对用户透明的服务网络集群，云服务器承载用户的具体应用计算任务，从而使得用户面对的终端从设备到软件都极大简化，最终形态将会是零维护的用户软件终端，极大简化了的用户硬件设备，而把复杂并且变化的软硬件放到云端，由专业的人员维护。让现在的终端用户在享用视频体验的时候回归到像打开电视一样那么简单。

(二) 开展云视课堂实践的目标和意义

1. 方便居民参与社区教育

利用云视课堂进行课程的直播和点播,能够有效发挥数字化即点即播的优势,数字化学习平台的搭建要充分考虑社区居民多样化、差异化的学习特点,兼具系统性、融合性、开放性和协调性的原则,针对社区居民的需求搭建多层次、灵活多样的学习平台,在平台上共享各种数字化学习资源,按要求完成一定比例的学习任务,以满足社区居民多元化、个性化的学习需求。

2. 促进管理和课程资源优化

社区学院通过云视课堂,开展课程直播,利用云视课堂可以是用户设备极简化的特点,无需在云视课堂播出的分会场,额外添置设备。极大地方便了分会场硬件维护工作人员的操作,只需打开电脑登录软件,打开投影仪和音响设备,即可完成播放的准备工作。此外,社区学院通过定向数字化平台的大数据分析,能够了解平台学习者的学习喜好和学习习惯,不断优化平台系统和学习资源,为社区居民提供更便捷实用的"互联网+"的信息化教育模式,及时解决社区居民在数字化学习过程中遇到的问题,促进社区教育的不断优化。

(三) 具体实施过程和案例分析

目前,静安的云视课堂主要处在尝试阶段,静安社区学院依托静安乐龄讲坛,作为课程内容,进行云视课堂的试点和推广。乐龄讲坛自 2007 年开讲以来,通过口碑的积淀和自身的宣传,学员人数不断壮大。截至 2018 年 11 月,已经开设讲座超过 1 300 场,吸引了约 14.6 万人次听众前来听讲。但近年来,也遇到了一系列现实的问题亟待解决:例如如何进一步扩大讲坛影响力,使讲座惠及更多听众;讲座的场地相对集中在静安五个街道,部分听众路途遥远,出行不便;不少跟随讲坛的首批听众因个人身体原因逐渐淡出听众行列,怎样帮助他们实现就近学习;等等,社区学院希望通过云视课堂,来切实解决这一系列的问题。

1. 运用云视课堂直播技术,实现“互联网+”的实践探索

为方便讲座学员就近听讲,静安社区学院自 2017 年起,尝试将直播技术运用到讲坛的实际运作中,静安社区学院于 2017 年创立了天目西路街道远程直播点,通过云视课堂中的视频会议功能,实现乐龄讲坛的异地实时播出。通过分会场的工作人员,登陆云视课堂的账号,加入视频会议,将主会场的画面在分会场进行现场直播,实现分会场的听众能够实时地参加到讲坛的收听当中。而在直播的过程中,分会场不需要安装额外的设备,只需准备常规的多媒体教室所配备的硬件设施,即电脑、投影仪和网络,便能够轻松完成直播的工作。这也使得云视课堂具备了简介、易操作的特点。通过技术手段,较大程度地解决目前讲座地点单一的特点,让讲座的福利能够惠及更多老年学员。

2. 多举并行,扩大宣传力度

静安社区学院通过有效整合区域内现有数字化资源,推进区内社区教育活动的实践和推广。以乐龄讲坛为例,社区学院不断加强对全市的宣传力度,积极拓宽受众人群,吸纳新的听众加入到“乐龄”学习行列中来。在 2018 年,静安社区学院在原有的宣传模式上不断创新,除每学期讲座前印发指南和每日讲座现场预告的两种传统宣传手段外,新增了微信公众号“静思乐学”的推送和“静安学习网”公告栏新闻发布,多管齐下,提前一周发布讲座的信息,加强乐龄讲坛的宣传推广工作。

三、静安社区教育云视课堂实践的成效

自云视课堂开展以来,目前的乐龄讲坛的运作在许多方面都有了一定的提升。特别是通过云视课堂与实体讲座的有机结合,缓解了单一地采用现场讲座的讲授模式表现出的缺陷,已初见成效:

(一) 方便学员就近听讲,深受听众好评

静安乐龄讲坛直播点历经两年的运作,已初见成效。以天目西路街道远程直播点为例,该直播点自创建以来,已经形成了一批固定的讲座听众,这些听众对云视课堂的形式赞赏有加。他们纷纷表示,通过讲座直播点的设置,极大程度地方便了静安北部的讲座听众,许多学员表示

乐龄讲坛已经成为了他们的一种生活方式,他们每周五都会相约前往天目西路街道社区学校的讲座直播点,共同收看乐龄讲坛的实时转播。2018 年,天目西路街道社区学校的直播点全年共计吸引学员约 250 人次。

(二) 方便管理者实时了解现场情况,促进讲座的管理

有效地帮助讲坛的管理团队,通过云视课堂的直播平台,更加直观地了解到讲座各个现场的实时情况和学员反响,能够帮助讲坛的管理团队更好地把握老年听众的兴趣和爱好,他们对哪一类题材感兴趣,更加偏爱哪一位讲师的风格也更加了解。通过讲座现场反响和学员采访相结合的形式,为讲座未来的课程设计提供参考和依据,为老年人开设贴合听众实际需要、感兴趣的讲座,帮助讲坛更好地发展。

(三) 拓宽讲座的宣传渠道,扩大受众人群

通过各个渠道发挥讲座从前期活动宣传造势、后期新闻报道等诸多功能,利用微信公众号日益上涨的阅读量和粉丝数,公众号被越来越多社区居民知晓和关注的实际特点,加强宣传力度,让越来越多的社区居民能够了解乐龄讲坛,走近乐龄讲坛。发挥乐龄讲坛无需报名、容纳率高的特点,在一定程度上也缓解了老年大学和街镇老年学校一座难求的现象,帮助老年学员有所学,有"所"学。随着时间的推移,讲座的听众们形成了良好的学习圈,相互促进,极大地丰富了他们的业余生活和精神世界。

静安乐龄讲坛的数字化实践已初见成效。今后,静安社区学院仍不断完善数字化建设,加强基础硬件设施建设,实现数字化的学习资源的有效整合;建立数字化专兼职师资队伍,满足社区居民数字化学习需求;不断努力挖掘社区居民喜闻乐见的特色课程,提升社区教育的数字化质量;加强社区教育数字化的支持、服务和管理,提高社区教育的管理效率。吸引越来越多社区居民参与到社区数字化学习中来,满足社区居民日益增长的多样性学习需求。通过加强自身数字化建设,积极服务全区社区教育,为全市的学习型城区建设添砖加瓦。

(本文作者为静安区业余大学、社区学院社区教育工作者张立)

提升云视课堂教学质量的尝试

徐汇区社区学院

随着上海市老龄化程度的加快，越来越多的退休人员希望参加社区学校的学习中，因此，社区教育也出现了"一座难求"的现象。为突破空间限制，惠及更多社区居民，云视课堂这一"互联网＋"的创新学习模式应运而生，它让居民在家中就能享受优质、专业的学习资源。基于这样的老年教育和社区教育的需求驱动下，徐汇区社区学院在长宁社区学院的大力帮助和支持下，参与了云课堂建设探索的过程。在实践中，我们慢慢积累了一些经验，也发现了一些问题。为提升云课堂教学质量和效果，我们在参与云课堂建设中有一些设想和尝试。

第一，视角选择问题。在云视课堂中，拍摄的视角是一个非常有趣的问题，大多数的云课堂采用第三视角的方式，展示课程。第三方视角的好处在于视角偏广角，上课时，老师、学生和互动交流都能很好地展示出来，但第三方视角有个弊端，对于坐在电脑前和手机上看课程的学生来说，画面广而远，共享屏解决了播放 PPT 或多媒体课件远的问题，但一些实操课程如针织，摄影、书法课等需要近距离观察细节操作的课程，就出现了无法看清楚的问题。一般的解决方法是采用近距离的固定拍摄方式，但目前的家用摄像头都无法变焦，所以近距离的固定拍摄会因为拍摄空间的大小与老师活动空间的大小不一致，拍得太广，细节仍然不够清晰。笔者设想，是否有可能采用第一视角来拍摄呢？类似于 Gopro 的摄影设备，利用第一视角的记录，能给观看者一种近距离的视觉体验，但 Gopro 设备无法直连云课堂设备，进行影像的时时传输。如果需要第一视角，可能需要头戴和胸带式的自制摄像设备，摄像头与绑带相连，当然非固定式的摄像头在拍摄的时候会有强烈的画面晃动感，不适合观看者长时间收看，可以用鸡头稳定器对画面进行更好的稳定和控制。这种以老师的视角去观看操作的方式,可以应用于茶道、西点、钢琴等实操课程中,采用第一视角和第三视角相结合的方式,让远端观看的学生有更好和更细节的观看体验,对他们学习课程、理解课程也会有很好的帮助,毕竟远端的学生不能像坐在课堂的学生能直接无障碍地与老师交流,所以细节的呈现,对课程的展示有着最直接的联系,而且对于光线不好的操作位置还可以考虑进行补光处理,让细节更完美地展示。

第二,设备和老师的融合。解决了"视角"问题,接着的是设备与老师融合的问题。在传统课堂中,老师的注意力在于课堂本身,所以从教学设计到教学安排都是比较紧凑,衔接也比较紧密,但对于云课堂而言,老师与学生间多了一系列设备,这个设备连接着手机端和电脑端远程收看交流的学员,老师在课堂中上课的时候,会不会在设计中考虑与设备的交互,这个其实也是一个有趣的问题。云课堂其实是一个混合课堂,老师既面对了传统课堂的学生,也面对了远程在线的学生,设备对传统课堂的学生影响不大,对远端的学生却关系紧密。从目前来看,云视课堂中,老师的授课对课堂有着50%的影响,而操控设备的技术人员也有50%的影响,为什么这么说?在把握镜头和画面切换的时候,老师是无法顾及和想象的,技术人员在课堂中变成了老师二号,一名完美的技术人员,可能需要具备对课程本身知识点大致理解,在切换画面时,播放PPT时能同步为远程的学生圈画重点,标记出老师目前所讲的知识点的进度,这犹如学习翻译和指导,这些看似可有可无的操作,对课堂学生无影响,但对远端学生却很有帮助。课堂教学本身对技术人员来说,是跨领域的,如果把技术人员换成辅导老师,由辅导老师来操作画面的切换,传达授课老师的意图,可能更利于远端学生的学习。这或许会打破一个课堂一个老师的传统模式,但从学习者的角度来说,这个类似于知识翻译的辅导老师的角色或许能给云课堂的学生带来更多的学习体验,而且通过这一中间纽带,可以把老师和设备融合起来,更好地表达和展示课程知识和操作。

第三、学习形式的局限与突破。目前云视课堂的课程都是以传统课堂为基础展开的,一个云视课堂的远程视频会议系统账号可以有20个节点接入,这个技术指标其实丰富了课堂形式的开展,如果每个节点一位学生,一共20位学生参与学习,这是一种小班化的学习,如果每个节点都有 30 人,那么 600 人的大课,对授课老师是个极限挑战。还有目前最常见的混合式的课堂,老师的重心偏课堂还是偏远端,这些都值得我们设计和探索。在线协作、分组讨论、学生互相交流等自由互动式的学习方式。我们在使用远程视频会议系统软件的时候发现,远程视频会议系统本身是由会议系统演化出来,本身没有太强烈的中心和分布的概念,在实际使用中它是去中心化的,每个节点都可以成为主角,这种灵活的模式,可以为在线协作、分组讨论、学生互相交流提供有力支持。当然,网络交互式学习最大的问题在于网络不稳定因素加长了交流的时间,不如传统面授课堂直接,这可能需要考虑云课堂的每节课的时长问题,以节点形式学习的人群越多,所需的学习时间应该会呈现一种增量级,老师在组织学习的时候,也会遇上各种突发情况,所以课程本身的设计可能会有别于传统课堂的设计,需要进一步考虑突发性和融合性,所以云视课堂给予课堂形式更自由的可能,同时也会因更多的意外对老师形成更高的教学挑战,从而带来突破学习形式的可能。

在网络时代,云视课堂会有更广阔的使用、发展和创新的舞台,也会对社区和老年教育的发展有更好的支持。时代在大步向前,技术,教师,学生如何在云视课堂中更好地融合和延展,将是非常有意义的探索。

(本文作者为徐汇区业余大学讲师唐群)

共享云视课堂：受欢迎的智力扶贫

上海开放大学航空运输学院　长宁区业余大学　长宁区社区学院

面对当前城乡、东西部教育发展不平衡，部分学校基础教育实施力量薄弱的现状，长宁区积极响应并加强落实新时代教育脱贫攻坚、东西部对接的建设工程，以保障义务教育为核心，推进贫困地区教育基本公共服务能力的提升。

教育作为扶贫的重要组成部分是实现长久脱贫的基础和保障。我国教育扶贫工作已经开展了相当长的时间，但尚未达到预期效果，这是因为贫困地区有自身的特点、教育援助工作的开展方式存在一定的局限。尽管贫困地区的基础设施建设和教师队伍培育都有了长足的进步，由于贫困地区地处偏远、交通不便，使得教育援助对象与援助主体之间存在较大的距离，能够派往贫困地区的师资、设施有限，两地教师间的教研活动开展难度大，缺少能够实时有效地交流沟通和资源共享的平台，导致教育扶贫工作迟迟没有达到预期效果。

2019 年，在长宁区委、区政府的领导下，在区学习办的具体指导下，上海开放大学运输学院、长宁区业余大学、长宁区社区学院在摸清贫困地区基本情况的基础上，积极探索教育扶贫新契机，借助“云视课堂”平台，通过远程教育的方式对贫困地区开展了智力援助。

借助互联网技术，“云视课堂”可以打造出具备一对多、无中心、可移动、云存储和大数据特点的在线教学模式，在贫困地区与长宁区间搭建起便捷有效的交流平台。云视课堂平台的搭建，让贫困地区的学校成员和市民群众都能够有机会接触到优质的教育资源，同时也为上海发挥区位优势提供了良好途径。

2019 年 4 月 23 日，长宁区党政代表团在区委副书记、区长顾洪晖带领下来到在云南红河州金平、绿村、红河三县调研。长宁区学习办副主任、长宁区社区学院院长张东平和金平县马鞍乡中梁小学校长张官福开通了“长宁-金平对口帮扶共享课程云视课堂”，开启了“互联网＋课堂”的教学新模式；并展望了基于“云视课堂”的课程对接、同步教研、资源共享等援建新项目。

2019 年 5 月 24 日，上海开放大学副校长王宏与长宁区学习办副主任、长宁区社区学院院长张东平等与新疆克拉玛依市委教育工委副书记、市教育局党组副书记、局长刘旭捷以及克拉玛依区天山路街道党工委书记柴建军在西月谭社区开通了对口帮扶的“沪克市民大学堂-社区教育云视课堂”。启动仪式后，上海长宁的社区教育课程“风光摄影”开课。西月谭及万向社区的市民学员与上海长宁市民中心的学员通过远程连线共同学习了同一课程。

6 月 13 日下午，“上海长宁-云南保山社区教育云视课堂”开通仪式在云南保山隆阳区潞江镇从岗小学举行。长宁区社区学院、新华路街道社区学校等通过云视课堂远程参与。仪式由云南保山学院珠宝学院党总支副书记、院长祝立业主持。保山市教育体育工委专职副书记，市教育体育局党组副书记李绍元，长宁区学习办副主任、社区学院院长张东平，保山市电化教育馆馆长杨国军、保山市隆阳区教育体育局副局长甫云花以及潞江镇从岗小学校长张立中共同开通了“上海长宁-云南保山社区教育云视课堂”。在长宁区社区学院分会场，上海市教委终身教育处副处长夏瑛，长宁区学习办副主任、社区学院党委书记宋亦芳，社区学院副院长郭兆年及智慧家庭教育云课堂专家代表等同步举行开通仪式。长宁区智慧家庭教育云课堂的特聘专家——香港宋庆龄教育学院培训总监陈遥带来了云视课堂第一讲《小学阶段家庭教育的要点》

云视课堂开通之后推出的“家庭教育系列课程”均获得了对口援助地区学员的一致好评，援助地区传递出的新的教育理念、特色课程资源也让上海学员耳目一新。两地师生、市民群众都可以借助云视课堂平台学习课程、互助合作，充分发挥出优质资源的内在价值，让教育援助摆脱了时空的限制，实现了优质课程、教师资源、教育理念的实时全面共享，教师之间的培训研讨、协商合作也得以顺利开展。

以云视课堂为基础的智能化教育援助手段，有效地推动了长宁区的教育援助事业向精准扶贫的目标迈进，这是云视课堂平台教育扶贫工作的第一步；第二步，是实现云视课堂的正常有序运行，让平台持续发挥出教育实效才是重中之重。2019 年下半年的教育扶贫工作主要有：

一是持续进行基本的师资支援。缺乏基础设施设备、优质教师和课程资源等一直是贫困地区的突出问题，在长宁区对口教育扶贫过程中，始终居于不能忽视的关键位置。二是推动各类扶贫互助项目落地。在云视课堂搭建的过程中，长宁区社区学院与援建地区学校确立了多项扶贫互助项目，如：长宁区与保山学院根据各自的办学特色制定了创业帮扶项目，初步定于每年 9—10 月，在长宁区社区学院举行云南民族文化、珠宝文化品鉴暨云南保山学院大学生创业集市；与边疆地区学校就某些特色主题进行深度合作和课堂申报等。三是云视课堂常态化管理。长宁区在援建地区云视课堂平台的后续使用过程中，要主动承担运行维护、课程管理、资源升级更新、学分累积等工作，在保证平台良好运行的基础上，推动其发挥出更大的价值和效用。

依托云视课堂支持服务 推进学习型家庭建设

长宁区终身教育指导服务中心

家庭是组成社会的基本单位，构建和谐社会要从构建和谐家庭抓起，而家庭教育是构建和谐家庭的核心。“学习型家庭”是我国家庭教育领域的一个崭新理念。创建与时代发展步调相一致的学习型家庭，是全面提升家庭教育质量、实现全民终身教育目标的最佳途径。早在1998年，上海市就在全国率先提出了关于创建学习型家庭的口号，开始了推进学习型家庭建设的相关工作。为此，长宁区推进学习型城区建设指导委员会办公室(简称长宁区学习办)做了不懈的努力，持续打造长宁区学习型家庭建设的特色品牌。

本文试以“长宁区智慧家庭教育云课堂”项目为例，浅谈长宁区推进学习型家庭建设工作的新态势。

一、项目背景

家为国之本，长宁区作为全国文明城区、全国社区教育示范区，实施“十三五”中国妇女儿童发展纲要国家级示范区和全国家庭教育指导服务体系试点区，十年来，区妇联以提高家庭综合素质、生活质量和社会竞争能力为核心，开展创建学习型家庭工作，长宁区学习办与区妇联密切合作，强强联合，开展了很多以学习型家庭建设为主题的特色学习项目，也取得了一定成效。比如：区学习办与区妇联合作，连续多年开展长宁区家庭讲故事活动并选拔优秀家庭参加上海市家庭讲故事比赛，多次获得金奖、银奖、铜奖以及优秀组织奖，每年编辑出版《寻最美家庭，倡科学家教，扬文明家风——长宁区“文明长宁 · 最美家庭”讲故事比赛征文汇编》,打造了“家庭讲故事”等学习型家庭特色品牌。

创建学习型家庭,核心是解决三个问题:一是学习什么,二是如何学习,三是怎样将学习与实际相结合。随着网络时代的来临,在建设学习型社会的过程中,数字化、信息化技术已是不可缺少的助力,信息技术已渗透到社会生活的各个方面,随着“互联网+”行动计划不断推动,移动互联网、云计算、大数据、物联网等与各项事业紧密结合,人们的工作、学习和生活方式都产生了巨大变化,推进学习型家庭建设工作也跟上了互联网的步伐。社区数字化学习正是一种以终身学习理念和现代信息技术为基础的新型学习方式。

长宁区推出的社区教育云视课堂作为一种新型的数字化学习模式,充分利用互联网技术,将优质的教育资源通过网络实时共享给学习者。在有效解决社区教育场所不足和优质师资紧缺问题的同时,支持教师与学生的在线互动,能够增强学习效果,提升学员学习兴趣。通过云视课堂,教师在一地授课,多个不同地点的学生可以远程参与学习,实现课程同步;通过讨论系统,实现多地间师生、生生实时交流互动;通过云存储服务,实现课程向数字资源转化;通过手机、iPad 等智能设备多终端接入,实现便利可及的移动学习。目前云视课堂已经实现了在上海 16 个区、长宁所有街镇社区学校、9 个白领学习中心、4 个青年学习中心的布点,成为推进全市优质课程共享、特色资源建设和教学名师培养的重要平台。2019 年,区学习办、区妇联再次深度合作,联合开展“智慧家庭教育云课堂”这个项目,旨在依托“云空间”支持服务,继续打造具有长宁特色的家庭教育服务品牌,为更多社区家庭、家庭教育工作者、志愿者提供专题学习课程,全面提升全区家庭教育指导服务水平。

二、项目启动

2019 年 5 月 15 日是第 26 届国际家庭日,长宁区创建学习型家庭的新项目——“长宁区智慧家庭教育云课堂”于当日正式启动。

启动仪式上,长宁区教育局及长宁区妇联的领导分别致辞,同时还举办了微型访谈,上海市学指办领导从市级业务指导牵头单位的角度,介绍了市层面的特色资源和项目，对长宁后续的工作给出指导和建议。长宁区学习办领导回顾了每年和区妇联合作的学习项目，期待通过今年启动的云视课堂，为社区家庭教育注入信息化的新活力。兄弟区社区学院领导结合该学院牵头中成协社专委上海研究中心的家庭教育分中心，"有道学堂"品牌项目，分享了多年来推进社区家庭教育的工作经验，并表示通过长宁区的云视课堂，杨浦区的"有道学堂"优质资源也可以和长宁的智慧家庭教育云课堂共建共享。

香港宋庆龄教育学院作为一家专业机构，一直积极参与长宁社区家庭教育工作，他们设立了社会学习点、参与了社区教育实验项目，拍摄了家庭教育系列微课程等。仪式上他们从专业组织的角度，畅谈了如何在云视课堂项目中发挥积极作用。上海市开放大学的领导、专家为启动仪式做总结讲话，并以《家和万事兴——"三个注重"漫谈》为主题展开了"长宁区智慧家庭教育云课堂"的第一讲。

启动仪式全过程通过云视课堂系统，当天有超过 500 人次参会，长宁区 10 个街镇社区学校远程接入，长宁对口援教的云南省红河州金平县第一小学的师生们、家委会代表等通过云视课堂也同步参与。

三、项目特点

"长宁区智慧家庭教育云课堂"将科学家庭教育理念插上互联网的"翅膀"，送进社区、送进家庭，让更多的长宁家庭受益。

（一）注重内容的科学性与丰富性

如今，家庭教育资讯泛滥令家长难以择优。教育资源鱼龙混杂，商业推销倾向明显，家庭教育知识供给的破碎化、不系统，甚至不正确的情况普遍存在，造成家长无所适从，甚至造成误导。"智慧家庭教育云课堂"拟积极推广以社会主义核心价值观为指导的家庭教育，坚持科学的教育内容。目前上海晋才专业教育培训中心提供具体的"智慧家庭教育云课堂"课程服务和活动落实，主要包括线上/线下相关课程开发，逐步实现该服务项目化、社会化、品牌化。

智慧家庭教育云课堂还可以汇集市、各区的优质家庭教育资源，以专业的内容、鲜活的案例、实用的工作经验提升长宁家庭教育内容的丰富性及培训品质。

(二) 注重形式的灵活性与先进性

“智慧家庭教育云视课堂”不同于以往的学习项目，主要表现在线下线上同步开展。

云视课堂是运用“互联网＋”的学习理念，结合云计算和视频会议技术打造具有“一对多、无中心、云服务、可移动、大数据”的数字化学习新模式。然而，云课堂教学为课堂教学改革提供契机的同时，也给线下传统课堂教学观念和方法带来了巨大的冲击，致使人们对线下传统课堂教学的地位产生了质疑，我们要对二者关系以及处理策略进行理性考量和全面认知。我们针对各位家庭的需求，围绕隔代教养、0—3 岁幼儿教育等热点问题提供专业培训，将线下家庭教育指导讲座、专题培训、亲子体验、服务咨询等活动与长宁家庭教育网络云课堂相结合，打造形式多样、内容丰富、体现长宁家庭教育指导服务特色的家庭教育品牌项目，将家庭文明、科学家庭教育理念送进社区、送进家庭。

(三) 注重对象的针对性与广泛性

本次智慧家庭教育云课堂面向长宁区家庭教育工作者及市民，培训对象既有针对性——即“社区家庭教育指导师”，提升社区工作者专业工作能力，还有广泛性——即不同层次的社区家庭，突出以家庭为单位参与培训，着力覆盖社区中青年父母、中老年祖父母群体。

四、实施措施

(一) 落实分工，提升组织保障度

区妇联、区家庭文明建设协调小组办公室、区社区学院、区终身教育指导服务中心联合实施、各司其职、全力保障。各级妇联组织做好智慧家庭教育云课堂项目的宣传发动、参加培训人员的组织管理工作；区社区学院、区终身教育指导服务中心提供各级培训教学场地、师资课程、网络技术等支持服务。

(二) 融合优势,提升品牌影响力

区妇联、区家庭文明建设协调小组办公室、区社区学院、区终身教育指导服务中心加强协调,融合长宁家庭教育工作优势,将智慧家庭教育云课堂项目与市民修身行动、家庭文明建设、学习型家庭建设、学习型城区建设等工作相结合,形成“几百听众在现场,千万家庭在线上”的氛围,发挥社会组织专业性优势,提升长宁家庭教育服务品牌影响力。

在长宁区社区学院、各街镇社区学校、居民教学点等各级各类市民教育培训场所,开设智慧家庭教育云课堂系列指导课程,提供全区家庭教育工作者、社区家长和家庭志愿者专题学习课程;同时充分利用云课堂网络平台和各级社区学校课堂资源,组织开展家庭教育指导各类专题学习,不断提升全区家庭教育指导服务水平,持续提高家庭成员文明素质和生活质量,为长宁建设国际精品城区提供良好的家庭教育学习环境支持和氛围营造。

(三) 线上线下,提升培训效果

1. 家庭教育指导工作者专题培训

线下专题培训。2019 年我们将组织 10 个社区家庭教育指导工作者专场集中培训(3 个课时),全区共 10 场次。参与的社区工作者由区妇联通过各街道妇联推荐组织,积极在工作中参与实践。

线上课程。课程在线上云课堂进行直播,内容录制,供需要的专业人士反复学习,对完成学习和实践的工作人员颁发证书。

2019 年 5—10 月间,网络云课堂提供全区家庭教育指导工作者培训课程。家庭教育指导工作者在规定时间内完成线上线下相结合的学习课程,由区妇联、区学习办统一颁发家庭教育指导工作者培训证书。

2. 家庭教育指导课堂进社区服务

线下课堂学习。2019 年我们将提供涉及家庭教育、亲子关系、儿童成长等相关课程菜单供选择,按街镇实际需求(时间、地点、主题)安排老师上课指导。线上课程学习。线上课堂学习同时开展云课堂线上直播,并完成 10 节家庭教育指导课程视频的开发、录制和制作,课件完成后录入云课堂空间,供社区家长自行学习。

“智慧家庭教育云视课堂”将为长宁社区家庭教育注入新的活力。我们要利用云视课堂推进学习型家庭建设，并在实践中不断完善，满足更多家庭的更多需求，开启社区家庭教育新时代，同筑家和好风尚，共圆家庭幸福梦！

（本文作者为长宁区终身教育指导服务中心、学习型组织创建工作主管齐越）

社区教育精品课程之花在云视课堂绽放

普陀区社区学院

近日，普陀区老年大学摄影教室里老年学员济济一堂，王元杰老师在这里开设了一节“风光与艺术摄影”公开展示课，该课程被推荐参加上海市“新时代老年教育百门精品课程评选”活动，正在接受专家的评审。课程结束，专家对王老师的课程给予了高度的肯定，学生收获很大，称得上是“精品课程”。同时，专家们也注意到，教室里有一套设备，王老师上课的实况通过摄像机和网络直播了出去，原来这就是普陀区社区学院的“云视课堂”。王元杰老师说，他有两个课堂：一个是普陀区老年大学的线下课堂，另一个是线上的普陀区社区教育的“云视课堂”，王老师开玩笑地说，自从有了“云视课堂”，他现在也敢说自己“桃李满天下”了。

一、精品课程建设策略为高质量社区教育发展助力

普陀区社区学院一直致力于精品课程的打造，在区域内社区学校、老年大学都开展了精品课程的培育项目。以普陀区老年大学为例，该校作为全国示范性老年大学，一流的师资、一流的教学内容、一流的教学方法、一流的教材和一流教学管理是学校建设高水平老年大学的追求目标。培养优秀教师，打造老年教育精品课程一直是学校的工作重点。

精品课程的建设主要围绕以下几个方面开展：在课程负责人的选择上，注重师德好、学术造诣高、教学能力强、教学经验丰富、教学特色鲜明的教师；在课程的开设时间上，该门课程教学近三年内在老年大学不少于两轮；在教学观念上，课程教师要具有较为活跃的教学思想，教学改革有创意；在课程内容的设计上，要符合老年人的需求，符合科学性、先进性和教育教学的规律；在教学资源的建设上，要有配套的原创或选用

的优秀教材、教学课件及相关学习资源,能满足教学和学生学习的需要。

在打造精品课程,助推高水平老年大学发展的目标引领下,校方近年来已经培育和建设了多门精品课程,其中有两门老年教育精品课程受到了老年学员的广泛欢迎,成为老年大学的热门课程。一门是普陀区业余大学的首席教师沈启容的“影视欣赏”,这门课程运用社会学理论和思考方式来研究电影的社会功能、电影所展现的社会现象,通过电影来解读社会问题。另一门是普陀区社区教育摄影教研基地主持人王元杰老师的“风光与艺术摄影”,课程通过实例及美学的概念来说明思想在摄影中的重要性。这两门课程经过近两年的建设和实践,已经得到了学员的认可,两位教师也出版了正式的原创教材,成为普陀区老年大学的精品课程,为高质量社区教育发展作出了贡献。

二、“互联网+教育”实践为实现学习者数量倍增计划助力

普陀区老年大学每年新生报名的时候,很多课程几乎是被“秒光”的,尤其是那些学校倾力打造的老年教育精品课程。这种“一座难求”的背后是优质教育资源紧缺与社区居民大量需求之间的矛盾。如何解决这个问题,普陀区老年大学想到了借助普陀区社区教育实践社区网络平台开展“互联网+教育”的运作模式。

普陀区作为早期的全国社区教育数字化学习先行区之一,在团队学习、体验学习、远程学习等方面结合本区社区教育实际进行了一些有益的探索,主要做法是依托互联网平台,在网络课程的建设、在线教学模式的创新、碎片学习的移动化、学习型团队的载体建设、社区教育科研的媒体创新以及教育成果展示的数字化方面做了大量的研究与实践,积极培育和推行“互联网+”社区教育的网络学习模式。通过教育生态实践社区网络平台的建构与应用,在促进学习者的学习能力和创新能力的提升、促进学习者情感的和谐交融以及促进学习者知识建构与知识分享以达到群体性智慧的形成等方面具有重要意义,在技术层面上和应用层面上都取得了较为丰硕的成果。

一是通过“互联网+课程”教育实践,打破了实体办学围墙,利用“普陀区社区教育网校”平台建设各类网络课程资源 200 多门,2 000 多个课

程视频。这些课程依托互联网平台支持了更多社区居民学习知识的需要,突破了传统课堂的物理围墙,为更多不能来校上课的社区居民提供了知识服务,对于线下开展的社区教育工作是个很好的补充。

二是通过“互联网+团队”教育实践,打造网上的学习共同体,利用信息技术工具来支持学习共同体成员之间的沟通和交流,凸显在线学习和泛在可选的特点,成为一种新型的学习方式。目前网站上建立各类学习型社群 200 多个,发布各类学习资源近 50 000 余条,有效促进了学习者学习方式的转变,提升市民的学习生活品质;通过“互联网+学习”教育实践,利用微信公众号使移动学习无所不在。普陀区社区学院建设了“悦学普陀”微信公众号自媒体平台,定期推送符合社区居民学习的一些知识,用多媒体的形式展现,让社区居民随时随地在线学习,分享“互联网+”时代的知识成果。

三是通过“互联网+展示”教育实践,建立起教育成果的网上网下展示联动机制,普陀区社区学院一楼设有教育成果展示厅,通过展示厅的优化设计,该场所已经逐步被打造为普陀区教育成果主题展示高端平台,建立起来市区联动、社区学院和社区老年学校联动机制,每年展出 10 场左右不同类型的教育成果。在“互联网+”时代,我们不断创新成果展示的形式和内容,将很多数字化成果通过网络平台来进行展示,形成网上展厅展示和纸质媒体发行的并轨传播机制,有更多的作品被展示,打破了线下展览的作品数量局限;有更多的人能方便地分享教育成果,打破了物理时空界限,逐步形成了社区学院成果展示的品牌特色。

普陀社区学院“互联网+社区教育”项目依托“普陀终身教育实践社区网”开展了长达 6 年的研究和应用,取得了丰硕的成果,累计 60 万人次学习,获得了“上海市社区教育示范实验项目”荣誉称号,其经验在全国社区教育数字化论坛上交流,并获评上海市终身学习品牌项目。

三、“云视课堂”项目为精品课程资源价值分享助力

依托网络平台开展的学习活动,都是基于一种数字化教育资源基础上进行的,基于传统课堂教学的直播教学模式并不在其中,这也限制了精品课程资源的分享与传播。自从两年前普陀区社区学院参加了上海

市“云视课堂”项目以来，社区教育精品课程建设就与“云视课堂”的发展就结下了不解之缘。

普陀区老年大学将“影视欣赏”和“风光与艺术摄影”两门精品课程都放在了“云视课堂”平台上，利用云技术创新学习方式，建设“一对多、无中心、可移动、云服务、大数据”特点的新型教学载体，突破了社区教育资源分享的时空限制，让居民能够更加舒适便捷地实现时时处处可学的愿望，为实现社区教育资源倍增计划的目标打下了坚实的物质基础。

在“云视课堂”项目的研究实践上，社区学院重点建立了信息技术保障、精品课程设计和课程运行管理三支队伍，整合了社区学院社区教育部、老年教育部和信息技术部三方面的力量，充分发挥专业教师的作用，对项目的立项、运行、评估等过程实行科学决策和科学管理，为项目的开展提供了强有力的智力支持，有力地推进了平台应用向纵深发展。

经过近两年的实践研究，“云视课堂”在普陀区社区教育精品课程的培育、推广方面发挥出越来越独特、越来越重要的作用。“云视课堂”实现了“平台在云上、资源在云上、课堂在云上、互动在云上、体验在云上、数据在云上”，为普陀区社区教育的课程建设、资源共享、师资队伍建设起到了积极作用。云视课堂打破时间和地域的限制，克服面授课堂和在线学习存在的短板问题，促使教师专业水平提升，将社区教育优质课程、优质品牌向社区教育三级网络辐射，服务更多人群，实现传统学习方式向现代学习方式的转变体现了应有价值。

（本文作者为普陀区社区学院社区教育部主任、中学高级教师余江涛）

拓展云视课堂服务功能
推动云视课堂质效提升

虹口区社区学院

近年来，随着信息技术的快速发展，越来越多的网络视频共享课程、各门学科的资源网站等正在走进人们的生活，多媒体技术手段逐渐被引入到社区教育的课堂教学中，取得了良好的教学效果。云视课堂很有可能成为社区学院、社区学校教学的一种重要的课程形态，努力把握课程形态变化的趋势，是社区教育急需研究并努力做出回答的重要课题。

一、传统社区教育教学中存在的普遍问题

社区教育应全方位、多角度促进学员多元智能的发展，让更多的居民参与和共享社区教育的福利。实现该教学目标，社区教育工作者一直在不断改革教学方式方法，但仍然会经常遇到以下问题：

（一）教学时间限制

社区课程包含的内容众多，课程方面更多偏向实用型和技能型学习，同时面对的学习人群有其特殊性——老年人及学生，无法在没有固定时间到固定地点进行集中学习。

（二）教学方式限制

社区教育课程不同于大部分学校普遍采用的教学模式，教师不再以“独角戏”的方式进行常规课堂教学，更多的是直接面对学员进行交流与指导，更关注学员的个性化指导。

（三）学习评价困难

评价具有促进学生发展、提高和改进教学实践的功能。传统的社区课程并不注重考核方式，与当前倡导的教评结合的评价理念相去甚远。

二、云视课堂为社区教育带来变革

撇开口耳相传阶段，与传统的纸质教材、面对面教学相比较，云视课程所蕴含的智能、集成、共享和动态等特质使其在载体、呈现和传播的方式以及运行机制等诸多方面实现了全新的突破和超越。课程开始从平面、单维、静态走向立体、综合、动态，呈现了前所未有的崭新图景。

（一）平台更具开放性

在云视课堂远程视频会议系统客户端的学习者可以自由注册，课程面向各行各业及不同层次和年龄的学习者开放，只需要一台智能设备，使用个人手机号注册即可，使得学员参与课程互动的积极性高。

（二）强大的 APP，方便移动学习

远程视频会议系统软件的使用，针对手机客户端，提供包括 ios 系统及安卓系统软件，方便下载与使用，只需知道学校代码，即可在线观看。

（三）访问速度快

云视课堂可以在普通家庭网络条件下满足在线视频的播放，避免学习者因为网速问题而影响在线学习效率的问题。在网络允许的情况下，视频学习无延迟，并不受观看地点的影响。

（四）丰富的学习支持服务

云视课堂现已与上海各区社区学院合作，包含了大量的学习课程，这些资源都可以通过远程视频会议系统客户端访问，学习者可以通过微信公众号了解每学期开设的课程，每周的课程安排等，合理选择自己学习喜欢的资源进行扩充学习。

三、云视课程发展的现实困境

信息技术的飞速发展改变着人们的思维与生活生产，云视课堂的出现，为社区教育与技术的深度融合提供新的方向与解决方案。然而，这并不意味着云视课堂的前进道路是一帆风顺的，相反，它无时无刻不是走在"荆棘"之中。

（一）教师信息素养不高与教学评价机制缺乏的制约

教师信息素养包括教师对信息技术基本知识的掌握、信息技术应用能力以及信息技术与课程的整合等素养，这些都直接影响教育信息化的水平。而任何教育理念或者课程与教学模式的实施无不与教师的素养息息相关。由于各区的发展水平存在差异性，对教师的信息技术培训力度也参差不齐。主要原因是云视课堂是一套新的科技设备，操作起来有一定的难度，这就需要专业人员在设备旁操作。在上岗前要经过岗前培训，使其达到熟练操作，遇紧急问题还要有应变措施。如遇到手工制作课程则需要工作人员实时调控和更改摄像设备，这无疑是对工作人员的巨大考验。

（二）学生学习素养差异性的约束

运用云视课堂进行学习，学生的学习方式由被动接受式转变为主动发现式。学生的学习素养存在较为明显的差异。这主要体现在以下几方面：首先，自主学习能力有差异。社区教育的每位学员主动学习以及自主学习能力有差异。那么，当云视课堂进课堂教学中，问题意识与自主学习力较强的学生能够根据自身发展需要主动登录云视课堂平台选取所需资源，这也会有些学员认为操作麻烦，不够便捷，不能与老师实时交流而放弃学习。

（三）传统课程形态的冲击与教师教学创新

在积极探索践行网络新型课程与教学模式的有机融合，要有效应对其他教学模式的抵制。首先，对传统教学模式的抵制。传统教学模式在中国教育领域活跃了很多年，它有弊端也有优势，在不断革新中依旧在一线教学中独领风骚。传统教学模式理念与价值已深深影响了诸多一线教师的学科教学。这就导致了在云视课堂与传统课程形态“狭路相逢”的场域中，云视课堂明显呈现出“不受欢迎”的状态。在面对其他课程形态时，部分引进、践行云视课程的地区和学校陷入了教师教学创新性不足，不能够结合传统课程的优势与云视课程的超越之处创新教学过程的为难之境。许多教师也很难做到真正将云视课堂的核心理念与精神本质有效转化为自己的选择，教师很难根据不同学生的个性发展需求给予具体有效的指导。

四、云视课堂实施困境的有效应对

对云视课堂建设困境的揭示与应对，一方面可以引领社区教育信息化的发展方向与超越路径，另一方面能够丰富社区教育理论与实践。因此，必须寻求一些具体措施突破云视课堂实施困境。

（一）提高教师信息素养，创新教学评价范式

克服云视课堂实施中的现实困境，我们还有较长的路要走。要重视云视课堂发展，成立云视课堂联合教研室，以科研引领云视课堂。这方面可从如下路径入手：加强培训工作，构建培训、研修与评测一体化的功能齐全、类型多样的远程课程培训平台，规范、提升云视课堂教师基本素养，如师资培训、信息技术员培训等为云视课堂直播做准备。另外，结合教师的学科教学，提高培训的针对性。提高对每位教师学科个性化差异的重视程度，展开学科不同、内容不同、层次不同的培训。

（二）提高学生学习素养，展现教育公平

针对学员学习素养参差不齐的现状，我们可从社区教育的课程中逐渐介入：学校层面要更新教育理念，要通过街道社区学校、区社区学院等开设的信息技术课、计算机兴趣班、手机课程指导等，将网络云视课堂及手机 APP 的使用插入其中，逐渐培养学员使用云视课堂直播软件的能力，为学生信息素养的提升提供软环境。

（三）加强云视课堂宣传，实现优质课程资源的共建共享

在云视课堂发布在线课程对教师的教学是一种很好的推广方式，能获取学员对教师教学质量的信任，但也是一种挑战。这一前提即是保证课程质量的要求，所以应当提高云视课堂宣传力度，保证优秀课程加入其中，另外宣传效果铺开之后，学员的参与积极性也逐渐提高，这样能够倒逼学校重视云视课堂的开发，以达到良好的效果。

（四）深化云视课堂服务功能建设，实现云视课堂“教”与“学”的完美融合

在课程规划上，应当将课程内容类型化，实现“教”与“学”的精准对接。如知识讲座讲解类课程、手工实际操作类课程等分开。对学员来讲，讲座类课程无需前期准备，只需坐在电脑或手机前接收即可，但是手工制作类课程则需要提前准备工具和材料，这就需要专人负责分发材料或提前邮寄等，这样才不会使课程流于形式而无法操作。

（五）教学评价多元化，激发“教”与“学”的积极性和主动性

云视课堂的应用应当更加注重教师与学员的交流，知识讲解—学员提问—教师答疑等环节，使得学员在经过课程讲授之后有所思有所想；手工实际操作类课程，技能指导—学员制作—教师指导—技法总结—作品评价等环节，经过此环节的思考增加学员学习的可持续性。

将云视课堂引入社区教育的主要目的，是为了方便学员，是为了提供帮助而不是增加他们的负担。所以，对于学员来讲，操作越方便简洁越好，这就需要我们做大量的准备工作。从逐渐转变学员和教师思想到设备升级及资源开发，每一步都影响到云视课堂的成长。可见，云视课堂的发展道路漫长，我们要坚持和改革，使得直播课程形成可持续发展的资源，为社区教育的发展添砖加瓦。

（本文作者为虹口区业余大学社教部副主任，中学一级教师刘成静；虹口区业余大学讲师刘权威）

瓷绘课程云视课堂的探索

宝山区老年大学

大数据时代的到来以及网络信息技术的创新让云视课堂模式走进了老年教育;它是基于互联网技术的一种教育方式,是远程教育领域新的发展。宝山区老年大学在 2019 年春季就尝试了“瓷绘”课程云视课堂的实践。

云视课堂与线下课堂的区别在于:

一是,云视课堂是基于网络开放形式下获取学习资源的在线课程,把有志于学习的人和想要帮助他人学习的教育志愿者或者说是专家们带到了一起,从而形成了数以百计甚至以万计的人同时学一门课程的奇景。

二是,云视课堂几乎没有门槛限制。首先只要有学习热情的人,就可以参与云视课堂中,没有年龄、性别、职业等任何限制;其次不分地域,受众面宽广;另外吸引人们的是可以免学费参与听课学习。

三是,云视课堂没有年龄限制。线下课堂是有年龄限制的,没有退休的和年过八十的几乎都被拦在老年大学的门外。对于这部分热情较高的学习者来说,云视课堂是很好的选择。

四是,环境不受限制。依托于互联网,云视课堂不受场地环境的约束限制,参与学习的人数可以无限制地增加和缩减。只要有网络就可以在任何一个地方参与学习。

五是,无需受天气变化及路程的限制。云视课堂给中老年学习者最大的便利就是无论天气有何变化都不会耽误上课学习;无需担心路程远易堵车,在家里或者一个安静场合,只要有互联网,打开手机就可以学习。

六是,可充分利用时间。中老年人退休后看似有时间,但因为各种原因往往会造成有其他事情与线下上课时间冲突。比如外出旅游就不能到课堂上课，而云视课堂就可以让时间重叠，在旅途中打开手机随时可以听课参加学习。其次老年学员一般还承担照顾孙辈的责任，时间很碎，云视课堂就可以充分地利用碎片化时间来满足学习需要。

“瓷绘”课程云视课堂的探索引起了我们的思考。

经过上半年云视课堂的试播，我们体会到它很多长处，但也有存在需要调整或改进的地方：

一是在播出的方式或是内容上可以有更多的选择。

直播后可否有重播，内容或是科目能否扩大。有些学员在时间上可能无法完全匹配直播的学习时间，重播功能可以让学员随时随地地参与学习，也可以让学员复习上课期间没有完全掌握的内容。目前在宝山区“瓷绘”课程是推广云视课程的领头羊，整体反馈情况良好，宝山区社区教育、老年教育中还有很多丰富多彩的课程内容，都可以加入到云视课堂的直播体系中，让各类学员有选择的机会。

二是在直播设置过程中，除了固定机位外，需要增加机位变化。

教师课上示范是否可有特写镜头，这样线上学员能更清楚地看到老师操作的技法和技巧，进一步提高教学效果，整个课题教学的录制内容也更加生动。

三是为云视课堂的推广还应进一步加强宣传和针对性强的指导。

云视课堂在宝山的社区教育、老年教育实践中还处于初步推广的阶段，在初期阶段中整体表现优秀。今后，需要让更多的人知道云视课堂、参与到云视课堂中。同时，云视课堂作为互联网技术下的新模式，不论是参与课题的老师还是学员，都需要有一定的技术素养，才能顺利参与课堂教学，这就需要有专业的云视课堂技术人员进行指导推广普及。

时代在不断向前，科技在日新月异的发展，我们的老年教育与时俱进、紧跟潮流，让大数据改变我们的生活，让科技繁荣我们的城市，让学习使人生更美好。

（本书作者为宝山区老年大学“瓷绘工艺坊”教师钟映华）

云技术打开终身教育数字化学习新局面

嘉定区社区学院

科学技术日新月异，"互联网＋"催生教育变革，大数据、云计算正无时无刻改变着人们的学习和生活。社区教育需要审时度势，依托云技术载体，致力于学习方式的变革与创新，努力构建网络化、数字化、个性化、终身化的教育体系，建设"人人皆学、处处能学、时时可学"的学习型社会。结合嘉定区域社区教育发展实情，在新时期下找准新定位，让云技术、新媒体助推数字化学习建设形成新局面。

一、充分认识云技术在创新学习方式中的新定位

嘉定是全国首批数字化学习先行区，市数字化协作组首批成员单位，应当先行先试，继续发挥示范区的后续引领作用，彰显嘉定特色和学习模式创新。

（一）云技术在数字化学习建设中的新定位

根据嘉定地域面积大、街镇分布广、人口导入加剧、南北差异大等特点，我们把借力云技术，创新数字化学习作为推进社区教育内涵发展的重心工作，将数字化学习、信息化建设纳入全民终身学习构建体系，加快学习型社会建设。

（二）云技术在教师专业发展中的新定位

社区教育学习内容丰富多彩，学习形式不拘一格，学习对象层次不同，而课堂学习仍然是主阵地，教师是关键。作为从事于社区教育的教师，具备现代应用信息技术素养是引领市民学习方式变革，促进教师专

业化发展所必备的基本能力。我们必须要在“十三五”师资培训中强化一专多能,提升教师技术指导的服务能力,保障数字化学习创建落到实处。

(三)云技术在市民学习需求中的新定位

终身教育的目的是要满足市民多样化、个性化、层次化的学习需求,而云技术能突破时间和空间的限制,让学习者在更广阔的时空里汲取学习资源。我们可以通过市民参与云视课堂学习的大数据中分析与研判,由此提供更为精准的课程资源,满足并引导市民自主学习、网上课堂学习、互动学习等,提高学习的积极性、广泛性和有效性。

二、云技术助力学习方式创新的推进策略

树立教育新理念,掌握教学新技术是推进云视课堂,提升教师教学水平,引领市民网上学习的关键。

(一)分层培训,理念先行

嘉定区有关部门与长宁区社区学院联动,通过分段、分层的方式,分别对校长、教导主任和社区负责人、全体教师进行培训,培训内容涉及《社区教育信息化发展的政策与思考》《新技术、新学习、新教育——迈向2.0时代的教育信息化》等,通过理论与技术培训,让教师了解云技术的功能和作用,了解远程视频会议系统软件的操作使用方法,并观看浦东、长宁等区开播的云视课堂教学,认同云技术对提高教学质量,共享人力资源和课程资源的优势所在。

(二)试点引领,循序渐进

先行者、领头雁在试点建设中的重要性不言而语。我们综合考虑,选择了地域广、技术强、市民学习需求层次高的江桥镇作为第一家试点单位。在市数字化协作组的指导下,2016 年正式启动云课堂教学探索。江桥镇围绕“梅源讲坛——慈孝文化”学习主题,由镇级专兼职老师进行授课。在校长的带领下老师们精心磨课试课,在全市范围内分享了 5 节

公开课。学院发布信息，组织街镇进行集中收看，点评反馈教学和收视效果，嘉定成功地迈出了第一步。随后两年又开设了“智能手机应用”和“山水画”两门课程，顾晓燕老师被市协作组授予“优秀教师”称号。

一枝独放不是春。在云视课堂推广上，嘉定区社区学院采用“1＋3＋8＋X”方式，由点到面、由少到多逐步铺开，惠及所有街镇。2019 年南翔镇、安亭、马陆列为第二批试点学校。南翔镇借助自身技术优势，开设“手机摄影摄像”共享课程 8 节公开课，他们在运用云技术的基础上还采用微信直播新媒体方式，放大技术在传播学习中的作用，受益的学习人群更加广泛。

（三）课堂融合，全面参与

嘉定区“三个一”教学展示活动延续了二十多年。时代的变迁发展需要不断地更新升级、传承与创新。我们抓住契机，寻找云技术与教学活动的结合点，将过去的传统模式转换成融合信息化、技术化的新型“三个一”。我们在真新街道社区学校拉开了这场别开生面的区“三个一”社区教育教学大赛序幕。12 所学校的专兼职教师全部参与，各显神通，令人瞩目的是，本次的教学大赛中引入了最新的云视课堂技术，即全程实况直播。执教教师在教室中现场向社区居民们授课，而远距离的评审专家、社区学院和社区学校全体教师、学习点则可远程进行同步实时收看。因为课型的不同，我们在教学中灵活运用技术设备，将声音、画面、PPT、师生互动场景自如切换，力求全面、立体地呈现课堂学习场景，即使收看者不在现场，也如临其境。

（四）扩宽领域，纵横推进

云技术让嘉定区“三个一”教学活动如虎添翼，促进了“一体两翼多轮”终身学习品牌的创建。除了课堂教学融入云技术和远程直播之外，云视课堂每天还提供各种精彩的课程，涉及摄影、厨艺、文学、艺术、音乐等多方面内容，应有尽有。市民可以在“终身学习云视课堂”微信公众号收集信息，足不出户收看精彩课程。实践中，我们遵循“创新、协调、绿色、开放、共享”的发展理念，努力拓宽思路，拓展融合领域，以“市民大讲堂”作为云技术应用的延伸点，真新街道家庭教育系列讲座，南翔镇“生活大篷车——李老师课堂工作室”等进行线上传播。每年的办学干部学习培训也采用云技术在线支持,以主会场和分会场结合的形式高效地完成任务。

三、云技术促进学习方式变革的成效

首秀云技术融入课堂学习,让我们感受到云视课堂的魅力,也对进一步优化课堂教学,创新学习方式产生了浓厚的兴趣,挖掘到了潜在的价值。

(一) 扩大了学习受众面

对比传统的“三个一”教学活动,观课的数量由原来的 6 节增至 12 节,增加了一倍,全部都能实时收看;听课的对象原来采用分组实地听课评课,需要舟车劳顿奔波于各校,现在全体教师坐观参与,做到全覆盖;从评课的客观性上看,云视课堂不仅能提高评审的效率,评价结果也更加全面客观、公开、公正。

(二) 提高了课堂学习品质

云视课堂让教师在相对宽松的环境中卸掉了包袱,减少了顾虑,课堂教学回归到常态化的教学场景中,学员们不再因为有陌生的、大量的听课老师而感到拘谨、沉闷,师生关系更加融洽,教师的教学更加游刃有余,课堂的氛围更加真实、轻松、活跃,有助于师生们展现出最佳最优的教与学状态,提高了课堂学习的品质。

(三) 成就了教师幸福感

通过全程观课,老师们发现 2019 年“垃圾分类”内容的课比较集中,可以用“同课异构”来形容,相同的内容不同的教师演绎出不一样的精彩。老师们可以取长补短,在加深印象的过程中,对课的构思设计有了更多的启发和灵感。有的老师在后续的市级评优中将课程设计得更科学、更完美。参加执教的教师感言:精心准备的课能够分享给更多的教师和学员观摩,这样的做法有价值有意义,真是“一平台一堂课一天地”。

（四）弥补了资源不足短板

终身学习云视课堂弥补了现有学校学习资源不足的问题，尤其是农村地区的社区学习资源，这为学习型乡村建设注入新的活力。云视课堂更为市民便捷、灵活多样、随时随地的个性化学习提供了各种可能性，满足了不同层次市民多样化的学习需求，丰富了文化生活，同时帮助市民适应互联网、云技术带来的学习方式变革和生活方式变化，提升了市民的数字化学习能力和综合素质。

四、进一步发展的探索

嘉定区尝试推进云技术服务市民终身学习还处于起步阶段，有许多问题需要在实践中进一步探索和完善。

（一）完善机制，形成有效运作模式

作为策划者和组织者要进一步加强顶层设计，统筹规划，健全完善各项工作机制。一是课程共享机制，每个参与的学校都要在“吸纳”的同时做好“溢出”，提高共享课程的贡献度和参与率。二是区域联动机制。采用联合教研形式，定期对某一类课组织观摩，学习研讨，发现并解决问题。三是激励表彰机制。挖掘典型案例，对参与教学改革的专兼职教师、试点学校进行表彰，调动教师参与创新改革的积极性和能动性。

（二）强化应用，提升教师信息素养

充分发挥云视课堂平台在终身教育中的组织功能和进修促进作用。一方面要开展教师信息技术应用能力提升工程，加强专兼职教师教学技能培训，进一步引导教师熟练掌握基本技能，做到技术娴熟，业务精湛，让课堂教学呈现最佳效果。另一方面在日常教学和培训中要多操作，多使用，熟能生巧，让技术更加自如、流畅，并能学以致用，在学校、学习点层面培养一支技术骨干队伍，为数字化学习深度推广提供人员保障。

（三）多措并举，促进云技术深度融合

云视课堂是满足市民个性化、多元化学习需求的有效途径，是深化

数字化学习社区建设的创造性探索，也是建立市民有效数字化学习的积极尝试。嘉定借力云技术开展区“三个一”教学活动是抛砖引玉的做法，目的是要进一步鼓励专兼职教师们敢于“晒课”和“赛课”，在学习方式创新上有新的广东和高度。同时借助于市级协作组平台，区域联动，开展实验项目研究，以科研促改革，并总结经验、提炼做法，不断形成可复制可推广的成功经验。

（四）供需匹配，精准对接学习需求

全市 16 个区和嘉定区 12 所学校都在群策群力开发学习资源，关键点还在于我们提供的云视课堂和课程的学习内容应是市民发自内心需要的，这种需要可通过后台数据进行分析和研判，从数据中了解市民学习的兴趣点。其次，统筹共享课程菜单的同时进行刷选，从内容、时间、教学形式等进行同类课程进行合并归类，更注重开发特色和精品课程。

《教育信息化 2.0 行动计划》是“十三五”教育信息化的新指南。嘉定区将立足“以人为本”思想，以“促进市民全面发展和城市可持续发展和谐统一”为发展理念，将云技术与终身教育深度融合，为终身学习插上腾飞的翅膀，加快推进全民终身学习，促进终身教育品质发展。

（作者为上海市开放大学嘉定分校书记王勇士、嘉定区学习型社会建设服务指导中心主任郁玉红）

新型老年手工课程进入云视课堂

松江区社区学院

一、问题的提出

新型老年手工指的是老年教育中比较新颖的手工技艺。它有三大重要特征,即材料、工具的更新、技法的优化和全新技艺的出现,新型手工纸艺花制作主要利用新型的纸如纸藤、皱纹纸、浮染纸、浮纹纸、手揉纸、双面纸等,价格低、色彩鲜、可塑性好;经过优化的手工技法制作出更加自然逼真、保质期长的仿真花朵。

云视课堂是运用云计算和视频会议技术,将街镇社区学校、教学点和在线学员互联起来,让市民通过在线加入的形式,参与课堂的学习,并且能与教师进行即时互动。新型老年手工课程"纸艺花制作"作为云视课堂第一门试点课程在松江进行推广。一学期的课程实践对未来云视课堂的运用和推广起到积极作用。学员可以在本课程中锻炼动手能力,提高创作水平,提升审美情趣,达到修身养性、陶冶情操的目的。

二、云视课堂的注意事项

(一) 注重课前准备

云视课堂试点的第一个学期组建了一个云视课堂学习微信群,邀请几个乡镇成校参与云视课堂学习的教师与学员加入进来,同时邀请了长宁区的专家进行技术支持。

1. 课件的发布

作为新型手工课程的纸艺花制作,因为每节课的技巧与方法都有不同,且有循序渐进的深入,为了让参与学员更好地了解与预习,主讲教师在提前组建的云视课堂微信群里发布下一节课的多媒体课件。学员对课程内容有了一定的了解以后方便进行材料与工具的准备，没有基础的学员也能较容易地跟上进度，而课堂上会更注重实物的操作演示与现场解决问题。

2. 图纸的共享

图纸是手工的基础，尤其没有基础的学员，所以图纸的提前共享、课前的打印准备，就非常重要。教师会在提前组建的云视课堂微信群里共享下一节课的图纸，方便学员使用。

3. 材料的准备

纸艺花课程使用到的纸包括但不限于皱纹纸、纸藤、浮纹纸、浮染纸、手揉纸等，常用的材料还有各种型号的花杆与铁丝，工具有剪刀、胶水、胶带、锥子、夹子等，每节课的上课之前都需要进行准备，因为是网络课程，所以和面授课比，自行准备材料就有了一定的难度，必须提前发布需要的材料，但是因为购买和快递需要时间，所以开课前有具体的材料清单，使学员在开学前提前准备，及时购买所有材料。

（二）注重界面运用

云视课堂运用远程视频会议系统软件，同时硬件配备了随身话筒、两个摄像头包括近景与远景，具有桌面共享功能与实施摄像传播功能，能与在线学习的学员进行即时互动。

1. 桌面课件共享

多媒体课件有助于学员了解一堂课大概的制作过程，尤其在一些细节的地方，使用课件中拍摄的高清图片就会非常清晰，在重、难点的地方也会有所侧重，作为一堂新型手工课的骨架，从一开始的成品图片，到最后的组合作品，方便云视课堂的学员与面授课的学员直观了解课程内容与学习回顾。

2. 近景摄像头

近景摄影头就是专门拍摄手部特写，课件虽然有了整体的学习框架，但是不够具体，尤其是一些重难点，没有直观的演示，面授课的学员还可以个别指导，但是云视课堂的学员很难进行指导，在一些有点难度的地方，就会使用近景摄像头，放大特写进行着重演示，必要时进行多次直播演示，还可进行单个实物成品或者一些制作具体要求的展示。

3. 远景摄像头

远景摄影头是拍摄整个教室情况的摄像头，在教师进行巡视指导的时候使用，不仅方便云视课堂的学员有课堂参与感，而且便于老师能够针对一些问题作统一讲解，向学员提供更好更好的方法和思路，师生共享，教学相长。有一些大件实物作品的展示要使用远镜头，放在比较清晰位置进行展示。

（三）注重课堂效果

1. 更多的文化知识

在面授课的时候，为了让学员更好放松，讲解完可以与老年学员拉拉家常，但是在云视课堂难以与在线学员拉家常，所以要有意识地多讲解一些文化知识，比如花卉的花语、花卉的历史、花卉的典故，让学员在制作花之外，了解更多的花卉知识，为课堂增加了一定的深度。

2. 更多的共性问题

因为无法一一在线解决云视课堂的学员会产生的问题，在讲解完制作方法以后，进行教学巡视的时候更注重发现老年学员的共性问题。尤其作为年轻教师，因为与学员年龄差距很大，无法顾及老年人因其生理心理特点，发生的无法预料的问题，所以积极主动及时发现问题，特别是共性问题，马上进行全面的讲解，有助于云视课堂的学员更好地进行纸艺花制作。

3. 更多的展示方法

因为云视课堂学员没法看到现场的实际情况，只能通过桌面共享与摄像头转播，如何更好地展示成品，让学员更直观地看到纸艺花的美好，需要有更多的展示方法，如提前发布的实物图片、网络上的参考作品图，现场的单个实物作品、多个的组合作品，利用桌面共享功能与两个摄像头三种方式，来进行更好的展示。

三、云视课堂的上课流程

通过一学期的新型老年手工课程“纸艺花制作”的实践，总结了适合材料较多、且每堂课都不同的新型手工课程的云视课堂的上课流程。这里的共享指建立云视课堂方面的微信学习群后，进行的在线共享，未来推广的时候可以考虑开设公众号等普及更多人的方式。

1. 学期开始时，共享所有会用到的材料与工具的清单与购买方式。

2. 课程开始前一周，共享本次课程的多媒体课件与图纸，提醒需要使用的工具与材料。

3. 课程开始前，提前开放远程视频会议系统会议房间，在线学习者及时进入会议室。

4. 课程开始时，使用桌面共享功能共享多媒体课件(整个制作的步骤照片)，使用近景摄像头转播现场实物制作演示(单个实物展示)，使用远景摄像头转播课堂实时现场(多个或组合实物展示)。

5. 课程结束后，使用远程视频会议系统软件进行整堂课的录制，方便课后的分享，让学员能够回放复习。

四、困惑与建议

1. 提前发布课件与图纸，组建了学习小组，但是杯水车薪，很多想学习的学员不知道去哪里获取，这就需要更多的信息技术支持，比如在云视课堂推广以后建立公众号等方法。

2. 材料的准备如何更好地进行。如果每一门课程有一个材料包，就能更好地解决这个问题，但是这是一个很麻烦复杂的过程，一个人没办法完成，可能需要一个团队来进行。

3. 视频能不能够在线进行反复播放回看，方便老年人及时进行学习或者复习，目前录制下来的视频需要转换变成视频文件，然后通过U盘进行拷贝，较为麻烦。

4. 在线互动的可能性，方便教师更好地上课，在线学员目前都是静音的状态，主要指导的是面授课的学员，如何能更好地和云视课堂的学员进行在线交流互动，这就需要以后更多的课堂实践。

5. 怎么样算是一堂比较好的云视课堂课程，目前没有一个评价指标，只能通过在线学习学员的反馈，对目前的云视课堂有初步的了解。

虽然总结了上课流程，适合比较复杂的手工课堂使用，但是还需要归纳云视课堂的完整评价指标，总结云视课堂的使用规范，更科学地体现一堂好的云视课堂课程的全貌。

（本文作者为上海开放大学松江分校老年教育部人文系主任、中学一级教师项思匆）

精心实施云视课堂
大力助推社区教育

青浦区社区学院

智能时代的教育形态正在改变，具有“同步＋异步”特征的云视课堂正在挑战制度化的实体课堂，开启了社区教育的新模式。

2018 年 1 月，《中共中央国务院关于全面深化新时代教师队伍建设改革的意见》提出：教师主动适应信息化、人工智能等新技术变革，积极有效开展教育教学。2018 年，社区教育云视课堂被写入上海市教委终身教育工作要点，这些政策性的利好消息为云视课堂创新发展提供了强大的支撑。

2018 年 9 月 30 日上午，上海社区教育云视课堂青浦开通仪式在青浦区社区学院隆重举行。这标志着青浦区作为全国第二批数字化学习先行区正式参与云视课堂的推广与应用。

一、精心组织，积极推进

为落实云视课堂的推广与应用，青浦区社区学院主要做了以下工作。

1. 广泛宣传，统一认识

充分利用会议、教研活动等场合宣传云视课堂。通过宣传，让社区教育教师了解云视课堂的发展历程、内涵、功能等基本情况，进而清楚认识云视课堂产生和发展的必然性和必要性，让大家清醒地认识到云视课堂在社区教育发展变革中的重要价值，从而调动其参与云视课堂教学实践的积极性。

2. 组织学习，提高技能

举行相关讲座，对教师进行“社区教育云视课堂”操作流程的培训。

通过主讲老师的介绍，让大家了解云视课堂的环境设备和软件要求；通过现场操作流程演示，让大家了解云视课堂设备的使用方法，提高教师对云视课堂技术的运用能力，组织教师实时收看云视课堂课程，让大家直观感受云视课堂魅力的同时学习他人的教学经验，提高教师运用云视课堂组织教学的能力。

3. 调研摸底，择优推介

为把青浦区优质教学资源推介到市级层面，让更多老师和学员了解青浦区社区教育的教学情况，区社区学院在街镇社区学校进行调研摸底，准备择优推介云视课堂课程。在调研中了解到香花桥街道社区学校的张静莉老师已有十年教龄，她爱岗敬业、认真好学，有着比较扎实的教学功底和信息技术应用能力，曾多次在市区教学评比活动中获奖。她本人就是一名文学爱好者，在朗诵方面有不俗表现，而香花桥街道是青浦区市级工业园区所在地，年轻职工较多，其中不乏诗歌朗诵爱好者，他们有着提升朗诵技能的学习需求，但是现实的工学矛盾阻挡了他们的求学步伐。为此，张老师主动请缨，承担起云视课堂教学工作，并把“诗歌朗诵”作为首门试点课程，以缓解诗歌朗诵爱好者的工学矛盾。

4. 技术支持，提供保障

云视课堂的一对多、无中心、可移动、云存储、大数据的技术优势的发挥需要一定的环境设备和系统软件的支撑，为此，青浦区社区学院为试点学校提供了相关设备，并提前做好设备调试工作，为试点学校的云视课堂教学实践提供服务。此外，区社区学院还积极寻求长宁区社区学院等兄弟单位的业务指导和技术支持，及时解决了图像不清晰、声音不稳定等技术问题，确保云视课堂教学实践顺利进行。

二、精准实施，效果显著

云视课堂在青浦区的推广和应用虽然时间不长，但确实给青浦区的社区教育工作带来了新气象，也给社区教育教师带来了思维的碰撞和能力提升的动力。

1. 云视课堂的丰富和便捷提升了学员的体验

云视课堂为青浦市民提供了丰富的社区教育学习资源，为学员因地制宜地进行选课学习提供了便利，有效解决区域之间学校师资、场地等相对缺乏与不平衡的问题，实现社区教育学习资源的集约共享，让身处远郊的学员足不出户就能选择自己心仪的课程进行学习。

2. 云视课堂让学员可以自由充分地开展学习活动

青浦地处上海西郊，地域较广，教学点分散，这给学员特别是老年学员的学习带来极大的不便，同时学员还面临着学习与工作、家庭之间的矛盾。云视课堂的推广和应用很好地弥补了这一不足，学员可以突破时空限制，使用电脑、手机等各类电子设备轻松登录，在线学习，充分利用移动网络、云技术等自由充分地开展学习活动，拓展学习空间，享受数字化时代带来的学习便利。

3. 云视课堂促进教师的专业化发展

随着云视课堂的推广和应用，传统教学逐渐向“同步＋异步”混合教学模式过渡，这要求教师将信息技术与学科教学的四个基本要素(教师、学生、媒体、教学内容)有机融合起来，设计符合移动互联网特征、有利于学员学习和发展的教学模式，全面提高云视课堂教学效率和质量，教学过程中高清摄像头跟踪、教学场景的切换等技术的熟练运用对教师的信息技术操作能力提出了较高要求，教师必须能更好地驾驭数字化资源，运用多媒体设备，在课程教学中引导学员利用各类电子设备进行自我学习和网络环境下的协作学习，保持与学员之间的交互性，让课堂氛围更加活跃，培养学员的探索能力，带给学员探究问题的乐趣。因此云视课堂的推广和应用要求我们的教师必须不断提升专业素养和信息化技能以应对数字化学习新方式。

三、正视难题，努力解惑

在云视课堂推广和应用的过程中，青浦区也面临着一些困惑，需要正视和解决。

1. 街镇社区学校和教师参与云视课堂的积极性有待提高

原因：一是机制不完善，青浦区现有的机制并没有对参与云视课堂试点的学校给予政策上的倾斜或经费上的激励，一定程度上影响了学校参与云视课堂的积极性；二是教师问题，因为云视课堂是把相关协作单位的优质社区教育资源推介给全市乃至部分省、自治区，这有别于传统课堂教学，对教师的教学实施能力、课堂组织能力、信息技术应用能力等提出了较高要求，而我区的社区教育教师普遍存在年龄老化、能力有限等问题；三是设备和人员不足问题在某种程度上也影响到云视课堂推广和应用。今后要积极理顺关系、创设条件，要优化教师队伍，鼓励更多学校和教师参与云视课堂，把自己学校的优质社区教育资源推介出去，真正实现资源共享。

2. 云视课堂的某些功能有待充分开发利用

云视课堂有在线实时互动功能，但在教学实践中，我们发现教师往往与现场的学员互动较多，而与在线学习的学员互动较少甚至没有。究其原因，一方面教师习惯使然，更多关注参与面授学习的学员；另一方面在线学习的学员还不习惯主动提问，参与线上互动。所以在今后的实践中，教师要充分发挥主导作用，要充分利用在线即时互动功能，鼓励学员积极参与在线互动。又如云视课堂设备有录制功能，上课教师按下此按钮就可以对正在教授的课程进行实时录制。但我们发现目前视频文件只能通过 U 盘等方式进行传播，操作不便，录制下来的视频未能提供线上回放。

3. 在云视课堂推广和应用过程中，学员参与云视课堂的积极性有待提升

我们往往把较多的关注点放在教师如何上好云视课堂课程上，即如何营造时时能学、处处可学的学习氛围，而忽视了如何更好地引导学员用好云视课堂，即如何激发人人皆学的学习热情，今后我们将在关注教师“教”的同时，更要关注学员的“学”，在学员中加大宣传力度，提高他们对云视课堂的知晓度和认同感，通过学习培训，让学员掌握云视课堂的使用方法，引导学员充分利用云视课堂开展学习活动，让学员在时时“能学”、处处“可学”的氛围中实现人人“皆学”。

云视课堂作为一种创新的数字化学习方式，必将在社区教育中发挥着越来越重要的作用。今后，以云视课堂为代表的各类教学形态必将为新时代社区教育的发展赋予更大的能量，我们要更好地顺应变化，主动作为，更好地满足广大学员的多元学习需求。

（本文作者为青浦区社区学院徐萍）

集聚云视课堂资源　激发市民学习活力

奉贤区社区学院

奉贤区于 2018 年 7 月正式加入上海市推进数字化学习社区建设协作组，在近两年的时间内开展了云视课堂的一些实践。云视课堂突破社区教育资源的时空限制，让居民能够更加舒适便捷的实现时时处处可学，实现特色社区教育资源共建共享，网上网下实时互动增强了学习体验感，学习方式的创新和突破，吸引了新市民对社区学习的关注，也取得了较好的社会效应。我们从以下几个方面做了工作。

一、立足需求，选定课程

（一）社区教育调研中了解居民学习需求

2018 年 3 月，奉贤区对各镇社区教育开展大调研，其中着重分析了社区居民的学习问卷调查数据，从问卷中，我们了解到，新时代的社区居民的学习需求也在逐渐发展改变，他们也从传统的唱唱跳跳观念中发生转变，希望学一点没有学过的、时髦的。这是社区居民最朴素的语言。通过调研，我们了解了需求，进一步找准了定位。

（二）课程开发与非遗传承相结合

2018 年 6 月的非遗日，"南桥撕纸"第二代传承人何玉玮老师的展示吸引了不少人。撕纸艺术是从民间艺术中相传而来，由中国传统的民间剪纸派生出来，是一项非物质文化遗产。何老师立足非遗文化传承，面向社会、学校、社区，积极开展撕纸艺术文化传承工作，被奉贤区青少年活动中心、思言小学、南桥镇社区文化活动中心、江海第一居委会等聘为撕纸艺术指导；他担任奉贤区非遗文化志愿者教师多年，技艺娴熟、表达流畅,基本功扎实。社区教育广袤的舞台与他立志发扬撕纸文化的理念不谋而合,至此,撕纸与奉贤区社区教育云视课堂牵手了。

(三) 课程推进与团队建设相结合

奉贤区社区学习团队,以老年团队居多。但老年学习团队对信息化学习有兴趣却不太会用,信息化能力基础差是最根本的原因。深化老年学习团队的内涵,提升老年团队的品质,依托社区教育这个大平台,一直是我们所关注的。2018 年,奉贤区社区学院开展了为期两年的"依托社区教育,开展奉贤区老年学院团队转型与发展的实验"的项目研究。以此为契机,成立了云视课堂撕纸学习团队,开启社区学习团队新模式的实践。我们开启面向社会的报名,一个集公司白领、开大学生、非遗爱好者不同学习层次学员的团队组建成功,12 人正式成为团队成员,组建了学习群。一个集指导老师+N 学员的撕纸团队在社区中逐步产生影响,定期每两周一次面授学习,以云视课堂直播形式进行学习,课后学习打卡,作品共享。这个微信群学习人数不断增加。自主管理使撕纸学习团队不断成长。

二、夯实基础,推进课程

(一) 体验式学习推动课程新发展

以"云视课堂"为依托,进行交互式教学,注重人机交互、师生交互、生生交互,让学员在协作活动中充分运用探究方式自主学习,感受不一样的课堂体验,学习学员们进一步获得自我认知、自我决定的能力。随着学习者学习自主性的不断增强,社区教育的教学模式从以往的以教师为中心的单向输入式教学逐渐向以学习者为中心的双向学习转变。

(二) 多举措宣传助力课程新活力

云视课堂的建立是奉贤区社区教育信息技术的一次全新探索。酒香也怕巷子深,在云视课堂工作开展中,学员研讨会、微信推送学习动态、更新学习内容等,学校组织方不间断给予云视课堂关注。把云视课堂推出去,在 2018 年奉贤区社区学习团队展示活动中,"撕纸"云视课堂在活动中得以现场展示，让更多社区居民知晓并关注。奉贤区全民终身学习活动周闭幕式、奉贤区美育文化基地的建设，均把撕纸课程建设列入，云视课堂走入百姓视野。在2019年市有关领导调研老年教育工作中，奉贤区"撕纸"云视课堂的展示，对活动投入极大热情，也大大激发了广大爱好者的学习兴趣。以活动为推手，加大对云视课堂的宣传，奉贤区社区教育云视课堂被更多人所关注。

（三）现代信息技术赋予课程新意义

云视课堂究竟是什么？"互联网＋"，特别是云计算、大数据、人工智能以及AR、VR、MR技术的有效运用，在理念、途径和方式上为社区教育信息化发展提供了广阔的发展空间，并赋予其新的发展内涵。按照适合为要、教育（学习）为本、需求推动、应用为王的策略，推进信息技术与教育的融合创新，实现互联网时代有意义的学习、有组织的学习、有深度的学习。现代信息技术与社区教育的融合创新，开拓了互联网时代的新篇章。

三、拓宽阵地，深入推进

2019年4月，在社区学院的指导下，通过前期申报、课程筛选，南桥、青村、柘林三所社区学校加入了社区教育云视课堂的实践，通过信息化的手段，让优质的学习资源惠及到更多的居村委教学点。

社区学院为新增三所学校云视课堂赠送设备。启动仪式上，社区学院相关部门负责人对云视课堂的实践心得和各校进行了交流，双方就云视课堂的运行环境、教学形式以及技术要求等进行了探讨，并分析了其运行中相关机制和制度建设的必要性，三校与社区学院进行了密切交流和沟通。通过云视课堂在社区学校的延伸，在实践中摸索和提炼一批社区教育的优质教师和课程资源，发动社区居民积极参与社区教育活动，不断拓展社区教育的受众人群。2019年，在学院的指导下，奉贤区社区教育云视课堂实践组正式成立，设立云视课堂工作负责人制度，以专题教研推进工作开展。工作组相继成立工作群，院校结对，一对多对各校任课教师和技术人员开展业务培训，专题探讨，实时解疑，切实推进工作开展取得实效。社区学校课程的内容，均通过试讲、试播以及工作组全员围观提出可行性建议后确定。目前，柘林社区学校“说书”、南桥镇社区学校“刀画”、青村镇社区学校“家庭养花”通过云视课堂每周定期开讲，社区教育云视课堂工作取得扎实推进。

四、正视瓶颈，不断探索

云视课堂开展一年多来，有进步有突破，但也有限制发展的一些问题与瓶颈。

（一）基层学校技术能力不强

云视课堂的设备是简单易操作的多媒体设备组合，但目前的社区学校教师中，没有专职技术型教师，对这套设备是又爱又怕。有时，仅仅是一个简单的搬动造成的失误，都让基层社区学校的教师束手无策，社区学院信息中心技术教师担任了全区开设云视课程四所院校的总指导，既做指导员又做消防员，这种现象的发生往往就降低了云视课堂的优势发挥，课程正常教学被延缓，学生的学习热情被压抑。所以，持续性开展技术培训与指导，开展全区云视课堂负责人专业技能培训迫在眉睫。

（二）教师教育教学能力不高

作为云视课堂任课教师，他们的专业综合素养不够平衡不够充分，相关教师层次不一，课堂驾驭能力不一，对云视课堂的认识不一，在课程直播中往往使许多社区（村）居民的学习需求无法得到有效满足。因而，课程建设与推进需要有专业人员的指导和参与，对课程建设提供帮助和支持。

（三）工作开展缺少专项资金支持

目前，云视课堂的开展，除设备由社区学院提供外，教师课时费、设备运作与维护等均由各校自行承担。随着云视课堂的深入开展，对设备维护、课程开发、教育教学人员的要求也将会相应提高。作为可持续发展的社区教育云视课堂，大大弥补郊区社区教育数字化学习的不足的同时,缺少强有力的有效支撑。

奉贤区社区学院将继续对各校开展云视课堂进行跟踪指导,通过奉贤区成人教育联盟体这个平台辐射推广、专题研讨、深入推进,进一步探索新形势下,市郊成人院校利用“互联网+”的手段广泛开展社区教育的新模式,依托社区教育四级网络,让云视课堂落户村市民学校与宅基课堂,让更多市民受益。

(本文作者为奉贤区社区学院一级教师、现任上海开放大学奉贤分校课程教学管理中心副主任徐凤)

在云视课堂学撕纸课程

奉贤区社区学院

一、"云视课堂"的兴起

近年来,奉贤区积极构建社区教育数字化学习平台,让更多市民便捷地享受到更为丰富的学习资源。数字化学习已成为深受市民喜欢的一种学习方式。自 2018 年 1 月,中国成人教育协会社区教育专业委员会下发《关于申请全国数字化学习先行区的通知》后,奉贤区积极申报,对照标准准备申报材料。经过专家严格认真的评审,2018 年 7 月奉贤区同全国 25 个区(县)获得 2017 年度"全国数字化学习先行区"的称号。

奉贤区社区学院在进一步提高对数字化学习社区建设工作重要性的认识,结合区域实际不断优化数字化学习环境,提升数字化学习资源的品质,为居民的数字化学习提供更加优质的支持服务,进一步推动区域学习型社会的建设。2018 年下学期,区社区学院利用市推进数字化学习社区建设协作组赠送的云视课堂设备,通过视频会议系统进行开放互动教学,将线上和线下教学活动结合起来,形成了课堂与在线混合式学习模式。云视课堂教师授课过程,通过现场拍摄进入云视系统,多个不同地点的学员可以通过账号认证实现在线终端的及时收看,并与教师实时互动,现场教学录制的视频既可本地存放,也可放入云端,实现了教学实时多点分享,有效地促进了区域优质资源的共建、共享。

二、云视课堂的相关概念

(一) 云视课堂的内涵

"云视课堂"作为一种新型的课程教学形式,目前尚没有统一定义,随着互联网技术和新型设备的出现，云视课堂的内涵和外延都会发生变化。笔者认为，就总体而言，所谓“云视课堂”是一种对传统课堂丰富和拓展的新型教学形式，是一种面向教育教学中的课堂环节提供的互联网服务，是一种真正完全突破时空限制的全方位互动性学习模式，用户只需通过租用网络互动直播技术服务，即可实现面向全球高质量的网络同异步的教学、培训及会议。

（二）“云视课堂”特征

云视课堂是有效支持教师与学生开展在线教学和学习活动的软硬件系统，其主要特点如下：一是有效利用网络资源；二是实时监控记录学习过程；三是支持一定规模的在线学习；四是实现移动化的课程学习；五是促进学习资源的共建及共享；六是构建开放共享的信息化环境。

三、云视课堂的应用

（一）云视课堂的环境搭建

云视课堂的环境是由云视频互动主机、教室大屏投影输出、云端服务、教室功效音频输出、师生话筒拾音、数字视频展台输入、教师屏幕显示采集、现场高清视频摄像和远程及现场混音啸叫抑制器组成，且这些组成部分全部集成到智能讲台设备上。

此外，云视课堂环境客户端 app 软件远程视频会议系统提供基于云视频技术的多点高清视频、音频和远程屏幕共享互动功能，可以接入传统课堂实现远程高清“云视教学”而无需过多额外设备。通过电脑、智能手机和平板电脑一键开启或加入云课堂。远程视频会议系统采用业界领先的互联网技术，功能强大，操作简便，带给师生全面直观的“云视教学”感受。输入远程视频会议系统账号与密码后，点击“登录”即可(每台主机出厂已绑定各自账号密码，默认自动登陆；参与其他学校已开始的课程可直接点击，输入主持人的固定 ID 号)即可。

（二）云视课堂的课前准备

技术人员或教师在每堂课前需要把设备和相关软件调试好后，并设置好每次课的时间、主题和内容安排表，每次设置好的课程会产生一个随机 ID 号，教师必须提前通知参加学习的人员，否则无法进入云视课堂。无论是提前“安排的课程”还是“即时课程”都会进入到相同的界面。课程中的“主持人角色”和“参与人角色”可以互换，登陆账号开启课程时默认为主持人，主持人的权限最大，功能最全，即使授权他人主持，也可随时收回主持权。

（三）云视课堂的教学成效

由于“撕纸”课是操作性比较强的课程，传统课堂授课模式，只有离老师比较近的学习者，才可以看得比较清楚，大部分学习者并不太方便掌握老师的撕纸动作要点，事倍功半。老师通过云视课堂，以“双喜撕纸”为例介绍“撕纸的技法”“撕纸的限制”等，利用云视课堂、高拍仪的设备把撕纸动作要领展示得一览无余。同时，非现场学员通过云视课堂，在线收看撕纸过程，掌握了老师所教的知识。云视课堂不仅弥补了传统课堂对操作性较强课程的授课不足，同时通过云端资源共享也扩大了教学内容的受众者，取得了事半功倍的课堂教学效果。

“一想，考虑好作品的尺寸、颜色、风格和内容；二撕，先撕出作品的‘天际线’，然后在决定大小和轮廓；三折，根据传统审美特点，选定中心点和线，对折后再撕，实现作品的对称；四挖，依靠大拇指，将多余部分挖去，形成镂空；五摘，对人物五官等精细部位加工；六扯，根据构图，加工头发、羽毛等飘逸、随性的姿态；七裂，用指甲裂出一个口子，按形扩大，勾勒山峦、海洋和浮云；八修，最后修缮、整理作品……”全市、全国乃至全球的撕纸爱好者，通过云视课堂学习了撕纸老师总结的这些经验，或入门、或深造，撕纸水平有了长足的进步。云视课堂让非遗文化、民族文化得到了更多人的学习和传承，实现了优质资源在全市、全国乃至全球范围内的共享。云视课堂为实现高效传播我国优秀传统文化提供了便利和条件。

四、云视课堂的改进建议

（一）完善云视课堂的系统功能

云视课堂设备操作界面功能设计还有不少地方需要完善。目前，使用云视课堂设备上课，几乎每堂课都要有个技术人员全程提供技术支持。应让云视课堂设备的操作界面更加简单、方便和快捷，让信息素养相对不足的教师使用起来更加便利和高效。

（二）增加云视课堂的可接收点

目前系统设备同步支持的可视接收点数只有 10 个，可以从技术层面扩大平台支持的可视接收点数，如增加到 50 个，甚至更多，从而提高云视课堂的效率。如果条件成熟，甚至可以探索和推广到其他高校学历教育课堂中去。

（三）扩大云视课堂的辐射范围

目前各区、镇、街道等，直播的都是本区域内比较优质的课程资源，这些优质课程视频资源，目前都只是保存在各自本地主机中，应该把这些优质资源整合起来，让更多的市民享受到这些优质课程视频资源。同时，区域、镇域层面都可利用云视课堂，把更多的优质课程资源辐射到奉贤区各村居、宅居课堂等点位。通过云端服务存储技术，让更多的优质视频课程资源，辐射到全市社区教育的各级网络。

（四）拓宽“云视课堂”应用领域

奉贤区社区学院下面有 8 所镇成人学校，8 所成人学校校址分属于下面 8 个镇，各镇成人学校离奉贤中心城区南桥镇距离比较远，可以探索利用云视课堂与 8 所镇成人学校，开展教研活动、头脑风暴、专题讨论等双向视频会议活动，不仅可以提高工作效率，而且可极大减少大家路上来回的时间成本，同时也可解决中心城区停车难的问题。

五、“云视课堂”推广对策

“云视课堂”系统通过优化和完善后，还是具有较好的推广意义和应用价值。从我们奉贤区域层面来讲，要让云视课堂真正有效落地，一定要得到镇成人学校领导和老师的配合、认可和支持。在现有大环境下，如何提高镇成人学校领导和教师对云视课堂的兴趣点和认可度，笔者认为可以从以下三个方面采取对策：

（一）接受新型教学模式

云视课堂实现了"一点开课、多点收视、即时互动、云端分享"的教学效果。在云视课堂环境下开展教学的教学模式，强调利用各种信息资源来支持学习，强调对学习环境的设计。教师只有充分认识云视课堂的特点和规律，才能胜任信息化条件下的云视课堂教学工作。

（二）提升教师信息素养

教师是开展信息化教学的关键。只有努力提高教师的信息素养，才能使教育改革顺利进行，才能确保云视课堂的教学效果。要通过技能培训、环境营造、学习交流等多种途径提升教员信息意识、知识、能力和道德四个方面的信息素养。

（三）配套相关制度保障

相较于传统课堂，教师开展云视课堂模式下的教学活动，势必需要准备更多的教学资源，耗费更多的精力，要想调动教师积极性，相关职能部门领导必须建立相配套的激励机制，在课时计算、教学评价、职称评定等方面适当予以倾斜。云视课堂的教学目前尚处于起步阶段，大规模的应用案例还不是很多，特别是不同的教育性质和不同的教育阶段，在云视课堂建设上的侧重点和技术架构上也不尽相同。因此，我们一定要结合区域内的实际，在规模、软硬件基础等有限的情况下，合理地整合资源、搭建平台、完善机制，才能更好地运用"云视课堂"服务于教学，进而提高区域内的社区教育成效。

（本文作者为奉贤区社区学院赵国辉）

利用云视课堂打造茶艺精品课程

崇明区社区学院

长宁区将信息技术与社区教育相结合，提出了社区教育“云视课堂”这一解决方案。崇明区作为最后一批开通社区教育“云视课堂”的单位，在参考其他先行区试验的经验基础上，积极开展拥有本区特色的社区教育“云视课堂”课程建设，探索符合区域实际的社区教育“云视课堂”发展道路。

一、“云视课堂”的特点

云视课堂具有一对多、无中心、可移动、云存储、大数据的技术优势和特征，通过网络将社区教育授课现场进行直播，呈现在所有终端用户面前，学习点和学员可以通过互联网以在线加入的形式进入云端课堂，成熟的视频会议技术使教师与学员可以跨越空间的限制，在屏幕之间进行文字互动或者语音互动，学员不仅没有了空间限制也没有了时间限制，有直播课程时可以随时进入网络会议室参与学习，没有直播课程时可以收看录播课程。云视课堂让优质的学习资源插上互联网的翅膀，发挥出成倍的效应，在有效解决社区教育优质学习资源供不应求问题的同时，也为在线学习难以即时互动的瓶颈提供了解决方案。

2018 年 11 月，崇明区社区学院正式接收云视课堂设备，崇明区正式加入“云视课堂”大家庭，为全市数字化社区教育拼上最后一块拼图。2019 年 3 月，区社区学院结合已有的社区教育“茶艺茶道”课程做了云视课堂在崇明的初步探索实践，使得云视课堂在崇明落地生根，成为崇明区社区教育的新形式与新态势。

二、打造"茶艺"精品课程

"茶艺茶道"课程，属于上海社区教育课程体系中生活与休闲系列的休闲技艺类课程，是崇明区新海镇社区学校以服务生态岛建设为宗旨开设的一门常设课。它践行崇明生态教育理念，推动崇明生态岛建设，社区居民通过泡茶、品茶等系列课程的学习，享受生活的乐趣，接受艺术的熏陶，品味人生哲理，弘扬中国茶文化，阐述茶道品位与健康，普及泡茶、品茶和鉴茶的技能，在茶艺学习中喝好生态茶、学好生态理念。

该课程具有较强的科学性、知识性、技能性、情趣性和实用性，有助于社区居民增加生活乐趣，调整生活节奏，融洽人际关系，进而促进达到社区居民的身心健康，促进学习型社区的创建的目的。新海镇社区学校设有专用茶道教室，专用茶艺设备 12 套，常备学员每期 12 人，课程适用于社区中老年学习者，共 4 个单元，总课时建议为 28 课时(每课时为 45 分钟)。

一段时间来，有限的学习场地和资源与广大社区居民的热切需求形成差距，茶艺课人满为患、一位难求，报名排队者众多，大多数报名者家里都有自用的茶艺设备，资源和需求之间矛盾突出，并且限于传统教学方式，为弘扬生态教育理念而生的生态课要弘扬，难以做到走出崇明岛。新海镇社区学校也尝试过采用面向大众的在线课程直播，各村居学习点自由参与的网络教学方式，但由于学校摄像及直播设备及平台操作繁杂、教师人力有限、村居学习点信息化设备和茶道茶艺基础配套设备设施欠缺、居民信息化水平较低等各方面原因而作罢。而"云视课堂"的出现使这一情况出现了转机，让这样一门生态教育课程有了腾飞的翅膀，可跨越地域限制、空间限制和时间限制，做到助力世界级生态岛建设，打造生态教育高地。

三、云视课堂的应用成果

崇明区社区学院接收云视课堂设备后第一时间便选择了矛盾突出的"茶艺茶道"课作为云视课堂在崇明的首次实践尝试，并取得了一定的成果。

（一）业务与技术联通

区社区学院前期安排专职教师兼任云视课堂设备管理员参加市“云视课堂”设备管理员培训，相较于传统摄像设备，云视课堂将计算机、视频摄像输入输出、音响设备、无线网络、视频会议软件整合为一体，极大地缩小了设备体积，减小了操作难度，为推广应用提供了方便。云视课堂管理员掌握云视课堂设备的使用及维护方法，为云视课堂落地崇明做好技术上的准备。

同时院社教部组织成立云视课堂课程开发小组，社教部主任担任小组组长，全面负责云视课堂课程的统筹开发工作，云视课堂管理员在提供技术参考支持的同时也参与已有课程的调整改进，新课程的讨论研发。相较传统课堂，云视课堂带来的挑战是全面的，在线直播意味着大众化，手机即终端意味着更普及，即时在线互动意味着居民监督更方便，课堂生成更多样化，发散性更强，要求课堂内容更丰富，要求课堂教学流程更严谨，对教师备课要求更全面更仔细，对教师素养要求更高，对课堂掌控能力要求也更精确。通过定期研讨，分工合作，业务与技术的联通成倍提升了课程的研发效率，加快了云视课堂在崇明区的推进工作。

（二）学院与学校联动

崇明区社区学院作为崇明区教育局成职科下属的区社区教育指导单位，统筹规划云视课堂在崇明各乡镇的推进工作。各乡镇社区学校作为区社区教育的前线主体，担负落实云视课堂在实际教学中实践应用的任务。

我们利用社区学校校长会议演示了云视课堂设备的使用，邀请各校校长参与体验了手机终端视屏会议，由校长牵头推进社区教育信息化、推动云视课堂在各乡镇的普及。

“茶艺茶道”课程开发小组积极与新海镇社区学校任课教师沟通交流，调整改进课程流程及内容以适应在线直播要求，由设备管理员负责任课教师的设备使用培训与指导工作，并提供送教下乡，既可以单配送整套云视课堂设备也可以设备和课程一起配送。积极与村居学习点沟通，由设备管理员负责指导村级学习点熟练使用云视课堂的 PC 及手机终端，各学习点负责居民学员的手机终端安装及使用教学，为后期课程开展做好准备。在课程进行当天,各学习点按照场地、时间等实际情况组织学员参与集中在线课程或个人手机终端在线课程,通过云视频会议系统和移动互联网,将各学习点之间、学习点与学员之间以及在线学员之间互联起来,通过视频在线会议系统进行互动公开教学,从而将线上和线下教育活动有机结合起来提高教育资源的利用效率。学院与学校联动保证了云视课堂项目在崇明的顺利有序推进,保障了云视课堂项目在崇明持续有效发展。

(三)短班与长班联结

现有的社区教育课程种类繁多,传统社区教育课堂面授教学模式受空间限制大,以至于各校自行开发的课程有相互重叠的情况,质量上也参差不齐。云视课堂的出现一举打破了地域空间限制,成倍扩大了教师的舞台,提高了师资利用率,也为区社区教育课程的整合创造了条件。

按照现有社区教育课程情况,课程开发小组对云视课堂设备的使用提出了短班与长班相联结的方式。短班即讲座类,以往讲座参加人数受限于场地,覆盖面有限。如今利用云视课堂的在线视屏会议形式后,各校开展讲座时只需通知学习点,由学习点通知居民学员讲座开展时间,真正做到人在家中坐,讲座手上听,足不出户即可通过云视课堂手机终端享受优质社区教育资源,极大地方便了社区居民,扩大了社区教育覆盖面,为实现全民终身学习提供保障。长班即整合相似教学内容为一体,以符合云视课堂要求为基础,不断开发新课程。形成单元化教案,各单元可单独成课,学员自由选择。“茶艺茶道”课程共有 4 个单元 28 课时。第一单元:茶的起源与发展;第二单元:茶叶基础知识和泡茶基本原理;第三单元:名优茶鉴赏;第四单元:茶叶识别与保管。学员可根据自身实际自由参与学习各单元内容,实现教与学的灵活互动。相较于传统的固定班次,学员有更多的选择权,教师的授课内容则更有针对性。

四、云视课堂的实践反思

社区教育云视课堂在崇明的推进还处于探索阶段。在肯定云视课堂推进崇明生态岛建设,弘扬生态教育理念中起了一定的效果,在崇明教育现代化中起发挥了积极作用的同时，也应该认识到崇明在信息技术方面，特别是广大农村地区学习点、农村居民、外来务工人员等的信息技术能力以及相应硬件条件方面，都和市区有着极大的差距。社区教育的“生态教育”品牌建设与教育现代化一样依然任重道远。区社区学院要继续不遗余力地扎实推进“云视课堂”项目，为在崇明区域铺开社区教育“云视课堂”相关教学点，推广社区教育“云视课堂”教学模式，构建本区域的社区教育“云视课堂”配套生态教育课程，形成符合本区域实际的“云视课堂”操作方法，进行积极探索，为今后云视课堂在崇明成人及农村职业教育课程中的推广及普及应用做好相应准备。

云视课堂让家庭教育切实走进家庭

香港宋庆龄教育学院

一、背景

习近平总书记曾在不同场合指出："家庭是人生的第一个课堂""家风是一个家庭的精神内核""家风是社会风气的重要组成部分"等。

为落实国家有关要求，上海市教委、市妇联等部门，于 2017 年出台了《关于进一步加强家庭教育工作的实施意见(沪教委德〔2017〕7 号)》，明确提出"进一步提高家庭教育指导专业化水平。……提升学校、社区家庭教育指导队伍的专业化水平。探索政府购买服务的方式，引入专业化的指导服务力量，增强指导服务的科学性和实效性"。

与此同时，越来越多的市民，意识到家庭教育对于未成年人成长的重要性，以及不可替代的作用，对家庭教育愈加重视。

但是，就现状而言，有效的家庭教育知识传播和专业支持系统仍未建立；家庭教育工作者队伍人数和专业能力依旧不足；科学、系统的家庭教育知识进入家庭，这个最终环节仍未彻底打通；这些短板和瓶颈，如何一一补齐和突破，值得每一位家庭教育工作者探索和实践。

云视课堂的上线，为家庭教育的推广提供了全新的平台和发展机遇。依托云视课堂，家庭教育的推广将大幅提速，研究和开发水平也将大幅提升。

二、家庭教育十云视课堂的优势以及我们的尝试

(一) 大幅提升家庭教育供给侧水平

传统的线下课堂模式，基本上只能邀请或安排本地家庭教育导师进

行授课，在教师选择上非常有限。依托云视课堂，通过互联网＋家庭教育的方式，打破时空限制，各地优质资源甚至海外优质资源的选择和导入成为可能，可以邀请外地、甚至海外高水平专家进行授课或讲座，将极大地提升家庭教育推广的供给侧水平，将优质家庭教育资源服务于用户。

（二）提供更为灵活的学习方式

传统的线下教学模式，教学单次时长无法缩短，教学产品无法进行较细的切片；与此同时，家庭教育知识的受众群体——家长，工作、家庭压力大，工作、生活节奏快，普遍缺少大块学习时间。依托云视课堂，我们可以把家庭教育课程，进行 8～10 分钟，甚至更短时间以内的知识切片，用户随时、随地接入互联网就能学习；同时，视频、音频、图文等不同形式的课程形式，适应不同用户的学习习惯，满足不同用户的学习需求，提供了更加灵活、多样的学习场景。

（三）大大丰富家庭教育的内容

家庭教育存在知识点多面广、年龄分层细等特点。传统教学方式，要同时在不同地区开出多门课程，组织难度非常大。通过云视课堂的直播、录播功能，理论上可实现成百上千种课程的并发，以满足不同地区、不同年龄阶段、不同侧重的用户需求。

（四）大大提高家庭教育工作推广时效

通过云视课堂，家庭教育工作者，可结合社会热点，以及家长的焦虑点、痛点，打破时空限制，及时、快速、广泛地把正确的家庭教育观念和方法传递给家庭，提高家庭教育工作的推广实效。如：针对青春期孩子的特点，以及家长的痛点，我们推出了家长如何有效与青春期孩子沟通的音频网课，推出后收听量增长非常快，半年内达到 32 万多人次的学习；针对幼儿园孩子入园时间节点，我们推出了入园适应的家长课，也收到家长的欢迎和好评。

总体而言，云视课堂给家庭教育的助力作用明显，使家庭教育这项社会性工作的推广难度大幅降低，效率和水平大幅提升。

三、进一步推进的打算和探索

(一) 努力把云视课堂建设成为宣传阵地

目前,我们对于云视课堂的应用,仅限于知识的推广,而就教育本质而言,更重要的是唤醒。我们看到,仍有相当数量的家长,不重视家庭教育、甚至存在不正确的家庭教育观念。能否让更多乃至全部家长,关注并重视家庭教育,是每一位教育工作者义不容辞的责任。能否进一步拓展云视课堂的功能和应用,在把它建设成为教学阵地的同时,也把它建设成为宣传阵地,唤醒更多家庭,让更多家庭认识、重视家庭教育,把正确的家庭教育理念和方法传递到每一个家庭。

(二) 努力把云视课堂建设成为交互平台

从我们对于家庭教育的推广经验来看,基于理论化、空泛知识点的家庭教育课程,几乎没有什么生命力。对于家庭教育的研究和推广,一定要基于用户视角和用户思维;一定要开门研究而非闭门造车。让家长们参与到需求的提出、知识的传递和讨论中来。其次,从平台的生命力来看,用户的活跃程度这一指标非常重要,一定要增强用户的参与感,才会吸引更多用户关注和参与;第三,从教学效果来看,互动式的教学效果,明显强于单向输入。

(三) 努力把云视课堂建设成为家庭教育专业工具

家庭教育,出发点和落脚点都在实践,实践不仅需要知识,更需要专业工具。云视课堂的未来应用,不仅要提供课程,更要开发和提供不同种类的工具,满足不同用户的不同使用场景。我们要开发教学工具,让家庭教育工作者和家长,更快掌握正确的家庭教育知识和方法;我们要开发评测工具,科学识别不同孩子的不同特质,让家长有的放矢,因材施教;我们要开发亲子互动工具,帮助家长正确引导孩子,提高亲子时间。

家庭教育的研究和推广,是一件利国利民的伟大事业。未来,依托大数据、AI、VR、5G 等新技术,相信云视课堂能更加精彩,应用前景将更加广阔,满足更多家庭的更多需求,最终惠及更多家庭、更多孩子!

(作者为香港宋庆龄教育学院副院长周甬涛)

社区教育云视课堂来到社区

长宁区新华路街道社区（老年）学校

本文所说的“云课堂”是借助视频会议系统开发的在线直播教学系统。它能够实现网络直播教学、课堂录播、在线学习、移动学习、互动交流等功能。移动云视设备可在一台移动小推车上集成安装以下设备：一个电脑屏幕，一个电脑主机箱，透写台摄像头，数据线等。同时配件箱里还有摄像头、三脚架、手持麦克风、头戴式耳麦等设备。另外还配备了一台液晶电视，同样安装在可移动的立架上。哪里需要开设云课堂，就把这套设备推到哪里，不用的时候可以移到墙角甚至仓库。可见其轻便灵活，便于使用、收纳。

一、新华路街道社区学校“云视课堂”的实践

2017 年初，云课堂设备进社区，新华街道社区学校（简称新华）根据上级部署，着手推进“云课堂”项目开展。在学校课程中按照适合、优质原则选择部分课程进行试点。在教师授课的同时，运用云视设备进行在线直播。开设过的云视课程有“形体舞”“书法入门”等。教师上课时带上耳麦，接上摄像头，较少涉及到在线互动应答。课程中由技术支持人员实时关注网络转播情况。初期，更多的是作为一种技术试水。

考虑到对新鲜事物的接受性，新华选择了年轻教师率先开云课堂。第一个尝鲜的是“形体舞”的“90 后”舞蹈教师。上课前，助教老师先将设备安装调试好。为了确保上课时的网络信号顺畅，提前进行了测试，重点是测试网络的流畅度。考虑舞蹈动作较大，使用了配件箱里的三脚架和摄像头，将景别调整到全景，便于捕捉老师的全身动作。老师使用头戴式随身耳麦，解放双手，便于舞蹈教学。2018 年新华又上线了“书

法入门”云课堂。云视设备中的透写台摄像头，非常适合捕捉教师演示时的手部动作或操作示范，通过液晶电视实时转播，学员无论坐在教室的哪个位子上都可以清楚地看到老师的示范，再也不用挤在老师周围看演示了。

二、“云视课堂”教学的成果

（一）“云视课堂”教学的变化

1. 学习者成为主导者

网络学习的特点就是一门门课程就开在那里，学什么，什么时候学，怎么学，全由学习者自己掌握。所以，学习者要学会构建自己的学习计划，也要具备一定的自律能力。

2. 教师成为服务提供者

云课堂带来的传统课堂与网络直播教学的深入融合，应该是学习者成为教学评价的主人。学习者的互动、反馈、在线人数、在线时长都能让教师及时掌握自己教学的实际效果，引导教师调整教学。教师成为了教学服务的提供者，学习者的满意是教学成功与否的最终评价指标。教师必须更加贴近学习者个性化的学习需求，才能适应网络直播教学。

3. 名师效应扩大

网络课堂，名师效应将被扩大。互联网让教师的教学更加灵活方便，不再受到场地限制，还可以根据学习者的需求随时调整课程内容和教学方法。课堂不再存在“人数限制”，加上网络的传播效应，优秀的教师更容易脱颖而出，借助网络被更多人知晓，从而成为网红教师。

（二）云视课堂尝试的创新

1. 线上自学与线下体验基地的结合

长宁区市民学习体验基地工作已经渗透到了每个街镇。新华街道的“瓷文化体验基地”开办两年以来，吸引了众多瓷绘业余爱好者。但学校的资源毕竟有限，无法满足所有的体验学习需求。新华在 2016 年在上级资助下，拍摄了《瓷绘工艺》的微课程，分 12 讲详细记录了瓷绘工艺从矿物质颜料的研磨、调制、蘸笔，到打稿、上线、上色、晕染、烧制的过程。如果零基础学员先在网上进行入门知识的学习，然后向体验基地预约，到现场进行 2～3 次的体验活动，这种"线下＋线上"的学习，对体验基地和云课堂将是一种互补的助力。

2. 团队学习的结合

三级网络的末端，居民区教学点中活跃着很多学习团队。在每年的送课过程中学校都会发现，居民们对优质师资的渴求是非常强烈的。如果我们将这些学习团队和社区学校的班级进行结对，开展云课堂。让教学点的居民能够在家门口进行收视。而团队化的收视，可以创设集体学习的气场，大家可以互相交流增强学习氛围。师生互动的部分，可以在一定的阶段开展线下学员的见面会。既可以让老师进教学点，进行专门的答疑互动课；也可以阶段性地开大课堂，让教学点学员坐进教室；又或者开设在线互动时间，解决学员问题。社区学校有很多文学类课程，比如："唐宋诗词赏析""红楼梦导读"等。这些课程比较"静态化"，比较适合这样的学习模式。

3. "老宝贝"学习者与"小鲜肉"教师互动

"60 岁学到 80 岁"，社区学校的"学制"比任何学校都要长。每个学校总是有一批"永不毕业的"学员，她们是学校的忠实粉丝，是我们的"老宝贝"。怎样服务、分流、用好这些学员一直是一个难题。新华的烘焙班一直是热门，名额少，报名难。老师是一名"80 后"小鲜肉，对阿姨学员们既严厉又宠爱。为了逼阿姨们自立："不想学网上购物就不要上我的课"。可是半夜十一二点还在回复学员烤箱温度怎么调，蛋清打发到什么程度的也是他。阿姨们都把他当自己家孩子。我曾经问过，烘焙群为什么都是大半夜热闹非凡。大家说只有这个时间家人孩子都睡了，才有了属于自己的时间。在厨房里捣鼓面粉、鸡蛋，看着烤箱里的蛋糕坯一点点膨胀变成"小胖子"，这种感觉无比美妙。烘焙班两学期一轮，阿姨们习惯了"深夜厨房"恋恋不舍，可是毕业的时间总是要来的。考虑到这些学员已经具备了基本的操作技能，只是不同的"方子"需要老师点播一下。如果这样的班级开展云视教学，事先将需要准备的材料清单发给学员，定好上课时间，老师在自己的工作室操作，学员在自家的厨房收看现场直播跟着做。每个人的蛋糊制备情况，面粉发酵程度都可以通过手机拍给老师看。等到期末，社区学校给大家开"一人一品"交流会。那么每个学员家里的厨房，就成了社区学校课堂的一部分。这样的课程，也许隔着屏幕也能闻到黄油飘香。

4. 打破传统开展直播课程

网络直播，方兴未艾。云课堂可以打破传统，走出课堂，作为学员的眼睛、耳朵、腿的“延伸”，带领学员去体验不同的经历，领略不同的风景，感受不同的生活。

比如：腿脚不便的老人，最渴望走出去看看世界。如果能够开展“人文行走”类云课堂，老师边走边拍，边拍边说，学员通过屏幕进行“网上行走”将为老年学员提供一场精彩的体验。甚至，各大博物馆的特展，美丽的祖国山川，国外名胜都是大家心驰神往的地方。

又或者，春节家家户户都要烧年夜饭。如能聘请美食家和烹饪高手们进行在线年夜饭的制作。这一天在厨房忙碌的当家人们，既可以学习佳肴制作，也可以感受到热烈的节日氛围。对于独居老人、留守老人这样的学习是一种心灵的慰藉。

三、“云视课堂”实践中的不足

云课堂为社区学校的教学带来了新的技术和便利，同时在实践中也发现一些问题。

其一，像舞蹈这样的课程，地面摄像头无论放在哪里都会是一个“障碍物”。舞蹈课最好的视角是教师对面的位置，但这个位置如果放上摄像头，必定会成为现场学员的障碍，很容易被绊倒，况且地面上还有各种数据线、电源线。而放在侧面，虽然不碍事了，但视角又差了很多，只能拍到教师侧面。如能将摄像头安装到天花板上，并且实现自动跟踪教师位移则会便利许多。

其二，平台控制还不是很便利。比如，上课中的镜头切换，需要鼠标点击菜单中选择某个镜头，经过若干步操作才能完成。实际上课中非常影响上课节奏。由助教来切换虽然可以解决这个问题，但要全程增加一个人力来辅助上课，对一线工作的压力不小。如能在一个集成面板上设置“一键切换镜头”，实现“盲操作”，那么老师就能自己来控制设备，则会更加便利。

其三，目前云课堂虽然实现了在线转播，但教师与云端的学员互动较少，并没有做到深度的融合。原因固然有教师对在线课堂的理解还不够深，但更关键的是教师的精力首先要照顾现场的学员，对线上的学员难免疏忽。而如果为“云端”的学员们专门开设课程，就需要保证在线学员的定时、定点、定人，或者能保证每次在线学员的数量，否则教师上线而“学员”空空，则对“宝贵”的社区教育师资是一种浪费。

尽管“云课堂”的发展还面临着诸多挑战，但基于社区教育资源紧缺，学习者需求旺盛。云视课堂提供了一个从“能上学”到“上好学”的解决方案。能够为社区学习者带来更多样的选择、更便利的途径，为早日实现“人人皆学、时时能学、处处科学”的学习型社会提供助力。

深入、持久推进社区云视课堂教学工作

长宁区江苏路街道社区(老年)学校

“云视课堂”是教育现代化、社区数字化学习发展中比较迅速，且受各类人群欢迎的终身学习教学形式。它是面向教育和培训行业的互联网服务，是一种真正完全突破时空限制的全方位互动型学习模式。

“高效、互动、开放、个性化”是“云视课堂”的主要特点。它以庞大的资源库为后盾，将学习资源、学习平台、学习终端、学习服务和学习网络进行有效整合，在日常课堂教学中运用信息技术来打造。用云技术服务于课堂教学，弥补了现实的教育资源不足，实现了广大师生学习无边界，课堂也不再局限于封闭教室的方寸之地。

“云课堂”主要有网络教室、电子书包和移动课堂三种表现形式。对教学的影响主要体现在两个方面：

一是对学习者学习的影响。

首先，充分凸显了学习者在学习中的主体性地位。学习者可以通过自主选择学习资源进行学习；课前可以通过网络、电子资源包等工具搜寻学习资料；课后可以通过评估巩固所学知识。在这样的学习过程中，学习者能够根据当堂测评了解自己学习的不足，及时查漏补缺，也能通过“学习资源”和“微课”反复进行学习，使学习更扎实有效。

其次，走向以“学习所需”为主的合作学习。“云视课堂”模式下的合作学习，是一种以“学习所需”而形成的合作学习。学生在“云课堂”下的合作学习，可以通过优课平台，自主组合课前讨论小组，也可以根据学习兴趣，在课堂上随机自主形成小组，使用客户端获取互联网学习资源，与教师沟通交流、记录学习进度和学习成果等；原来枯燥的课程资源变得形象、直观和生动，课堂更加具有吸引力。既提升了学习的效率，又提升了自学的能力，更增加了学习者学习的信心和乐趣。

二是对教学模式的影响。

"云视课堂"所要体现的理念是:以学习者为根本服务对象,以学习任务为目标,以协作学习为主要形式,以共享资源为依托,构建个性化的学习环境来服务于教学工作。这种情况下,学习者进行的是"预习—练习—反馈"的自主学习。学习者的学习时间可以根据自身情况酌情进行,也可以自己把握学习进度和内容。通过自主、自由、自定步调的课前预习,学习者对新课内容已经有了初步了解,教学难度相对降低。与传统的教学方式相比,"云学习"的预习作用有效地保护了学习者的自尊心,也大大提高了学习的效率。

近年来,在市、区领导的要求下,在社区学校开展终身学习"云课堂"工作有显著进展。但"云视课堂"与常规现实课堂相结合、全力推进教学现代化方面还有许多亟待解决的问题。

其一,要加大宣传力度,转变部分老年学员某些学习理念。教育现代化工作在社区基层推进多年,但效果尚有不理想之处。这与部分老年学员的传统学习理念有关。理念亦称观念。而"观念决定行为,行为决定结果。"教育现代化只有成为广大老年学员学习优先选择的时候其活力和生命力才能体现。理念问题是一种软实力。这种软实力通过直接诉诸于人们的心灵,就会形成一种引领发展、推动前行的精神动力,所以要通过丰富多彩、生动活泼的学习活动让不同人群学员主动接受云视课堂教学,而不是排斥,这才能推动社区数字化学习包括老年教育的发展。

其二,要克服一头热、一头冷的现象,充分发挥领导和基层两个积极性。目前,大力发展老年远程教育,市、区领导热,街镇、社区学校和学员冷,没有固定的远程教育教室,缺乏人力和技术支撑,云课堂转播的不稳定等问题影响了社区学校和学员的积极性。近年来的远程教育和信息化学习要求大多是作为任务完成的。没有两个积极性,大力发展的基础就会出问题。

其三,要有切实可行的措施保障终身学习云视课堂工作顺利实施。

首先,社区学院要精心打造一支懂技术、善管理、会办事的管理人员团队,指导社区学校,为基层提供热情周到的技术服务;其次,要认真组织一支具有网络知识和操作能力,适合视(音)频教学活动的现代教师团队,使丰富的学习资源快速、便捷地送到老年朋友身边,以满足其多样化的学习需求；再次，要着力培养一支热心服务、责任心强、积极好学、善于团结老年朋友的学习辅导员团队，以加强云视课堂终端站点的规范化、制度化、现代化建设。

其四，要把云视课堂融入社区学校全盘工作计划；设置受老年学员欢迎的课程在云课堂实施教学，并免收学费，让云视课堂成为社区学校资源不可或缺的部分，而不是像目前开课以后再对社区某些课程做调整。要使云课堂逐渐成为社区学校的“主打产品”，而非补充。云课堂教学才会深入、健康持续地发展。

综上所述，终身学习云视课堂是一个系统工程，只有多方联手，同心协力才能干出成就。我们期待通过深度实践更好、更扎实地一步一个脚印推进这项工作。

云视课堂教学推进智慧教育建设

长宁区华阳路街道社区(老年)学校

2016 年以来华阳路街道社区学校通过融入新媒体手段,积极开展云视课堂教育,不断丰富其学习内容,建设多元化互动管理网络,优化教育服务水平,全面提升社区教育管理服务能级,推进社区教育工作走向大众化、开放化和社会化的智慧教育新模式。

一、云视课堂教学实施

一是明确指导思想。在党和国家提出的“加快教育现代化”“办好网络教育”指导下,探索用云视课堂学习的新模式,提升社区教育发展水平,努力实现“人人皆学、时时能学、处处可学”的目标。二是构建管理体制。街道党工委、办事处高度重视社区数字化学习,将社区数字化学习的建设及管理纳入社区教育的管理体制中,作为社区教育的重要组成部分。街道分管领导根据区学院要求推进社区数字化学习工作的总体部署,提出“打造云式新课堂,搭建社区智慧学习新平台”的设想。以社区学校的优质课程为基础,利用网络资源,实现学员线上线下同听一堂课,自主学习与集中面授相结合,移动学习与多媒体学习相结合,真正实现处处可学的愿景。三是加强队伍建设。成立“社区学校云课堂教学推进小组”,由街道办事处副调研员任组长,社区服务办公室、社区学校、群众团队指导站等部门为小组成员。社区学校常务副校长、教务负责云视课堂教学的工作实施。同时定期召开教育工作会议、落实教育任务、探讨难点问题,形成长效机制。四是完善基础硬件。社区学校建立数字化学习教室,配备 45 台联网电脑。开通每个教室连接的光缆,配备短焦投影机、触摸式教学屏、电子教学设备、高清摄像机等云视课堂教学设备,定期开展“云课堂”课程、讲座学习培训活动，利用新媒体技术在社区更大范围内为社区居民提供数字化教育服务。五是整合学习资源。精选社区学校一批优质的、特色的教育课程、讲座等。依托社区专业摄像资源，通过全程录播，或拍摄制作更多短小精悍、生动趣味，并适合在微信、微博上浏览收看的“云课堂”课件，方便更多居民群众随时随地参与点播、学习。六是新建云视课堂教学点学习活动室。为了进一步方便社区居民就近开展云视课堂学习，街道拨出专项经费，在四个居民区网格分别设立“云课堂”教学点学习活动室，将云视课堂学习资源进一步向居民区辐射延伸，在居民区教学点开展集中的“云课堂”学习，可利用该光缆点播网上的“云课堂”课程，使网上学习通过高性能宽带送到社区居民的家门口。

二、云视课堂教学实践做法

一是尝试云视课堂特色课程教学。2016 年，学校组织开展“传统扇面画”“英语会话”等云视课堂课程，全年约 200 人次参与“云课堂”学习。2017 年，学校组织开展“国画”“英语口语”“手机网络应用”“中国传统绳编”等云视课堂课程，全年约 350 人次参与“云课堂”学习。2018 年，学校组织开展“尤克里里弹奏”“中国传统绳编”“摄影”“手工作品制作”“朗诵”“英语口语”系列课程与讲座等云视课堂课程，全年约 500 人次参与“云视课堂”学习。借助云视课堂教学支撑平台，通过“异屏”多地共同学开展教学，采用异地学员可视交流、讨论、展示教学成果等方法，大大提高了异地学员的学习积极性。学员们通过三年来的使用和学习已逐步适应了云视课堂的教学方式，能在学校的组织和指导下积极参与云视课堂的学习和互动活动。

二是建设优质的“云课堂”课程。社区学校投入课程资源并匹配相关资金，每年固定建设具有传统特色的课程 1 门，现已完成建设的课件有“扇面画”“篆刻”“艺术插花”“水彩画”等中华经典课程。建设完成的课程资源全部运用在“云课堂”教学中，丰富了云视课堂课程资源，促进云视课堂的发展和教学效果的提升。

三是鼓励居民运用数字化开展云视课堂学习。充分利用发放至社区每家每户、每个驻区单位的3万份华阳社区报、小区中的245个宣传栏和12个电子显示屏，广泛宣传云视课堂课程学习的意义和内容，定期公布社区学校云视课堂课程的教学内容、课件摘要以及学员的学习心得等内容，向社区党员、干部、居民宣传数字化学习的优点，形成了浓厚的学习氛围。在居民区云视课堂教学点学习活动室内转播居民喜爱的“手工艺”“英语口语”“中国传统绳编”等课程，大力宣传云视课堂教学的优势和作用，提高对云视课堂教学的知晓率，大大激发了广大社区居民参与云视课堂课程学习的热情，“让学习变得更自主、让学习变得更丰富、让学习变得更便捷，让学习变得更快乐”的理念不断深入人心。

三、“云视课堂”教学存在的问题

一是云视课堂硬件问题。其课程教学设备存在配置不齐，较多教学课程无法录制高清的分镜头，导致教学环节的缺失，课堂上呈现单板、被动式的学习，学员们也因看不到云视课堂的学习价值而失去学习的兴趣。

二是云视课堂软件问题。社区学校的教师们因缺乏相关教学的专业知识，对教学存在疑虑和困惑。课前如何明确教学的方法，提前备课；课堂上如何把握每个知识点的展示方式，达到教学效果；课后如何获得学员们的教学反馈，调整教学内容等问题。尤其是中老年教师们感到不适应，对开设云视课堂课程较为排斥。社区教育的组织方要有信心和耐心做好相关工作。

四、云视课堂教学的展望

云视课堂建设尚处于起步阶段，其教学为社区居民搭建了一个“实现自我学习的网络空间”，能突破时空限制、资源限制、教学模式限制，实现时时处处是课堂，课课能共享的效果。社区学校组织的学习、交流、成果展示等各类活动中，要突出云视课堂学习成果，让广大社区居民都能体验到云视课堂的优越，以营造社区共享、共建、共荣的学习氛围。

社区学校开展云课堂教学的实践

长宁区周家桥街道社区(老年)学校

如今,社区(老年)教育在互联网与大数据的裹挟下,云课堂的教学模式已经不再陌生。2016 年,长宁区周家桥街道社区(老年)学校率先在街道镇层面运用云课堂为社区居民开设课程,打开了社区(老年)教育远程教学之门。

一、社区(老年)学校云课堂教学的实践过程

2015 年底,周家桥街道根据区级层面推进社区数字化学习工作的总体部署,率先提出了在街镇层面"打造云视新课堂,搭建社区数字化学习新平台"的设想。时任周家桥街道分管领导王佩娟副书记指出:"内容为王"是数字化学习的基础,周家桥街道将着力打造社区学校云视课堂示范课,以社区学校的优质课程为基础,精选一批有特色的教学课程进行全程录播,制作成课件上传到数字学习平台,供学员随时随地点播、学习。

2016 年,周家桥街道社区(老年)学校采用云课堂的方式将"民事诉讼法"课程进行授课和录播,同时组织学员采用云课堂的方式学习北新泾街道开设的"学说上海话",全年约 150 人次参与了云课堂学习。

2017 年,以本校为主会场的云课堂继续拓展,将"旅游英语""声乐基础"进行全程录播,同时组织学员学习了程家桥街道开设的"中国古典文学"以及虹桥街道的"最美昆曲",全年约 400 人次参与了云课堂学习。

2018 年,以本校为主会场的云课堂相继有"诗歌朗诵""葫芦丝"两门课程参与云课堂的教学实践;社区(老年)学校层面组织学员学习了浦东新区的"歌曲演唱"云课堂;居委会层面有虹桥新城教学点、仁恒河滨教学点组织居民同步学习以上课程。2018 年本街道共约 600 人次参与

了云课堂学习。

纵观三年来云课堂教学实践的推进过程,以主会场开设云课堂的课程共有 5 门,收看学习的课程有 4 门,参与学习的人数逐年增加,共有 1 150 人次参与了云课堂学习。云课堂从 2015 年底设想的提出到近三年的组织实施,以“走出去、请进来”的方式,使社区(老年)教育实现了“异地、同步”的构想,为中老年学员带来了全新的学习体验。云课堂教学积极地将互联网技术注入社区(老年)教育,客观上使中老年人能够顺应互联网时代迅速发展的潮流,尽快适应网络生态环境,满足了他们提升自我、与时俱进的愿望,丰富了自己的晚年生活。

二、社区(老年)学校云课堂教学的实践经验

(一) 建立高效的云课堂工作小组

凡事预则立,不预则废。成立云课堂工作领导小组,对于云课堂的有效开展至关重要。此项工作甫一开始,就建立了合理、高效的组织:街道分管领导为云课堂工作小组组长,社区服务办主任为副组长,社区(老年)学校常务副校长、教务为成员。组长、副组长负责统筹云课堂教育资源,包括制定规划、建立制度、交流推广等。常务副校长、教务负责云课堂设备的使用和保养,组织教师、学员开展课程教学,及时解决问题、反馈情况。领导小组每半年召开社区(老年)教育工作会议,专题研究和解决云课堂教学中的难点问题。

社区(老年)学校常务副校长、教务要认真学习云课堂设备的使用方法,熟悉云课堂设备使用的操作流程,还要设身处地地思考教学过程中的各个环节,积极配合教师完成教学任务。每一节课下来,设备、教师、课堂学员、远程学员,一方的情况变化往往带动其他方面的变化,所以必须做到熟悉、熟练,才能做到有条不紊,以不变应万变。

(二) 培育优质的云课堂课程

数字化学习的基础是优质的课程。多元、形象、立体、互动是优质课程的特征。云课堂将社区(老年)教育的优质课程能够通过视频、音频以及有趣的互动体验同时传播给现场的学员和远程学员。云课堂课程需

要在课程内容的选择与提炼、教师的教法和学员的学法三方面加以调整、组合与优化,使之能够同时惠及现场的学习者和远程学习者。

(三)整合资源、拓展受众面

云课堂作为一种新兴的教育方式,从出生到长大成熟有一个逐渐被人理解、接受的过程。在这个过程中,整合资源、积极拓展受众面是街镇社区(老年)学校开展云课堂教学的重要途径。周家桥街道(社区)老年学校通过街道的大调研与实地走访,积极整合资源,确定了把虹桥新城教学点、仁恒河滨教学点的云视课堂建设作为街镇社区(老年)教育的重点项目,积极拓展云课堂的受众面,进一步深化社区数字化学习的内涵。

虹桥新城教学点的云视课堂建设。经协商,居委会在小区会所一楼开辟出近50平方米的场所,作为云视课堂学习点,将优质资源通过云视课堂的方式提供给居民学习。2016—2018年,教学点组织居民学习过“最美昆曲”“电脑课”“诗韵朗诵”“民事诉讼课程”等多门云课堂课程。仁恒河滨教学点的云视课堂建设。仁恒河滨的云视课堂结合老年读书会每周能固定活动时间的特点,每周一、五定时播放老人们感兴趣的云视课程,如2018上半年的“诗韵”和下半年的“葫芦丝”等,给读书会的老人们提供了更多、更好的学习平台。此外,还有大家源教学点“余音绕梁”睦邻学习点通过云课堂收看浦东新区的音乐讲座,深受社区居民的欢迎。得益于资源整合的有效性与互联网的便利性,周家桥街道越来越多的居民认识了云课堂,体验了云课堂,从云课堂教学中受益。

三、社区(老年)学校云课堂教学存在的问题

周家桥社区内的老年人有着较高的文化素养和学习需求,比如天山华庭教学点,60岁以上的老年人,中专、高中以上学历占比将近75%。这些有着一定文化基础素养的老人们追求时尚,希望能够加入到这场席卷时代的互联网浪潮中。周家桥街道社区(老年)学校以云课堂的方式加速了老人们融入互联网时代的步伐,让他们安全便捷地享受到网络带来的学习便利。然而,通过梳理这几年的云课堂实践,我们发现无论是硬件还是软件都存在着亟待解决的问题:

（一）硬件方面

周家桥街道的云课堂设备是2015年底由区里配送的，其电脑和显示屏分开，显示屏为体积较大的电视机，没有键盘，操作云课堂全凭“飞鼠”。教师上课的时候，主要存在两个不方便：一是由于“飞鼠”稳定性不足，鼠标操作难以随心所欲，比较费时；二是由于电脑和显示屏分开，操作时必须离开座位专门走到屏幕前。因为设备的操作而造成教学过程中断的情况时有发生，现场的学员颇有意见，远端收看的学员心情也很受影响。还有一些课程在教学过程中要求共享屏幕、调整镜头、多角度拍摄的，操作起来还是诸多不便。这是云课堂教学与设备设施之间的矛盾。

（二）软件方面

云课堂教学的实践在软件方面存在两个问题：一是教师对云课堂教学的设计未能提前做好充分的“备课”，二是云课堂设备调试人员未能充分熟悉操作流程，缺乏独立处理故障的能力。云课堂执教教师需要有必要的教学规范，并提前做好充分的备课工作，把每个教学环节需要如何通过云课堂展示的方式、方法设计好。还有，云课堂需要教师对教学的各个环节的时间把握得比较有分寸，不能出现“脚踩西瓜皮”的教学过程，或者出现满堂由学员进行“表演”的现象，否则教师的“教”就会缺位，难以吸引远程学员的兴趣。而在普通的原生态课堂里，由于教师与学员之间、学员与学员之间比较熟悉，甚至已经是多年的师生、学员关系，情感的沟通和交流都比较充分，就算是偶有意外发生，教师都能及时纠正和处理，甚至有时候无声的语言都能促进教学的顺利进行。云课堂则不然，既然要通过“云”的方式传播出去，课前的设计就要做得尽量完善。同时，云课堂设备调试人员也要积极地提前跟授课教师进行沟通，课堂的哪个环节需要共享屏幕、需要分镜头，镜头需要对着教师、学生，还是需要特写等都要了解清楚，做好协助的准备工作。

四、优化社区（老年）学校云课堂教学的建议

为了进一步提高社区（老年）学校云课堂教学的质量，我们提出如下

建议：

（一）注意云课堂要社区（老年）教育的特殊性

社区（老年）教育的特殊性首先表现在教学内容上，多为技能性、体验性的课程，也就是一节课下来，老人们能够通过亲身的体验扎扎实实地学到一些有益身心或者改善生活的实用的东西，这与基础教育以知识性为主或者高等教育探究性的课程不同。第二，社区（老年）教育的特殊性体现在其教师的身份上。目前，教师多为社区中退休后有一技之长的兼职的老年人，他们很多人没有受过正规的教师资格培训，也没有系统学习过教育学、心理学或者教学法，但是，他们往往得到学员较大的信任，并且与学员之间的感情也很深。第三，从学员的角度看，老人们拥有丰富的知识和人生经历，他们的认知结构比较丰富和复杂，以老年人为对象的教学需要考虑他们的经验和认知结构。有鉴于此，云课堂的录播要充分挖掘社区（老年）教育的积极的特色因素，展现社区（老年）教育的特点，同时避免一些过于随意的因素。

（二）云课堂要保持设备的持续更新，加强人员培训

云课堂被引入到社区（老年）教育中来，利用计算机网络的无边界性，通过互联网共享，整合各方优秀的教育课程资源，让受教育的对象不再受时间、地点、空间的限制，帮助教授者与学习者、学习者与学习者之间充分的教与学的互动，激活了老人们学习的兴趣。但是，随着互联网科技的不断发展，人们对云课堂质量的要求越来越高。社区（老年）学校要及时更新云课堂装备，搭建良好的网络环境；设置专职的工作人员进行后期的设备管理与维护，定期组织相关教师和工作人员进行云课堂的培训活动，开展相应的市、区级教研活动，使云课堂的使用变得更加简单、方便、自如。

挖掘资源　探索创新　逐步完善

长宁区仙霞新村街道社区(老年)学校

一、仙霞社区学校云视课堂建设的缘起

仙霞社区地处中心城区，辖区面积小而户籍人口众多，人口密集程度相当之高。近几年，社区学校开设课程的日益丰富，学员人数不断增多，不断增长的学习需求和现有的校舍场地环境形成了矛盾，常常出现一座难求、要打招呼入学的局面。在街道党工委的支持下，仙霞社区学校同辖区内多所普教学校签订场地开放或共建协议，充分利用好普教学校内的学习场所和教育资源。为使辖区内的社区教育资源充分利用，我们将 23 个居民区划分为 4 个责任区，每个责任区牵头教学点配备一套远程收视设备，社区学校的课程在这四个牵头教学点都可同步收看。2016 年起，在“数字长宁”云视课堂的大力推动下，仙霞社区学校也陆续推出云视课程，将优质课程传播给更多社区居民，进一步丰富了仙霞社区数字化学习建设的内涵。市民可以通过在线加入的形式，进入社区教育课堂，并与老师进行即时互动，同时还可以选择一些优秀的、有特色的课程教学内容进行全程录播，制作成课件上传到数字学习平台，云式课堂的开设，在学员和老师之间、学员和学校之间搭起了一座无形的桥梁，使学员足不出户实时学习，逐渐成为社区学校一项新兴的重要教学模式。

二、仙霞社区学校云视课堂建设的实践

(一) 贴近需求，完善实施方案

为了使数字化学习更贴近社区居民的需求，仙霞社区学校紧密对接

区、街道数字化学习发展规划，通过各种形式进行调研。如利用读书会活动召开座谈会，了解不同层次居民对数字化学习的理解以及他们心目中数字化学习平台的模式；利用听取对社区学校课程设置意见的机会，了解目前传统社区学校运作模式中存在的问题以及学员对于推进数字化学习的看法，并将学员的需求、意见整理成文，咨询专家学者，形成《仙霞社区学校数字化学习推行方案》，形成仙霞社区学校数字化运行的强力支撑。

（二）统筹协调，优化云课堂管理体制

2016 年起，在街道层面成立社区学校数字化学习工作领导小组，由分管领导担任组长，社区服务办公室主任任副组长，具体工作由领导小组下设办公室负责，成员包括社区教育专职工作人员、社区图书馆馆长、社区文化活动中心主任、街道信息办工作人员等，社区学校常务副校长负责统筹数字化学习推进。云课堂作为数字化学校的重要抓手，在街道领导的重视和业务科室的全力支持下，云课堂建设工作得到了全方位高效推进。

（三）完善学习网络，健全运行机制

在社区学校层面，落实数字化学习工作计划和实施方案，明确数字化学习的目标、内容及措施；建立由社区学校管理人员、居民区教学点负责人参与的数字化学习工作联席会议制度，制定数字化学习推进队伍考核制度，对各级网络数字化学习工作、云课堂课程开展情况进行检查督促。在教学点层面，各教学点则根据自身的师资情况、硬件条件情况、教学特点成立数字化学习特色队伍，培训云课堂操作志愿者队伍，制定出基本的工作推进制度。逐渐形成社区学校、教学点、睦邻点三级网络云课堂的架构。

（四）整合资源，培育优质课程

2017—2018 年，仙霞社区学校先后推出云视课程“摄影基础”和“摄影艺术”，课程聘请社区学院摄影专业的资深教师授课，场地选在长宁区市民中心，过硬的场地和设备为精品云视课程提供了保障。2019 年，又

推出“朗诵”加入云视课堂的课程菜单。此外,社区学校还将云视课程菜单配送到居民教学点,如大金更教学点点选了江苏路街道的“声乐”课程,一方面解决了社区学校声乐班一座难求的困境,另一方面为教学点声乐班解决了师资问题;茅台花苑示范教学点也积极争取云视设备的配置,2019 年春首次启动了相关课程,可以点选青浦区的“诗歌朗诵”,社区学员十分喜欢。

三、仙霞社区学校云视课堂进一步推进的设想

仙霞近三年的云视课堂推进的实践收到了一定的效果,一定程度上缓解了社区学校在场地、师资上的困境,同时社区学校的课程也覆盖到更多社区居民,这种课程模式也收到居民的认可和欢迎,但是在实践过程中也遇到一些问题和困难。进一步推进云视课堂,建议从以下几个方面进行完善:

(一) 完善软硬件配备

云式课堂作为一种基于云计算和大数据的在线学习方式,其功能和优势的实现必须有数字化平台的支撑,因此对于场地的硬件条件要求较高。仙霞社区学校作为社区数字化学习先行单位,早在 2013 年就在社区学校内和下属教学点配置了投影、大电视和音响等设备,但数字化设备更新换代速度快,当年的设备早已不能满足如今云视课堂的需要。云视课堂对网络流畅度要求较高,这样呈现的画面质量、声音质量才能满足正常上课的需求,而社区学校校区大多并没有独立实用的无限网络,目前阶段只能使用区级配送的移动 WiFi,网速稳定性欠佳,导致有时直播的时候画面、声音不够流畅,影响教学质量。除了网络影响之外,摄像头的清晰度也直接影响画面质量,尤其是老师教学中涉及板书的课程,更需要有清晰度高的画面。希望配备精度更高的相关设备,确保各年龄段、层次不同学习者能够看清楚老师所讲内容,保证教学质量。

(二) 选择合适的课程

社区教育课程有别于普通高校的课程,多数以艺术修养、技能操作

类课程居多。选择什么样的课程作为云课堂直播课程,值得思考。就目前的硬件设备的条件来看,并非所有的社区教育课程都适合用云课堂进行直播:比如声乐、书法等实际操作类课程,如果仅仅是作为赏析观看的话,问题不大,如果要跟着执教老师学唱、学写,然后通过提升有所进步的话,有一定难度,因为老师难以远程直接对学员进行个性化指导,远端的学员实际操作性不高,这样就会降低学员的参与度,进而减少学习的兴趣。仙霞街道大金更教学点就是如此,2017 年点选了江苏街道的“声乐”课程,原本初衷是想缓解声乐师资的困境,但两三次课上下来,学员只能在远端跟唱,也不知自己唱得是否正确、是否有进步,有时网络不流畅,甚至听不清老师所讲内容,所以导致学员越来越少。因此,云课堂目前适合开授的课程还是以讲解类课程为主,学员只需要在远端听,不必实际操作,有问题可以提问即可。

（三）健全管理机制

街道云视课堂开设的正常运转,需要有一支完备的服务团队,而不是仅仅依靠社区学校常务副校长或教务主任。从区级到街镇,应该层层培训这样的团队:将最新的技术、操作方法能及时传授到各个街镇、教学点甚至是睦邻点,及时处理、解决技术方面的问题。社区课程变化性较大,虽然提前有课表的告知,但学期中,难免有调课、停课等情况的出现,要及时通知到远端收视学习的学员,做好安排。这中间就需要有专门的管理人员进行沟通、协调,以免出现学员到场收看学习,而没有课程直播的尴尬,进而引起学员的不满。

终身学习云视课堂目前已经在全市 17 个区县实现了全覆盖。相信在全市各区(县)、各社区学校共同参与下,社区教育云视课堂将会提供更多优质的课程,街(镇)社区学校也将在这样的大背景大趋势下,不断挖掘资源,探索创新课程内容,让更多社区学员能够“上到课,听好课”,享受终身学习的快乐。

探索云视课堂新模式
打造智慧活力人文社区

长宁区虹桥街道社区(老年)学校

近年来,现代化信息技术与课堂教学的不断融合,以网络环境为背景,以现代信息技术为依托的云视课堂教学应运而生。虹桥街道社区学校以需求为导向,以团队学习为主要方式,将社区学校、教学点和在线学习互联起来,以远程视频会议系统互动课堂和网络课程资源为基础支撑,大力发展云视课堂,开发“云+”社区数字化教学新模式,依托“云+课堂”“云+讲堂”“云+社群”,推动社区教育朝个性化、智能化、高效性发展,不断提升居民群众获得感、幸福感。

一、探索“云+课堂”学习模式,激发社区教育新活力

社区居民的学习需求在不断增长,传统的学习方式由于存在师资有限、受众面狭窄、资源配置不均、信息传送不畅等问题,已无法满足新时期居民群众的需求。虹桥社区学校基于“互联网+”的理念,尝试运用云视课堂新型教学方式,将传统授课方式与数字化教学模式相结合,使传统的社区教育焕发了新的活力。以“数码钢琴”课为例,教学过程中架设高清摄像头对授课教师的弹琴演示动作进行特写拍摄,学员直接通过屏幕即可实时观看学习,对教师课程演示进行录像,方便学员课后复习巩固,同时学校还开发编写《数码钢琴(零基础)》电子教材、视频、音频等,既突破了传统课堂平面教学的局限性,又提高社区学员学习效率。针对居民区教学点课程单一等问题,社区学校尝试在荣华小区社区教学中开设了“朗诵云课堂”学习,通过网络云端将居委老年学习团队与街道社区学校课程相链接,配送来自上海戏剧学院导演专业教师的朗诵课程,即

时交流互动，在线答疑，取得良好的学习效果。

通过一段时间的实践，"云＋课堂"的学习模式的优势逐步显现，优质学习资源共享、实时人机互动，随时可学、随处可学的新型学习模式，被社区居民广泛接受。自 2016 年以来，虹桥社区学校累计开设了"尤克里里""英语口语""数码钢琴"等云课程 114 场，观看学习居民达 3 280 余人次。社区学校制定了云视课堂课程表，学员除了可以收看本校的"云视"课程，还可以收看其他社区感兴趣的课程，既有效缓解了社区教育资源供不应求的问题，又满足了社区学员个性化、自主性的学习需求。

二、打造"云＋讲堂"学习品牌，丰富社区教育新内涵

为进一步推进"云＋"社区教育的建设，虹桥街道充分整合区域各类资源，在积极开发"云＋教学"课程的同时，还积极推进"云＋讲堂"等品牌项目的推进，例如，学校联合社区党校、上海师范大学等部门运用云计算、移动 4G 网络、软件及服务等新技术，通过引入智能设备，着力打造"虹动力·学习云课堂"项目。在原有传统党课教学内容基础上，结合了新实践、新形式、新内容，注入了新元素，依托云平台采用线上线下相结合的教学模式，通过网络教学弥补传统党课学习中的不足，提高了党课学习效果。又如，为积极响应上海三大文化品牌建设，学校与昆曲彭派艺术研习中心合作，打造"云＋昆曲"系列讲堂，通过每月一次的云讲堂，将昆曲艺术通过云讲堂的开设逐渐深入社区居民日常生活中。同时，学校还将昆曲讲堂的内容编辑成微课，让学习资源可视化、情景化、数字化，并依托"学在数字长宁"平台，让居民足不出户就可以了解昆曲，感受到昆曲文化的魅力。截至目前，昆曲云课堂已经开设 30 余场，其他区级、街(镇)社区学校也经常接入观看，累计通过云端观看居民 1 000 余人次。除了昆曲，社区学校还先后开发了"香生活""咖啡花样年华""陈氏太极""少儿围棋"等一系列微课程，均受到了广大居民区的喜爱。

三、构建"云＋社群"学习网络，凝聚社区教育新力量

队伍建设是"云＋"数字学习资源有效应用的重要环节，虹桥社区学

校通过“云＋”平台加强与社区教育学员、志愿者和教师的沟通、联系和培训，为社区教育编织了一张凝聚的网。一是“云＋教师队伍”建设。一方面，对现有的社区教育教师开展一年两次数字化教学培训，帮助教师提高数字化运用水平，目前已经成功建立一支 40 余人的熟练掌握数字化教学的教师团队。另一方面，社区学校充分挖掘区委党校、驻区单位、居民区、“两新”组织以及上海师范大学马克思主义学院理论宣讲团优秀师资力量，成立了“虹动力 · 学习云”课堂宣讲团。进一步扩大数字师资团队，为广大居民群众提供优质“云＋”学习资源。二是开展“云＋学习团队”建设。目前虹桥社区学校每年开设班级 150 个，招收学员 22 524 人次，为更好地服务和凝聚学员，建立 145 个微信学习群，教师可以通过群发布学习内容，学员们可以在群内交流学习心得，分享学习成果，实现了线上和线下的有效互动，既拉近了师生之间、学员之间的关系；又突破了传统的社区教育的时空限制，提高了社区教育的延展度。三是“云＋志愿者队伍”建设，虹桥社区教育志愿者以退休老年人居多，老年人数字专业技术有限，缺乏实用知识和执业资格证书，难以提供高质量的社区教育辅助服务，我们组织社区教育志愿者开展云课堂设备操作、课程互动、社交知识等培训，提高志愿者服务能力和水平。通过培训，已有数字化学习志愿者 100 余人。

如今，“云＋”学习模式的普及已经越来越广泛，运用领域也越来越多。随着经济和社会的快速发展以及人民对知识的渴求，虹桥街道社区学校将再接再厉，基于社区教育云平台，利用现代通信媒体将各类网络教学资源跨越时空和地域的界限进行整合，构建“云＋N”教学新模式，为社区居民提供随时可学、随地可学的学习服务，从而实现“人人皆学、时时能学、处处可学、样样有学”的全民终身教育的理想。

云视课堂在社区教学中的应用

长宁区程家桥街道社区(老年)学校

在互联网＋与社区教育信息化发展的深度融合中，一种全新的云视课堂技术悄悄走来，它又一次改变了社区教育的教学方式。云视课堂能够将优质的教学资源实时提供给在线学习者，并实现即时互动功能，解决面授课堂和在线学习存在的短板问题，为社区教育数字化学习提供了一种新的学习方式。

一、程家桥街道社区学校云视课堂的实践

作为长宁区首批拥有云视课堂的社区学校，程家桥街道社区学校在调查过程中发现，其他街道云视课堂课程内容以唱歌跳舞为主，程家桥街道社区学校可以错位发展，整合资源、利用“云视课堂”为本辖区、甚至全市内的居民提供“中国古典文学”课程的线上教学，让更多的市民可以系统地了解中国古典文化。

“中国古典文学”课程在申请云视课堂之前已经开班数年，比较成熟。该课程由毕业于复旦大学的历关栋老师担任授课教师，每星期三上午 9:00—10:30 在程家桥街道 5 楼社区学校开课，历老师根据教材和自己精心准备的资料系统讲解中国各个历史时期的文学知识，学员们非常感兴趣。

2017 年下半年，程家桥街道社区学校申请云视课堂为辖区内程桥二村教学点送资源，将云视课堂向下延伸。程桥二村教学点作为程家桥街道社区学校第一个云视课堂教学点得到了居民的高度重视及喜爱，教学点也充分利用资源，通过云视课堂宣传并授课，还开展了一系列讲座，增强居民的学习参与感。此后，学校进行了一些新的尝试，并充分利用

云视课堂资源，提高教学质量，让更多的居民了解云视课堂，做到随时随地使用云视课堂。通过 3 年云视课堂的运作以及居民学员的参与，程家桥街道社区学校云视课堂取得了一定成绩。

二、程家桥街道社区学校云视课堂教学的成果

（一）充分凸显了学生在学习中的主体性地位

云视课堂突出了以“学习者为中心”的理念，学员可以通过自主选择学习资源进行学习。“中国古典文学”有丰富的微课资源，课前，学员可以通过网络学习资源。在云视课堂学习过程中，学员能够根据当堂测评了解自己学习的不足，及时查漏补缺，也能通过“学习资源”和云视课堂“课程回看”反复进行学习，提高学习效果。

（二）课程更加形象生动，吸引学生兴趣

云视课堂模式下的学习，是一种以“学习所需”而形成的合作学习。学生可以根据学习兴趣，在课堂上随机自主形成小组。从教师教学的角度，学校借助信息技术和网络技术，将原来枯燥的课程资源变得形象、直观和生动，课堂更加具有吸引力。课堂变得更有趣、更具吸引力，利用网络资源辅助学习，既提升了学习的效率，又提升了自学的能力，更增加了学生学习的信心和乐趣。

（三）优化了教学资源，实现分时共享

云视课堂有强大的存储能力，教师上传的教学课件、教案以及各种资料，只要在线愿意学习使用的老师，都可以实现资源的共享，在一定程度上提高了教学资源的实效性及普及率。传统教学中，许多优秀的有经验的教师耗费心血编写的教案，由于传播后保存不便，缺乏交流，随着岁月的流逝而遗失，造成了知识和经验的浪费。采用云视课堂教学，教师的智慧和经验都将在制作的课件中以电子技术的方式记录，这些课件的保存应用将成为其教学生命的延续。因此，用云视课堂辅助教学，可以优化教学资源。

云视课堂在教学过程中的广泛运用，推动了社区教育改革的发展，

为教师在教学过程中提供了新的帮助,为学生增长知识提供了新的学习途径。然而,我们也应清醒认识到“水能载舟,亦能覆舟”,正视和正确处理不足,才能真正扬长避短,提高教学质量,促进云视课堂教学真正实用化,更好地为教学改革服务。

三、程家桥街道社区学校云视课堂实践中的不足

云视课堂为社区学校的教学带来了新的技术和便利,同时在实践中也发现了一些问题。

(一)平台控制不够便利

上课时镜头切换比较频繁,需要鼠标点击菜单中选择某个镜头,经过若干步操作才能完成,不是很便利,非常影响上课节奏。由助教来切换虽然可以解决这个问题,但要全程增加一个人力来辅助上课,对一线工作的压力不小。如能简单方便,老师就能自己来控制设备,会提高设备使用的便利性。

(二)云机器设备操作问题

云视课堂机器的设备有时接触不良,影响其他云视课堂学习的进度和连续性,也会对主讲老师和学生产生影响。声音传输断断续续,有些街道学校反映中途听不见,不停打电话反馈,而学校云视课堂设备音效调到了最大,这就存在沟通困难并影响收听效果。摄像头像素也偏低,画面清晰度不够,授课老师板书不能清晰地传输出去,影响了云视课堂的效果。

(三)教师个人原因对教学效果的影响

“中国古典文学”的授课教师虽然是名牌大学毕业,知识渊博也喜欢古典文学,但由于比较年长,普通话不标准,学员大多是上海市民,觉得讲上海话更亲切,所以一直延续这个上课的习惯。但在云视课堂实施过程中云端接受学习的非上海籍学员希望老师能用普通话上课。这也是不足之处,学校希望通过后续的努力能有所改进。

（四）在线直播存在的问题

云视课堂虽然实现了在线直播，但教师与云端的学员互动较少，外线学员流失较多，反映的问题也比较多。固然这反映了有的教师对在线课堂的理解还不够深，有时教师的精力重点放在现场学员，对线上学员难免疏忽。

尽管云视课堂的发展还面临着诸多挑战，但基于社区教育资源紧缺，学习者需求旺盛，云视课堂能够非常及时地为广大市民提供从“能上学”到“上好学”的机会，为早日实现“人人皆学、时时能学、处处可学”的学习型社会提供助力。程家桥街道社区学校将克服困难，以学习者为中心，继续探索和推广云视课堂建设。

积极推广云视课堂　有力提升学习实效

长宁区北新泾街道社区(老年)学校

学习型社区建设日益深入,居民的学习理念在不断更新,学习需求在不断增长,学习热情也在不断提高,越来越多的社区居民希望参加到社区学校的学习中。传统的学习方式使得受众群体狭窄,资源整合不力造成学习资源不足,信息传送不畅造成学习不便,资源配置不等产生学习机会不均等。现代信息技术的不断发展,数字化学习能有效拓展社区居民的学习空间,能提供更加开放、平等、共享的学习机会,能为学习型社区建设注入新的活力,是实现“人人皆学、时时能学、处处可学”的学习型社区的有效途径。特别是移动无线网络和智能设备的普及,社区居民使用手机、iPad 等设备参于线上学习的频率越来越高,运用移动学习方式在突破时空限制、便捷学习方面的优势也日益显现。北新泾街道社区学校抓住这一时机,积极宣传和推广,努力让居民能够更加舒适便捷地实现时时处处可学,并取得了良好的效果。

一、坚持统筹管理,加强学习宣传

2017 年初,长宁区学习办和社区学院有关领导亲自送云视课堂设备到北新泾社区,并与街道领导进行了深入沟通、达成了实施云视课堂建设的共识。北新泾街道党工委书记和办事处主任非常重视这项教育惠民的工作,成立了云视课堂工作领导小组着手相关工作的统筹管理和落实。由于充分认识到开展这一工作的重要性和必要性,落实工作得以展开:一方面,积极探索,借助互联网技术开设云视互动课堂将优质的社区教育资源通过网络开放给在线学习者,扩大了社区教育的覆盖面和普及率;另一方面,充分利用在线实时互动功能,解决了原有的在线学习不能实现教师和学生实时互动的缺陷，增强了线上课程的趣味性和吸引力。街道云视课堂领导小组每学期召开一次会议，及时研究在“云视”课程开设过程中遇到的困难及解决的方法，全力把这项惠民利民的项目落实办好。

为保证“云视”课堂的顺利推广，街道社区学校常务副校长和专职教师多次参加区级专项培训，认真学习“云视”设备的使用方法，熟悉“云视”设备使用的操作流程。我们根据《云视课堂操作手册》，从理念和操作上保证相关人员掌握“云视”课堂的使用技能，并在每学期的志愿者教师培训学习中增加了“云视”设备操作使用的内容，让一线教师接受并熟悉“云视课堂”这一新概念和新型教学方式。

二、坚持挖掘资源，积极培育优质课程

社区教育云视课堂通过云视频会议系统和移动互联网，将街道社区学校、教学点和参与在线学习的学员互联起来，通过视频在线系统进行互动公开教学，从而有机地将线上和线下教育活动结合成为一种有效的社区教育在线学习模式。尽管，从区层面看北新泾街道不是云视课堂试点单位，但我们仍然积极参与了相关课程的开发。我们对校内现有的课程资源进行了详细调研和排摸，从社区学校的特色课程着手，确定了将“学说上海话”作为北新泾街道试点云视课程推荐给区社区学院，受到了区社区学院的高度重视，作为区级首先推出的云视课程于 2016 年在长宁区市民学习中心正式开课，同时收视的除北新泾街道社区学校的学员外，还有周家桥街道社区学校的学员和虹桥街道社区学校的学员，三地连线，跨越空间，实时同时在线学习。优质的课程内容受到学员欢迎，他们听课认真，对授课老师十分赞赏，受益匪浅。

从 2017 年起，北新泾街道成为第二批云视课堂试点单位，并更加积极地挖掘和开发优质“云视”课程，以社区学校为主要阵地，陆续推出特色和品牌课程作为云视课程在线发布。区街之间、街镇之间按需进行互选互通、在线共享，进一步提升了区域内社区教育优质教学资源的利用效率。如“学说上海话”“智能手机”“人像修图”等多门课程成为区级“云视”课程，跨区收视受到好评。“人像修图”课程在即时连线的同时，还提

供了录播回看功能，进一步体现了“一对多、无中心、可移动、云服务、大数据”等特点的新型教学载体的功能。

要进一步发挥云视课堂的作用，学校还多次组织辖区内的居民以“云视课堂”模式开设了讲座和课程，其中包括“共建‘一带一路’从愿景到行动”“长宁区教育科研讲座”“瓷绘工艺”等讲座，并在社区学校春、秋招生简章中把“云视”课程列入招生范围，截至目前开设的“云视”班级有“学说上海话”“智能手机”“人像修图”“新世纪走遍美国(三)”“学画中国画(二)”“乐龄讲坛感悟生命系列”“春光灿烂花世界系列手工课程”等，学员可以通过在线加入的形式进入云端课堂，云视课堂系统使教师与学员虽然在不同的空间，但仍可以即时互动。在上海市推进数字化学习社区建设协作组云视课堂建设研讨会上，与会领导分别通过云视课堂与北新泾街道社区学校云视课程学员虞森利进行了远程互动，从学员学习体会等方面进行了沟通。

三、坚持跟踪评估，积极拓展学习受众

如何通过技术手段克服传统面授学习中优质资源紧缺、无法即时互动的问题是个实际问题。社区教育“云视课堂”的推出打破了时空限制，在推广过程中有一个逐步理解和接受的过程。我们关注在推广和实施的过程中，授课教师和在线学习的学员的真实体验如何、有何评价。只有边推广应用边解决实际问题，提高教师和学员的满意度，才能持续深入地让“云视”课堂被更多社区居民接受。

基于以上认识，我们道社区学校对每学期都所开设的“云视”课程都要进行满意度测试，并根据学员提出的意见和建议，有关老师在备课中及时调整授课内容和授课方式，最大限度地满足学员的学习需求。同时还将这一新的学习方式积极向居民教学点延伸，我们对辖区内的教学点情况作了大调研，并请区社区学院信息技术中心专职教师到现场实地勘察，最终确定了新泾三村教学点、元丰花园教学点和金平教学点作为拓展对象，并进行相应的网络设施改造和设备配置，满足“云视”课程的收视要求。现在北新泾街道越来越多的居民熟悉了“云视”课堂，并愿意体验“云视”课堂的学习模式，进而从“云视”课堂中获得更多的知识和能

力。“云视”课堂在社区教育中发挥着积极作用,弥补了场地资源以及师资不足等问题,最大程度地达到区域优质资源的共享。

四、坚持问题导向,积极提升学习实效

经过两年多的探索和学习,我们还发现在实际操作过程中还存在有待进一步解决的问题:一是“云视”课程通过视频(在线)会议和借助3G/4G移动互联网,将公开教学活动内容实时对外发布,同时与在线学员进行互动,因此对网速要求较高,社区学校和居民教学点大多在居民小区中,网络环境和网速成了制约“云视”课程发展的障碍。二是有的课程不适合“云视”课程,比较适合的是语言类、手工制作、讲座等。如何让传统面授课程与“云视”课堂相得益彰、都有促进。为此,我们积极向街道智能部门申请在各居民区教学点开通满足“云视”课堂需求的网络环境,努力实现“云视”课堂在社区全覆盖。探索将各门课程总课时由16节逐渐过渡为15节专业课+1节“云视”课的“15+1”数字化学习模式,并根据实际效果动态调整,力争让更多居民共享优质教学资源。

总而言之,“云视”课堂够将优质的教学资源实时提供给在线学习者,并实现即时互动功能,有效解决了面授课堂和在线学习存在的短板问题,激发了学员的学习热情和老师的教学激情,成为社区居民增长知识、提高素质的平台,进一步提高了居民群众在社区教育方面的获得感和满意度。云视课堂确实是社区教育数字化学习的好方式。

尽心尽力抓好云视课堂教学

长宁区新泾镇社区(老年)学校

云视课堂是一个低成本、一站式的在线教育教学方案,更是一个走出传统教育模式、实现在线教育和知识分享的平台。它打破所有技术壁垒,最大限度地降低建立网校的技术难题和资金门槛,通过云课堂平台,网校机构和个人可使用在线录播制作软件在线直播教学、录制视频课程,也可将电子图书、课件资源、试题及相关技能等分享给求学者。求学者通过互联网可以轻松便捷、足不出户、以低廉成本甚至免费获得优质教学资源、享受最好的教学成果,还可以在线分享、互动和交流,获得更多的关注。这一将在线直播课堂、免费精品课程、教学资源库融为一体的在线教育技术服务平台依托精品课程、在线直播课堂的教学资源库,给学习者提供海量免费、优质的免费精品课程、创新个性化学习体验和自由开放的交流互动环境。云视课堂将致力打造互动交流的学习生态圈。

新泾镇自从进入了云视课堂教学平台建设,社区教育就有了新的提升。当然,云课堂首先需要有足够的网络条件和设备条件,感谢区学习办为基层免费提供了云视课堂的全套设备。学校设法克服了网络信号不稳、设备搬运不便、收看条件不佳等种种困难,开始步履艰难地尝试这种终身学习中的现代信息技术。一开始,我们只能组织有网络和设备的教学点收看一些云课堂开设的课程;试点时候,由于设备还在试运营,加之授课教师也并未完全转型,收视效果并不理想,居民们并不欢迎,不少人一会儿就坐不住了,纷纷离场,甚至有人表示还是习惯原来的面授教学方式。当时确实叫人泄气。但是万事开头难,采用新技术、教学革新都会面临挑战。我们相信现代信息技术的前途无量,就调动相关力量,解决问题,继续做居民工作,不断组织收看。随着云视课堂本身的运行操作不断改进，教师也在转变观念，变换讲课攻略，适应新情况。渐渐地，居民接受了这样的学习方式，观看的人也多了起来。这使我们很欣喜，增强了进一步开展云视课堂下一步工作的信心。

2018 年，我们社区学校申报了将学中国画等作为云课堂的全区直播课程。这也是做了一定工作的结果，因为有的课程实施者不愿意将自己的课程公开，觉得有侵犯知识产权之嫌；有的实施者虽然愿意，但有关设备的声音系统不能提供清晰的播出效果，如古筝等课程只能放弃；也有的因为场地的原因，不可能做到跟踪拍摄。社区学校工作人员都是一般的教务人员，拍摄对我们来说都是门外汉，仅仅操作就已经不容易。然而，为了终身教育事业，为了社区教育的长足发展，我们的教学、教务人员很配合，虚心学习，认真准备了教案，调整了教学内容，视频制作终于得以正常进行。当然其中坎坷也不少，比如网络时常断线、画面不够清晰、声音效果堪忧等。但毕竟，我们在终身教育信息化、教育现代化的道路上迈开了向前的步伐，让更多的居民足不出户也能学到好的课程，获得新的知识，这正是终身教育信息化提升的新成果。目前，学校云视课堂的直播已经进入第二轮，得到了良好的反馈，其中有不少好评。教学点收视也顺利进行，每个学期都有三个教学点收看来自于全市和全区的不同优质课程，居民获益匪浅。

教学实践使我们体验和认识到云视课堂的优势。“云课堂”是基于云计算技术的一种高效、便捷、实时互动的远程教学课堂形式。使用者只需要通过互联网界面，进行简单易用的操作，便可快速高效地帮助使用者进行操作。为了更好地搞好云视课堂教学，我们提出以下四点建议：

一是，要提高教师的积极性。云视课堂技术含量很高，但它是个很好的公益项目，立德树人。教师是灵魂的工程师，不只教知识，也要管思想。对参与的教师，也强调奉献的多。但课堂教学的成功和实效关键还是靠教师，要提高教师立德树人的积极性，既要考虑精神，也要顾及物质。

二是，教学内容要接地气。能够开设云视课堂应当是比较实用和喜闻乐见的课程，社区居民层次参差不齐，大家喜欢的才是真的受需要的。教师安排的教学内容尽量接地气，有特色，适合网络收看。这样就能由点到面地拓展。

三是，设备维修要有保障。云视课堂需要有设备支持，网络支持，维修技术支持，更需要有专业人员定期做专业调试，社区学校的工作人员只能代为操作，不能保证教学效果的优质。这说明相关人才的重要，其培训工作要跟进、抓紧。

四是，不要急就，稳步推进。云视课堂是为了让更多居民能够享受到更多免费的优质教学资源，不能仅作为一个任务来完成，能满足广大人民需要的才是最好的，避免作为某种指标化可能造成的反感。我们绝不能为了云视课堂的"名气"而忘了社区教育、终身学习的最终目的。当然，这一目标是要在云课堂达到很高适应程度的情况下才能达成的，所以，我们不能急于求成，所谓欲速则不达，过犹不及。我们认为要稳步推进，一定会越来越好。

在云视课堂的推进中虽然还会出现各种问题和阻力，但是我们满怀信心，定将积极、尽心地抓好这一工作，改进教学，因地制宜地把这项工作做好，做实。

四、拓展　研究

从 1.0 迈向 2.0：社区教育信息化研究回眸与展望

宋亦芳

步入新时代，为进一步引领教育信息化转段升级，教育部近期印发了《教育信息化 2.0 行动计划》(教技[2018]6 号)。文件指出，教育信息化 2.0 行动计划是在历史成就基础上实现新跨越的内在需求，是顺应智能环境下教育发展的必然选择，是充分激发信息技术革命性影响的关键举措，是加快实现教育现代化的有效途径。这表明，新时代赋予教育信息化新的使命，带动教育信息化从 1.0 时代进入 2.0 时代。教育信息化的跨越式发展，必将为社区教育信息化带来新的发展契机。同时，人民群众对终身学习需求的日益增长，也给社区教育信息化发展提供了内在动力。教育部等九部门《关于进一步推进社区教育发展的意见》(教职成[2016]4 号)指出，要推进社区教育信息化，建立覆盖城乡、开放便捷的社区数字化学习公共服务平台及体系。基于教育信息化 2.0 视域，充分借鉴教育信息化 1.0 时代的研究成果，梳理社区教育信息化研究现状，有助于探寻社区教育信息化的发展之路，进一步明晰社区教育信息化的研究取向。

一、回顾：教育信息化 1.0 发展历程

通常认为，教育信息化起步于 20 世纪 90 年代，并且随着信息技术的发展而不断发展。“自上世纪 90 年代以来，世界各国(包括发达国家与发展中国家)无一不把教育信息化作为促进各级各类教育改革与发展的重大战略举措”。[1]如果按照教育部《教育信息化 2.0 行动计划》的最新描述，那么之前 20 多年的教育信息化发展过程应称为 1.0 时代，我国

和世界各国教育信息化发展过程大致同步，并呈现出明显的阶段性特征。

（一）教育信息化的起步阶段

由于世界各国发展情况不同，教育信息化起步时间及发展程度均存在一定的差异，美国等发达国家始于 20 世纪 90 年代初期，其他国家（包括我国）则略晚些。这个阶段的主要特征是国家层面出台教育信息化规划和政策，重点是推进教育信息化硬、软件基础设施建设，建立教育信息化的网络体系，并逐步尝试信息技术在教学上的应用。

1996 年 2 月，美国总统克林顿向全国宣布了“技术素养的挑战”，提出“硬件、连通性、软件和专业发展”将成为技术应用于学校的“四大支柱”。1996 年起，美国实施《国家教育技术计划》（Educational Technology lnitiative），旨在促进信息技术与教学相结合，该计划先后发布过 5 轮，被认为是“利用技术发展教育的纲领性文件”。[2]据美国教育部国家教育统计中心在 2000 年 1 月所作的统计，美国各学校和地区在硬件、连通性和教师技术培训等方面取得了显著进展。英国早在 1988 年就在中小学分阶段开设信息技术课程，英国政府在政策和财力等方面对教育信息化的支持极具力度，1998 年 1 月启用全国学习网（The National Grid for Learning, NGFL）；1998 年被英国政府确定为网上教育年，发布了《我们的信息时代》政策宣言，提出政府应率先改革教育，在教育中利用新技术，“政府的信息化政策为英国教育的发展创造了有利条件”[3]。日本 20 世纪 80 年代就开始关注信息技术教育，把“教育信息化作为国家发展战略的重要组成部分”[4]。日本文部省 1992 年第一次提出要将计算机设施、多媒体教学手段等积极应用在教育方面；1999 年制定了《教育信息化实施计划》，提出实现学校网络化，实现教学方法、教学管理以及学生学习方式上的彻底改革。此外，韩国 1995 年宣布《实现世界化的新教育》的改革构想；新加坡 1996 年推出教改的计划把资讯科技教育列为教改的三大环节之一；加拿大安大略省皇家学习委员会发表《为了热爱学习》的教改报告把信息技术作为促进学习体制改革的四个关键性领域之一。

我国也从 20 世纪 90 年代开始，积极推进教育信息化的规划和建设。1993 年，我国启动中国教育与科研网(CERNET)的建设，并打造具有交互功能的现代远程教育和教育信息化网络平台。随着计算机的发展，信息技术必修课进入中小学，1994 年国家教委颁发《中小学计算机课程指导纲要(试行)》，1997 年又颁发了《中小学计算机课程指导纲要(修订稿)》。同时，教育基础设施建设也在加快规划，2000 年 10 月教育部提出，从 2001 年开始用 5～10 年时间在全国基本普及信息技术教育，全面实施"校校通"工程，以教育信息化带动教育现代化，实现基础教育跨越式发展。信息化教学环境的改善，为实施多媒体教学和网络教学创造了条件。从高等教育情况来看，1998 年开始，我国高等学校信息化设施与信息技术在学科教学中的应用发展迅速，校园网、数字图书馆、多媒体教室、网络教学平台、信息管理平台以及教学资源平台等硬、软件设施，经过几年建设迅速普及，为进一步优化教学过程奠定了良好的基础。

（二）信息技术的教学应用阶段

这个阶段通常认为是从 20 世纪 90 年代后期开始，强调教育信息化从基础设施建设转向以教学为主渠道的应用，从而促进了教育教学的深刻变革。其明显的特征是，信息技术在教学中的应用全面展开，信息技术与课程实现高度融合，以信息技术为支撑的教学方法产生深刻变革，形成了许多新颖的数字化教与学的方式。同时，这个阶段的教育信息化研究重点也以信息化的教学应用展开。

为促进信息技术的教学应用，1998 年 6 月美国国际教育技术协会(ISTE)分别发布了针对学生、教师、教育管理者的《美国国家教育技术标准》(National Educational Technology Standards, NETS)，"该标准对推动美国基础教育的教育技术应用做出了卓越贡献"[5]。2000 年 6 月，美国教育技术首席执行总裁论坛(The CEO Forum on Educational Technology)在以"数字化学习的力量：整合数字化内容"为主题的第三次年会中，首次将数字技术与课程教学内容的整合方式称为数字化学习，强调为达到将数字技术整合于课程中，建立数字化学习环境、资源和方法，是 21 世纪学校、教师、学生和家长必须采取的行动。在信息技术课内应用方面，世界各国都进行了广泛的探索。英国充分利用信息技术为远程教育提供支撑，如英国开放大学、伦敦大学博客百克学院等运用网络开展远程教学服务,支持学员自愿参加课程学习和在线讨论,并通过网络接受课程导师的指导等。日本在开展计算机和因特网授课中,着力实现学生学习方法、课堂教学方法和学校管理方法的转变。通过各国不断探索,尤其在教学上形成了较为成熟的学习方式,如基于计算机辅助的学习方式、基于网络的自主学习与协作学习方式以及基于网络与传统的混合式学习方式等。

我国在信息技术的教学应用方面,也有十多年的探索历程,主要体现在学校普遍开设信息技术课程、探索信息化环境下的新型教与学方式、加强教学信息化管理等方面。2001 年 11 月,北京师范大学何克抗教授在以"E-learning"(数字化学习)为主题的"教育技术论坛"上,做了"E-Learning 与高校教学的深化改革"的报告,引发了人们对"E-learning"的广泛思考。他认为,要紧紧围绕"新型教学结构"的创建这一核心来进行整合,注意运用"学教并重"的教学设计理论来进行课程整合的教学设计。[6]华南师范大学李克东教授通过大量研究,总结出信息技术与课程整合的若干模式,即:如果把信息技术作为学习对象,有信息技术课程学习模式;如果把信息技术作为教师教学辅助工具,有"情境—探究"教学模式;如果把信息技术作为学生学习的认知工具,有"资源利用-主题探究-合作学习""小组合作-远程协商""专题探索-网站开发"模式等。[7]此外,我国远程教育自从有了信息网络的支撑,教学功能更加完善,教学特点更加明显,比如,原中央广播电视大学组成的全国远程教育系统广泛开展的网上教学、师生 BBS 互动、网上考试等,高等院校网络教育学院开展的网络教学和考核。有专家认为,"真正意义上的现代远程教育是从运用网络远程教育开始的。"[8]

信息技术在教学的应用实践,为教育信息化的研究奠定了良好的基础,大量的教育技术理论产生于这一阶段并在后来不断深化。"信息技术与课程整合"理论是教育技术比较重要的理论,这个理论在 2000 年美国教育技术首席执行总裁论坛第三次年会报告中首次提出。美国罗布耶(M.D Roblyer)在 2003 年出版的《教育技术整合于教学》(Integrating Educational Technology into Teaching)专著中也作过系统的阐述。我国学者李克东、何克抗等人也做过这方面的专门研究。"数字化学习"理论,由李克东教授在 2001 年提出并归纳,"数字化学习是指学习者在数字化的学习环境中，利用数字化学习资源，以数字化方式进行学习的过程，它包含三个基本要素，即：数字化学习环境、数字化学习资源和数字化学习方式。”[9]此外，祝智庭教授及其团队提出了“协同学习理论”，即通过对学习技术系统中各个组成要素之间的协同关系与整合，使教学获得协同增效；何克抗教授提出了“教学结构理论”，即依据信息技术与课程深层次整合目标实现一种全新的教学结构。

（三）技术发展的教学变革阶段

这个阶段大致为近十年左右的时间，随着移动互联网、云计算、大数据、物联网等的发展，世界各国家纷纷将以互联网为代表的信息技术与产业经济深度融合，我国政府提出“信息惠民”政策、“互联网＋”行动以及智慧城市建设战略等，加快了教育信息化的进程。这个阶段的主要特征是，新科技、新技术向教育领域不断渗透，教育教学改革明显加快，教学资源和方式不断创新，以学习者为中心的教学理念更加落到实处，教育信息化在促进人的终身学习方面发挥着重要的作用。

这个阶段，教学创新举措不断涌现，并引领教学改革。O2O 学习方式，就是通过教学环境设计，使学习者既可以网上学习，或网上查询、预约，也可以网下参与学习和体验，实现网上网下一体化学习；泛在学习(U-Learning)，20 世纪提出后我国在 2007 年开始深入探索，就是利用信息技术提供学生一个可以在任何地方、任何时候、使用手边的智能工具进行学习的 4A(Anyone, Anytime, Anywhere, Anydevice)学习；移动学习(M-Learning)，是一种在移动学习平台支持下，依靠移动终端在任何时间、任何地点开展学习的方法，随着移动设备的不断普及，移动学习被认为是目前和未来不可缺少的学习模式；MOOC(massive open online courses)，通过网络学习平台提供免费课程，为更多学生提供了系统学习的可能。此外，还有微课、翻转课堂、智慧教育等各种新型教学资源和方式的不断推出，给教育带来了革命性的变化。就我国教育信息化来看，已经呈现出“应用深化不断加强、创新案例竞相涌现”的局面。[10]

信息技术带来的教学变革如此迅速，得益于国家教育政策的有力支撑，这期间，国家层面密集出台了顶层设计文件。2010 年 7 月，中共中央、国务院颁布《国家中长期教育改革和发展规划纲要(2010—2020

年)》,提出要加快教育信息化进程,包括加快教育信息基础设施建设、加强优质教育资源开发与应用、构建国家教育管理信息系统。2012 年 3 月,教育部发布《教育信息化十年发展规划(2011—2020 年)》提出,到 2020 年,形成与国家教育现代化发展目标相适应的教育信息化体系,基本建成人人可享有优质教育资源的信息化学习环境,基本形成学习型社会的信息化支撑服务体系,基本实现所有地区和各级各类学校宽带网络的全面覆盖,教育管理信息化水平显著提高,信息技术与教育融合发展的水平显著提升。

二、综述:社区教育信息化研究进展

如果把社区教育信息化作为教育信息化的一个分支,那么这个分支可能还处于婴幼儿阶段,甚至在教育信息化的词典中还找不到"社区教育信息化"这个词。可见,比起高等教育和基础教育信息化,社区教育谈不上真正意义上的信息化。但是,社区教育自 2000 年开展实验工作以来,发展迅速,在满足人民群众日益增长的学习需求方面作用显著,运用信息技术推动社区教育发展成为必然,近年来也形成了一些好的做法和研究成果。有专家认为,应该"把推进社区教育信息化建设作为充实、提高教育现代化内涵和水平的重要举措。"[11]

(一) 社区教育信息化发展现状

1. 发展过程

我国社区教育自 20 世纪 80 年代开始,原来主要是面向青少年的校外教育,2000 年后转变成面向社区全体成员的教育。2006 年 6 月,教育部高教司启动了"数字化学习港与终身学习社会的建设与示范"教改项目,这也是与社区教育信息化相关的第一个研究项目,项目由原中央广播电视大学牵头组织,浙江大学、清华大学等高校参与实施,旨在"构建数字化学习支持服务创新体系,使数字化学习支持服务延伸到各个地区和各个角落,以较低成本满足各类人群随时、随地、随意学习的需求。"[12]还有,在全国较具影响力的社区教育信息化推进项目,是 2009 年启动的"全国数字化学习先行区"评选工作,这项工作是中国成人教育协会社区教育专业委员会受教育部职成司委托开展的，连续 6 年共评出先行区 71 个(见表 1)，对于推动全国社区教育信息化发挥了积极作用。自 2009 年开始，全国各地社区数字化学习平台、资源建设逐步展开，并通过召开研讨会、培训会等形式，调动各地的积极性，营造了社区教育信息化的建设氛围。

表 1　2009—2014 年全国数字化学习先行区分布表(单位：个)

序号	地　区	2009 年	2010 年	2011 年	2012 年	2013 年	2014 年	总数
1	江苏	5	2	3	1	2		13
2	上海	5	3	1	3			12
3	浙江	1	2	4	1	3	4	15
4	天津	3		3				6
5	四川			5	1			6
6	辽宁		1		2		1	4
7	北京				1	2	1	4
8	湖南				1	1		2
9	重庆			1			1	2
10	安徽				1			1
11	山东				1			1
12	河北				1			1
13	山西					1		1
14	湖北						1	1
15	广东						2	2
小计		14	8	17	13	9	10	71

2. 相关政策

关于社区教育信息化政策，教育部在三个相关文件中有明确表述。2004 年，教育部在《关于推进社区教育工作的若干意见》就提出，要“构筑起社区居民全民学习、终身学习的平台。”2014 年，教育部等七部门《关于推进学习型城市建设的意见》把信息技术作为学习型城市建设的 7 项主要任务之一，提出要“将促进全民终身学习纳入城市信息化建设”，要“加强终身学习网站、数字图书馆、数字文化馆等公共学习服务平台建设”，要“降低在线学习成本，优化数字学习环境”。2016 年，教育部等九部门《关于进一步推进社区教育发展的意见》将“推进社区教育信息化”作为社区教育发展的 16 项主要任务之一，提出在社区教育中要“充分运用现代信息技术手段，创新服务模式”；要结合实施“宽带中国”战略和“互联网＋城市”“互联网＋科普”计划，充分利用现代远程教育体系，结合或依托社区公共服务综合信息平台建设，建立覆盖城乡、开放便捷的社区数字化学习公共服务平台及体系；要运用各种手段，为市民提供形式多样的学习支持服务。

3. 平台资源

关于社区教育信息平台和资源建设，2017 年，“成都社区教育 O2O 平台”建设运维市场调研组选取了 33 个省级城市的社区教育平台和资源进行了调研。结果，门户网站、微信平台、移动 APP 和微博平台进行统计情况为：33 个城市均建设了门户网站，占比 100％；16 个城市建立了微信公众号，占比 48.5％；移动 APP 和微博相对较少，分别只有 7 个城市和 6 个城市，分别占比 21.2％和 18.2％。这表明，目前社区教育平台主要以门户网站为主，公众号也广受欢迎。资源总数在 10 000 个以上的城市 6 个，占 18.2％；1 000～10 000 之间的 15 个，占比 45.5％；1 000 以下的 10 个，占比 30.3％；还有三个城市资源在 1 000 个以下。目前，自建、共建、购买仍然是资源建设的主要方式，其中，地域特色资源自建较多，同时共建也在不断加强。为推动社区教育平台和资源共享，2017 年 11 月，中国成人教育协会终身教育与学习研究中心、教育部社区教育研究培训中心、国家数字化学习资源中心联合发起成立“全国社区教育数字化学习联盟”，旨在充分发挥各自优势，形成合力，大范围、大规模整合社区教育资源，推进信息技术与社区教育的深度融合。

4. 学习方式

探索社区数字化学习方式，是平台和资源转化为市民学习所得的重要一环，关键是学习方式如何适应学习者的需求。近年来，各地进行了多方面的尝试，形成了一些比较成熟的学习方式，而且探索一直都在进行中。首先是基于资源的学习，就是学习者通过网上的各种资源进行自主学习、集中学习、讨论学习等，目前各地区建设的学习网站平台、移动平台等，都可以满足市民这类学习需求；其次是基于课堂的远程学习，就是学习者通过网络直播等系统随时、随地实时参与学习与互动，形式灵活、学习方便；第三是基于网络的体验学习，就是通过网上操作、情境模拟等环节开展学习，基于网上实践提高认知，具有很强的学习体验感；第四是混合式学习，就是把数字化学习与传统学习进行组合，形成互补，发挥不同学习方法各自的优势并弥补相互不足，比如，数字化学习与课堂学习组合、网上学习与网下体验组合等。探索社区数字化学习方式是一个长期研究的课题，学习方式目前还很不成熟。

（二）社区教育信息化研究动态

1. 文献分析

社区教育信息化研究是随着社区教育发展而逐渐展开的，同时也与国家社区教育发展政策相关联。如果以 1998—2017 年 20 年间社区教育信息化公开发表的文献作为样本进行分析，能够比较客观地反映社区教育信息化发展的实际。设知网检索条件为：（主题＝社区教育 或者 题名＝社区教育）并且（主题＝信息化 或者 题名＝信息化）（模糊匹配），数据库：文献，跨库检索，检索到 1998—2017 年 20 年间文献总数为 305 篇（见图 1）。

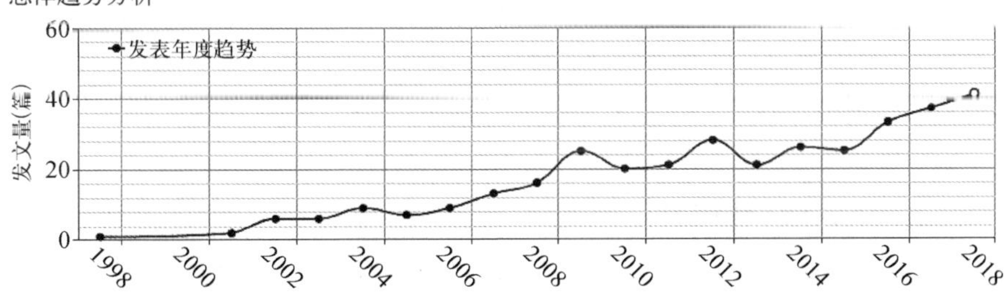

图 1　1998—2017 年社区教育信息化发表文献总体趋势分析（单位：篇）

图 1 表明，社区教育信息化文献在 2000 年以前数量很少，2002 年起离开底部，以后逐年缓慢增长，直到 2008 年开始增速加快，2015—2017 年加速增长，到 2017 年达到最高 37 篇。据统计，2008—2017 年近 10 年间共发表文献 253 篇（表 2），占 20 年文献总数的 82.85％。

表 2　近十年社区教育与信息化发表文献统计表（单位：篇）

2008 年	2009 年	2010 年	2011 年	2012 年	2013 年	2014 年	2015 年	2016 年	2017 年	总计
16	25	20	21	28	21	26	25	33	37	253

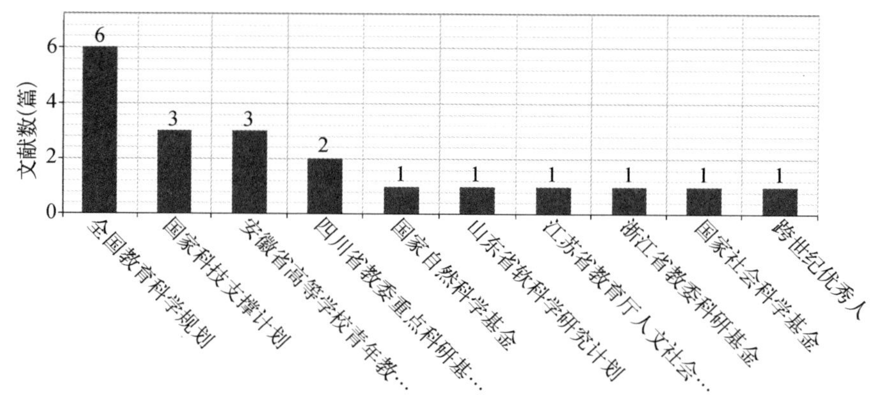

图 2　2015—2016 年社区教育与信息化研究基金项目

图 2 所示是文献基金项目的分析，其中，全国教育科学规划 6 项，国家科技支撑计划 3 项，国家自然科学基金 1 项，国家社会科学基金 1 项，跨世纪优秀人才培养计划 1 项，安徽省高等学校青年教师科研资助 3 项，四川省教委重点科研基金 2 项，山东省软科学研究计划 1 项，江苏省教育厅人文社会科学研究基金 1 项，浙江省教委科研基金 1 项，共 20 项，占 20 年文献总数的 6.6%。总体来看，社区教育信息化的基金项目还是处于很低的水平，这与目前的客观情况是一致的，社区教育及社区教育信息化项目申报不多、立项很难，这也是不争的事实。

2. *研究方向*

近年来，社区教育信息化的研究方向主要围绕：一是关于“社区教育信息化发展”研究，代表作有《社区教育信息化过程中的问题及对策分析》(程秀丽、戴心来，2008)，《社区教育信息化服务质量评价指标体系研究——基于 SERVQUAL 评价模型的视角》(胡水星，2015)；二是关于“社区数字化学习”研究，代表作有《推进社区数字化学习惠民工程的实践与思考》(陈乃林，2012)，《论我国社区数字化学习的形成与发展》(宋亦芳，2013)；三是关于“互联网下的社区教育”研究，代表作有《基于“互联网+”的社区教育发展策略研究》(范华、李新华，2017)，《“互联网+”时代网络社区教育发展策略研究》(刘彦，2017)；四是关于“数字化学习平台和资源”研究，代表作有《构建社区教育数字化学习资源建设、整合、共享机制研究》(王文琳，2015)，《社区教育数字化学习平台建设和资源共享研究》(韦书令,2017)。其他还有关于“数字化学习方式”“体验学习”“移动学习”“虚拟学习社区”“新媒体”“互联网下的老年教育”等方面的研究。分析可见,社区教育信息化研究主要还是围绕现实展开,以实践问题为主,以基本问题为主,理论性、系统性还很不够。

3. 研讨活动

近年来,围绕社区教育信息化的研讨活动,随着社区教育信息化的逐步推进而展开,并且以民间研讨为主。2008年,中成协社区教育专业委员会在天津召开数字化学习先行区标准研讨会,从而拉开了全国数字化学习先行区推进工作的序幕,并于2009年5月下发《关于推进全国数字化学习社区建设的意见》及《数字化学习先行区建设基本标准(试行)》。为规范先行区工作,专业会进行立项研究,形成《全国数字化学习社区建设指导手册》《全国社区数字化学习资源建设技术规范》《全国社区数字化学习平台建设技术标准》研究成果,并于2013年7月慈溪会议下发。2015年11月,中成协终身教育与学习研究中心等单位,在上海长宁举行“新视野新探索——社区教育数字化学习研究论坛”,围绕新时期互联网、智慧教育等问题拓展视野,围绕数字化学习平台和资源建设、学习方式、学习评价等议题交流探讨。2017年11月,中成协批准成立“全国社区教育数字化学习联盟”,并在深圳宝安举行“全国社区教育数字化学习联盟成立大会暨学术研讨会”,实现了全国社区教育系统的大协作。

(三) 社区教育信息化研究成果

1. 社区数字化学习理论研究

从学理上分析,社区数字化学习属于数字化学习的下位概念,是教育信息化的重要课题。近年来,通过不断研究,并结合社区教育理论,各方面获得了比较一致的观点。华东师范大学教授叶忠海认为,社区教育应着重研究社区数字化学习,他指出,“社区数字化学习,是以现实社区居民学习需求为导向,通过社区学习信息网络形态作为中介的一种学习方式。这种学习方式,具有社区人本主义取向”。[13]全国社区教育专业委员会理事长陈乃林强调,社区数字化学习是有别于传统学习的一种方式,指的是数字化与学习之间的关系,重在阐述数字化这种技术、手段,在学习进程中的地位与作用,以及和社区教育的联系。[14]笔者通过研究认为，社区数字化学习是指在社区中市民以数字化的方式进行自主学习、协作学习的一种学习过程，基本涵义包括：第一，社区是指一定地域范围内的市民所组成的生活学习共同体；第二，学习者是学习的主体，主导了数字化学习的过程；第三，学习手段是以信息技术为载体和平台；第四，学习的性质具有个体性行为和社会性行为的双重属性，学习的目的是使个体身心获得愉悦和发展。[15]

2. 数字化学习港研究

该项目是原中央广播电视大学牵头的教育部教改项目，2006 年 6 月启动，2008 年 4 月通过结题验收。项目选择了 7 个基层单位建设示范性学习中心，其中乡镇型学习中心 2 个——宁波北仑区小港街道和北京平谷区镇罗营镇；社区型学习中心 3 个——天津南开区欣苑小区、广州海珠区南华西街和西安碑林区三学街；企业型学习中心 2 个——深圳 TCL 集团和山东胜利油田。项目在调研基础上，开展了学习模式、服务模式、管理模式与运行机制等方面的探索，研究成果包括：从理论上深化了“数字化学习港”的内涵并形成基本框架，初步构建了“数字化学习港”的学习模式和服务模式，形成了“数字化学习港”的管理模式和运行机制，初步完成了“数字化学习港”支撑平台的总体架构，探索出了“数字化学习港”的质量监管内容、流程和模式，获得了资源共享初步经验。[16]该项目的学习支持服务模式，对社区教育信息化发展具有借鉴意义。

3. 城市智慧学习环境指数研究

该项目由北京师范大学智慧学习研究院负责研究，2015 年研究院发布《2015 中国智慧学习环境白皮书》，提出了以“市民宜居体验”和“城市创新活力”为内容的智慧城市“双核心”理论，该理论认为，“智慧学习的发展对城市创新活力起到文化引领的作用，智慧学习对市民宜居体验起到科技支撑作用。”[17]研究院制定的“城市智慧学习环境指数”测评框架指出，城市智慧学习环境是城市学习型社会的重要载体，“城市智慧学习环境指数”设立三个一级指标，即城市创新发展环境、场域智慧学习环境和市民智慧学习体验，其中“城市创新发展环境”选取城市科技研发能力、城市人才发展能力和城市政府重视度为 3 个二级指标，“场域智慧学习环境”选取学校学习环境、家庭学习环境、社区学习环境、单位学习环境和场馆学习环境为 5 个二级指标，“市民智慧学习体验”选取学习投入、学习方式和学习成效为3个二级指标。依据这一测评指标体系，2016年，研究院发布《中国城市智慧学习环境指数报告(2016)》。这项研究成果，对于城市社区教育信息化发展具有重要的指导意义。

三、思考：社区教育信息化研究取向

面对教育信息化2.0时代的到来，如何顺应智能环境下教育信息化新的跨越，这是包括社区教育工作者在内的所有教育人面临的思考。从信息技术在教学和管理的普遍应用，到云端一体化应用，直至智能化应用，探索建立新的教与学关系，利用大资源进行学习，研究教育科学的基本规律等，成为迈向教育信息化2.0的新课题。在此，重点思考三个关注。

(一) 关注社区教育信息化发展中的难点

1. 社区教育信息化在教育信息化研究中存在缺位

通过20多年的研究，教育信息化既形成了成熟的教育技术理论和丰硕的研究成果，也出现了许多具有学术领导力和学科专长的代表人物。但是，学术界在关注高等教育、基础教育、职业教育以及行业教育信息化的同时，基本没有关注到社区教育信息化这一领域，从专业设置、研究课题、研究论文中可见一斑。这既可能是社区教育的社会影响力不大，也可能是人们对社区教育是不是需要信息化存在不同看法所导致的。《教育信息化2.0行动计划》指出，要"构建网络化、数字化、智能化、个性化、终身化的教育体系，建设人人皆学、处处能学、时时可学的学习型社会"，早在2012年，教育部发布的《教育信息化十年发展规划(2011—2020年)》就指出，要"基本建成人人可享有优质教育资源的信息化学习环境"，信息化关注的是人和人的终身学习，正如学者指出的，这是教育信息化面临的"助力于构建学习型社会的挑战"。[18]因此，不管是出于何种原因，社区教育信息化是教育信息化不可或缺的重要组成部分。

2. 社区教育信息化研究水平整体不高

综合前面的回顾可知，社区教育信息化发展与其他领域相比，不管是硬件、软件还是人力资源，整体上存在较大的发展水平差异，在很多地区社区教育信息化完全没有得到重视。就研究角度来看，虽然人类社会已经步入智能化时代，但社区教育信息化研究还只是刚刚起步，研究能力、研究成果与其他领域相比相差甚远，跷跷板效应极其明显。因此，在教育信息化进入 2.0 时代的背景下，社区教育信息化如何跟上 2.0 的步伐，需要社区教育工作者认真思考，但无需悲观。一要学会借力，就是搭载教育信息化的顺风快车，借助教育信息化的人力资源和研究成果发展自己；二要学会穿越，就是充分运用当今社会最新技术，实现跨越式发展。推进社区教育信息化，社区教育工作者需要具备这样的认识水平和能力。

3. 社区教育信息化具有自身的特点

所谓社区教育信息化的自身特点，主要是与其他教育相比而言。首先，提供信息化服务的主体具有多元性。在普通教育中，主体主要是学校或相应的教育机构，而社区并不是一所封闭的学校，参加服务的主体可以是学校、也可以是政府或其他区域教育机构，在整合资源的理念下，这种服务主体是多元化的。其次，参与学习的社区市民在年龄结构、学历层次、能力水平、学习需求、学习内容等方面存在一定差异，就是社区中的老年人，差异性也是很大的，这是学校不可比拟的。还有，在社区中运用信息技术开展学习的方式更加灵活、多样，市民学习出于自愿，更加追求学习的体验感、有乐性，相比而言，学校的学习方式一般不会变化过多。

（二）关注基于互联网的教育服务新途径

1. 既突出便捷的理念，又彰显服务的多元化

面对社区学员在各方面差异，社区教育信息化平台服务一方面要突出便捷的理念，主要体现在界面友好、布局合理、多维服务、智能度高等方面，尤其是在技术要求和智能化程度较高的情况下，操作需越简单，使平台具有步骤清晰、易于操作的特点。另一方面也要提供多元化的服务，满足学员多样化的、个性化的学习需求。例如，提供个性的支持服务，使学习者可以按照自己的时间，安排合理的学习计划，并可根据随时产生的学习需求，获取网上的学习资源；利用微信、QQ 等新的交流工

具，提供更为丰富的交互手段，增强即时通信的同步交互功能。

2. 既注重技术环境支持，又考虑人文环境因素

良好的学习环境既需要技术环境支持，也需要人文环境支持。一是从技术上，为学习支持提供多种多样的学习的网络和终端设备的硬件设施、软件系统及技术条件支持等。例如，使用国际领先的技术（如SAAS）技术保证平台的稳定性和先进性。二是从文化上，营造有利于开展交互的平等、自由、宽松的学习氛围，帮助学习者扫除心理上的障碍。例如，在交互中教师要特别注意情感因素的运用，多采用鼓励性的话语，少采用批评的言语，并且能根据不同学习者提出不同的学习建议，使学习者的学习态度积极向上，获得积极的情感体验。

3. 既提供学习资源支持，又兼具学习辅助功能

为学习者提供适宜的学习资源支持的同时，也不能忽视对资源应用相关技能的培养。一是突出资源的共享、适用和综合性。注意搜集相同或相近主题的各类学习资源，根据学习者的特点和需求适当加以改造和利用，为学习者提供高质的、适用的、整合的学习资源，并能使学习资源在更大的范围内能共享、共用。二是加强数字化学习技能的培训。除了为学员提供丰富、优质、适用的学习资源外，还要为其提供一些社区数字化学习技能培训，辅助他们应用学习资源，帮助他们提高数字化学习的能力。

（三）关注基于新技术的教与学的新模式

1. 体现教学的动态开放性

动态开放性主要表现在“学习者为中心、技术开放和资源开放”三个方面。首先是坚持学习者为中心，就是对学习者的学习需求进行分析，通过分析学习者习惯的交互体验方式，研究学习者的兴趣爱好以及学习状态和态度，设计开发出满足学习者需求的优质学习资源。这种需求的调查和满足是长期的、实时的、动态的。其次是技术的开放性，即需要从多方面发挥技术的优势来促进学习者参与，提高学习的感受性。比如体验学习是利用虚拟技术对社会场景的营造和模拟，为学习者提供近乎真实的场景；移动技术是突破时空限制，让学习碎片化、移动化；云技术让多点远程资源共享互动成为现实；等等。还有是资源的开放性。数字化

学习资源建设需要大量经费、人力、资源、技术等方面的投入，因此需要进一步提高终身教育管理者和学习者的认识水平，加强信息技术、社会资源等多方面的整合，建立广泛的社会资源网络。

2. 加强学习者的主动意义建构

意义建构是学习过程的最终目标，在学习过程中，信息技术手段要能够帮助学习者建构意义，即对当前学习内容所反映的事物的性质、规律以及该事物与其他事物之间的内在联系达到较深刻的理解。在技术上，可以利用虚拟现实技术仿真或虚构情境，通过让学习者观察、操纵、建构其中的对象，使他们获得体验或有所发现。这既符合建构主义学习理论中关于“学习是一种真实情境的体验”的观点，又让学习者在学习中获得了真实、有乐、有趣的学习体验。

3. 促进学习效果智能放大

在人类社会进入高度智能化的时代，学习需要多感官刺激，多响应服务，不断激发学习者的动机，放大学习效果。首先是促进信息感觉化，就是“可视化”和“可听化”，它利用感知渠道信息处理特性来呈现数据。我们的教育服务要变换成为感知性的、空间性的和经验性的形式，这样抽象信息之间的关系才能更好地被感觉和了解。VR、3D 等新技术的引入，为更好地提供一个拥有物理世界中所有感知特点的环境提供了技术支撑和实现可能。其次是引导学习者与环境互动，信息技术服务要与学习者学习目标紧密相关，同时要联系学习者生活实践，引起学习者注意，充分引导学习者通过与学习环境的互动，获得感受、领悟、情感和意义。还有是实现立体交互，包括学习者与虚拟环境的交互和与虚拟人的交互，内容上涵盖反馈的及时性、参与者的控制权、交互性交流、角色扮演等。我们需要研究，如何运用网络这个交互平台，满足学习者对获得人际支持、得到鼓励和支撑的需求。

【参考文献】

[1] 何克抗. 我国教育信息化理论研究新进展[J]. 中国电化教育，2011(1)：1-19.
[2] 王媛媛，何高大. 美国《国家教育技术计划》的创新及其启示：基于五轮(1996—2016)教育技术发展规划的比较与分析[J]. 远程教育杂志，2016(2)：11-18.
[3] 王瑞香. 英国教育信息化的特点论析[J]. 外国教育研究，2006(12)：73-76.

[4] 王玉珊. 日本教育信息化发展及其启示[N]. 东北财经大学学报,2012(3)：83-86.
[5] 阳燚. 从美国国家教育技术标准的变迁看教育技术应用重心：面向学生的教育技术标准(NETS・S)[J]. 中国信息技术教育,2009(21)：88-91.
[6] 何克抗. e-Learning 的本质：信息技术与学科课程的整合[J]. 电化教育研究,2002(1)：3-6.
[7] 李克东. 数字化学习(下)：信息技术与课程整合的核心[J]. 电化教育研究,2001(9)：18-22.
[8] 钟志贤,张琦. 我国教育信息化发展历程回眸[J]. 中国教育信息化,2007(6)：8-11.
[9] 李克东. 数字化学习(上)：信息技术与课程整合的核心[J]. 电化教育研究,2001(8)：46-49.
[10] 雷朝滋. 教育信息化：从 1.0 走向 2.0：新时代我国教育信息化发展的走向与思路[N]. 华东师范大学学报(教育科学版),2018(1)：98-103,164.
[11] 程秀丽,戴心来. 社区教育信息化过程中的问题及对策分析[J]. 现代远程教育研究,2008(1)：22-24,70.
[12] 曾海军,范新民. 基于数字化学习港构建数字化学习支持服务体系[J]. 中国电化教育,2007(3)：23-27.
[13] 叶忠海. 关注数字化学习社区建设：终身教育专家各抒己见[J]. 成才与就业,2010(21)：28-30.
[14] 陈乃林. 推进社区数字化学习惠民工程的实践与思考[N]. 江苏广播电视大学学报,2012(3)：22-26.
[15] 宋亦芳. 论我国社区数字化学习的形成与发展[J]. 职教论坛,2013(9)：60-65.
[16] 严冰. "数字化学习港"教改项目的实践探索与理论研究[J]. 中国远程教育,2008(4)：22-27.
[17] 刘德建,唐斯斯,庄榕霞,焦艳丽,谢春荣,黄荣怀. 城市智慧学习环境指数研究[J]. 开放教育研究,2016(5)：22-33.
[18] 黄桂晶,黄荣怀,张进宝,江新. 我国教育信息化发展的三大趋势[J]. 教育发展研究,2007(10A)：13-17.

[本文作者为全国教育科学"十三五"规划 2017 年度教育部重点课题"城市社区教育信息化发展指数研究"(课题批准号 DKA170406)主持人宋亦芳,作者为上海市长宁区业余大学、区社区学院教授]

社区教育中市民学习方式的内涵与转变探析

丁海珍　张华亮　董梦飞

《中国教育现代化2035》的发布对我国实现教育现代化发展做出了战略性规划，在发展目标中明确提出要“建成服务全民终身学习的现代教育体系”，将现代化推进目标更加坚定明确地指向了终身教育与学习型社会建设。20世纪60年代中期以来，在联合国教科文组织及其他相关国际机构的大力提倡、推广和普及下，终身教育作为一个极其重要的教育理念，在全世界范围内传播开来。经过几十年的推进，终身教育在理论向实践转化的过程中不断发展。社区教育作为终身教育体系的重要组成部分，教育对象是市民。在新时代构建服务全民终身学习的教育体系的要求下，完善的社区教育服务应重点研究满足市民多样化、个性化学习需求的多元学习方式，并在此基础上着力为市民提供精准有效的学习资源、泛在平等的学习机会。

一、社区教育中市民学习方式的基本内涵

注重学习方式的研究，就是从学习者出发注重“学”的研究。目前，国内对社区市民学习方式的研究并不充分，从文献研究的结果来看，研究者更多的是从一般意义上，对学习方式进行分析。从教育学的角度出发，对学习方式的研究有的从中小学生出发、有的聚焦成人，但从社区教育出发的研究凤毛麟角。且近期随着信息技术、新媒体的兴起，基于网络、数字化对学习方式的探究越来越多，还有的则聚焦学习方式的转变。这些研究在一定程度上，为社区市民学习方式的内涵界定提供了参考和依据。

学习方式最常见的英文表达为 Learning Style,最早由美国学者哈伯特·塞伦提出[1],是现代教育理论研究中的一个重要概念。随着研究的不断深入,国内外学术界对学习方式的界定众说纷纭,并没有形成统一的观点。美国纽约圣·约翰大学的邓恩夫妇对学习方式的研究产生于个别化教学研究的热潮之中,邓恩从学生的学习风格入手,总结出影响学生学习风格的 4 类 18 种因素,并以此为依据设计教学情景适应学生的学习风格。[2]美国中学校长联合会主席凯夫以信息加工模式为理论基础,将学习方式定义为:"学习者特有的认知、情感和心理行为方式,它作为相对稳定的标志,反映学习者如何知觉、如何与学习环境相互作用并作出相应反应。"[3]我国台湾教育心理学家张春兴将学习方式定义为:"学习方式是指学生在变化不居的环境中从事学习活动时,经由其知觉、记忆、思维等历程,在外显行为上表现出带有认知、情意、生理三种性质的习惯性特征。"[4]我国学者陈琦提出:"学习方式简单讲就是人们在学习时所具有的或偏爱的方式,是学习者在研究解决其学习任务时所表现出来的有个人特色的方式。"[5]通过分析国内外学者对学习方式的定义可以看出,大多数研究者对学习方式的研究聚焦于心理学和教育学两个角度。学习方式不仅包含具体的学习策略和方法,更体现了学习者在学习过程中的基本行为、思维方式和认知取向。

结合学界对学习方式的界定以及相关文献分析,根据社区教育中市民学习的特点,本研究尝试对社区教育中市民学习方式的内涵进行界定:市民学习方式是作为学习者的市民,在学习过程中表现出的基本行为和认知的取向,是学习者在学习的自主性、探究性和合作性方面的基本特征,以及反映学习者主体、学习内容客体、介体之间相互作用的方式和方法。

二、市民学习方式的现状及转变调研

本研究以上海市为例展开了市民学习方式的调查研究,共收集到全市各区提交的市民学习方式(学习形式与学习项目等)有效信息 210 余条。通过对数据的分类、梳理,进而形成市民学习方式汇总表。从整体上看,各区市民的学习方式各具特色,如长宁区的云视课堂在线互动学习、奉贤区神仙酒厂学习点团队学习、车间大课堂；嘉定区的家庭手工作坊、汽车城文化实践基地；金山区白玉兰学知社、友好居民区周三市民读书班；杨浦区复旦大学博士生讲团进社区、睦邻中心(百姓会所)；徐汇区安亭“夕阳红”学习组等，其中，徐汇区、闸北区、金山区、奉贤区、长宁区等地的市民学习方式格外丰富。

在此基础上，结合目前与学习方式有关的理论研究成果，可将已征集到的市民学习方式事例进行概念化整理，从内涵、特点以及学习者行为特点等方面出发，将学习方式进行内涵界定，主要归纳为课程(堂)式、讲座式、沙龙式、网络式、移动式、情境式、游学式、亲子式、感悟式、协作式、团队式、自助式、活动式、体验式和自助式 16 种学习方式(表 1)。通过对市民学习方式的调查研究可以发现，市民的学习方式一直处在创造和发展中。现阶段市民的学习方式在不断调整：或结合先进的网络技术、或以实用性目的为依据、或创造性的利用活动场地，这些都体现出市民学习方式的变化现实。尽管市民作为极具创造力的群体，可以能动的调整学习方式，但社区教育作为为市民学习提供支持和服务的主体，理应用更长远的视野看待市民学习方式的变化，深入挖掘学习方式变化背后的多层因素，以便更好地完善社区教育服务。

表 1　上海市市民学习方式内涵及特点

方　式	内　　涵	特　　点
1. 课程(堂)式	是指学习者根据自身需要或者兴趣，在社区教育场所，自主选取课程并到固定的学习场所，进行连续性课程学习的学习方式。	班级授课形式是由专业教师组织教学、选取适当教学方法、按照固定时间授课，学习者参与课堂互动。
2. 讲座式	是指由专家、学者或者技术人员围绕某一主题开展的专题式讲授，学习者可根据自身兴趣需要参与学习，是一种不连续的随机学习方式。	以大型演讲为主要形式，时间集中，内容灵活多变，既可能是专业性强的学术内容，也可能是时政热点、文化休闲等方面的内容。
3. 沙龙式	是指学习者以共同兴趣、目标为基础，自发组成非正式学习组织，组织内成员定期开展学习和讨论活动，以获取知识的一种学习方式。	以成员自愿意愿为前提，组织形式较为松散，学习地点较为灵活(如：正式学习场所、休闲场所、网络)，人数相对较少。

续 表

方 式	内 涵	特 点
4. 网络式	是指学习者借助于网络通讯技术，获取网络资源，在线上进行交流学习、参与在线课程的一种学习方式。	以学员为中心，打破了时空限制，具有开放性、交互性、协作性、自主性等特点。
5. 移动式	是指学习者在数字化学习的基础上，在移动智能设备的帮助下，借助移动通讯技术进行学习的一种学习方式。	进一步解放了对学习者学习的限制，拓展了学习的时空边界，具有更大的灵活性。
6. 模拟式	是指学习者在教师的指导下，将现实情境微缩至课堂或在教师创设的情境中扮演某一角色，并运用专门道具模拟现实情境进行学习的一种学习方式。	创设一种高度仿真的教学环境，教学具有极强的互动性、认知性和趣味性。
7. 养教式	是指老年学习者在养老场所参与学习的一种学习方式。	内容聚焦于健康养生、生活休闲和兴趣爱好等方面，学习场所一般安排在学习者的日常起居场所附近。
8. 游学式	是指学习者离开自己熟悉的环境，切身参与到全新的环境中进行学习和游历，通过真实感受、进行文化交流进行学习的一种学习方式。	这类学习具有潜移默化、在体验中学习的特点。将学习与体验的结合，加深学习者对学习内容的认知和理解。
9. 亲子式	是指学习主体结合儿女或者孙辈的教育需要，与他们一起参与学习的一种学习方式。	既能满足了学习主体的教育需要，又将其他家族成员纳入到学习过程中来，娱乐、交流、互动性强。
10. 感悟式	是指学习者通过参观、游览名胜古迹、学习先进人物事迹，受到学习对象的精神思想启发感染，进而在思想、知识上有所提升的一种学习方式。	学习内容主要以优秀文化、先进人物和历史事迹等为主，以学习者自身的所见、所闻、所思、所感作为教育手段。
11. 协作式	是指学习者以集体的形式参与学习活动、为达到共同的学习目标，彼此资源共享、互助合作的一种学习方式。	以实现共同目标为前提，学习者之间双向互动、资源共享、互利合作。
12. 团队式	是指学习者在灵魂人物的带领下，团队成员相互配合、相互交流、彼此学习、共同进步的一种集体性学习方式。	一般有固定的团队名称和发起人，组织形式较为灵活，以团队的形式进行活动、共同学习。
13. 自助式	是指学习者在学习过程中，自发组织和准备学习资源，自行设计学习方案、选择学习方法，不依赖外部力量的介入，依靠学习者自身组织、开展的一种的学习方式。	全程由学习者自主安排学习内容、方法、组织、开展、学习的目的比较明确、高度依赖学习者的自觉性。

续 表

方　式	内　　涵	特　　点
14. 活动式	是指学习者通过参加符合自身需求或者兴趣的各类文体休闲等活动，从中获得知识、技能或体验的一种学习方式。	以活动为载体，将参与过程中观察到的现象与自身知识背景相结合，是一种常见的市民学习方式。
15. 体验式	是指学习者在学习或实践活动过程中，通过反复观察、实践、练习、对情感、行为、事物的内省体察，最终认识和掌握抽象的知识，乃至形成特定的情感价值观念的一种学习方式。	学习过程被置于各种虚拟的或真实的语言情境之中，这种情境化学习，能够调动学习者的联想和参与度。
16. 自主式	是指以学习者作为学习的主体，通过学习者独立地分析、探索、实践、质疑、创造等方法来实现学习目标的一种学习方式。	自主学习强调学习的主体、学习活动、学习者个人相对独立性，学习者的自我控制、自我管理、自我评估是自主学习有效性的重要前提。

三、市民学习方式转变的动因分析

当今世界处于百年未有之大变局，社区教育中市民学习方式之所以发生转变，不仅仅是因为市民具有极强的主观能动性，更是受到以下三个方面因素的影响：从社会背景看，国家政策持续向前推进、社会大环境不断变化的情况下，社区教育响应政策引领、适时调整教育方针；从教育手段看，信息技术高速变革改变了传统的学习媒介，扭转了学习者受时间、地点等因素制约的局面；从学习对象看，市民作为社区教育的对象，其成员结构都受到老龄化、人口流入、国际化等因素的影响越来越复杂多元。

（一）相关政策的不断推进

自 20 世纪 60 年代，法国教育家保罗・朗格朗提出终身教育思想以来，终身教育就成为了现代教育的重要理念之一。1999 年 9 月，上海在教育工作会议上率先提出“建设学习型城市”的战略规划，这既是受终身教育思潮的影响，更是对上海翻天覆地的经济社会变革以及迅速增长的市民学习需求的回应[6]。在此基础上，进入 20 世纪以来，上海市终身教育建设经历了初期建设、逐步发展、日趋完善三个阶段。

2001 年，教育部正式开展社区教育实验，设立 8 个城区作为第一批全国社区教育试验区。同年 4 月，上海市发改委、市文明办、市民政局联合印发《关于加强本市社区教育工作的意见》文件。9 月，三部门进一步印发《上海市社区学校设置暂行规定》，对社区学校设置提出建设要求。这一时期，上海市开始探索社区学院、社区学校的建设和运行方式，尝试初步构建起一个终身教育体系的框架，建立覆盖全市的终身教育服务"天网地网"。社区学校、老年学校、成人学校、以及社会力量举办的各类培训机构的出现，逐渐为市民提供正式的、规范化的学习方式。

2006 年，上海市委、市政府颁布《关于推进上海学习型社会建设的指导意见》(沪委发[2006]2 号)，文件进一步指出，将完善终身教育体系作为建设学习型社会的基础。2007 年 4 月上海召开了推进学习型社会建设大会，大会提出到 2010 年，要初步建成"人人皆学、时时能学、处处可学"的学习型社会框架，构建既能提供学历教育，又能进行职业培训，还能开展休闲文化教育，多样化、多层次、可及、开放的终身教育系统。这一时期的终身教育建设逐步走出实验的藩篱，能够综合利用各界的教育资源，以多样的形式、丰富的内容，为市民提供更多学习途径，鼓励市民参与到终身学习中来。

2011 年《上海终身教育促进条例》颁布，研究制定"社区教育机构质量和管理标准、社区教育机构资质标准、从业人员资格和专业发展标准"，以此推动社区教育的制度化发展。2013 年上海首创"上海市民终身学习体验基地建设"，依托科技、文广、宣传等部门的优质公共文化和科技资源，创建"上海市民终身学习体验基地"，以此为目标，各区均为市民学习量身定制了突破学校围墙的多样的体验式、互动式的学习新平台。2017 年，杨浦、宝山、普陀三区启动"市民人文行走创新学习活动项目"，这是除了课堂、网络、体验等学习方式之外，所提倡的游走学习的学习新方式，这一学习方式尝试打破学科、空间、角色等限制，为市民优化了终身学习体验基地。这一时期的终身教育已经开始向专业化、制度化发展，并在已有学习方式的基础上进一步创新，更深入的促进市民的综合素质发展。

(二)信息技术的高速变革

当今社会是信息技术高速发展的社会,互联网技术、多媒体技术和虚拟仿真技术的出现,不仅改变了市民的生活方式,更促进了市民学习方式的变革。互联网为社区教育提供了更好的技术支持和开展平台,进而催生出以计算机、PC、手机等为载体的视频公开课、微课、慕课(MOOC)等多样化的学习模式;转变了市民的学习意识,使市民从学习的被动接受者变为积极行动者;将市民从课堂中、从时间空间中解放出来,使市民真正能够时时可学、处处可学。

首先,技术与教育的发展,使数字化学习成为可能。在通信、传播技术与教育结合的背景下,不仅基于 Internet 的数字化学习出现了[7],基于手机、平板等移动端开发出来的教育平台也出现了,当今市民手中拿的不再是报纸、杂志、书籍等纸媒体,取而代之的是手机、PC 等移动端上的电子媒体,学习资源在呈现、保存和获取的方式上都发生了巨大变化。TED、友邻优课、Coursera、薄荷阅读等一大批的线上公开课成为了人们便捷获取学习资源的平台,这些平台上的课程凭借着广泛的内容、生动的形式、便利的获取方式受到越来越多人的关注,使得通过网络课程进行学习、分享优质教育资源成为新的学习模式。

其次,数字化的学习方式更强调学习者主动学习、终身学习的态度,催生出崭新的学习理念及方法。新媒体带来的不仅是传统教育模式的改变,更造就了学习主体的转换。不断更新的信息和新鲜的事物,无时无刻不在刺激人们产生新的学习需求和兴趣,吸引人们参与到学习中去,让人们成为主动的学习者。此外,互联网促进了学习共同体的形成,让人们参与到互动、互传中来,没有人是学习的中心,任何人在获取更多资源的同时,都可以成为资源的提供者、传播者。

最后,数字化学习的出现改变了教育者与被教育者的时空观念。传统媒体时代,市民的学习场所固定在教室、办公室、家庭等较为固定的场所,而信息技术发展起来的新媒体时代,人们的学习不再拘泥于传统的、面对面的交流,而是借助互联网和多媒体技术,让学习场所从学校中扩展出来成为可能。比如,市民可以在咖啡厅、公园、住家、地铁公交等任何有网络的场所,通过手机、电脑等多种设备自由的查找学习资料、网络课程,通过语音、文字、图片、视频等方式与教师即时交流学习。与此同时，越来越多的市民不再依赖固定的时间学习，“有空就学”成为市民的普遍选择，他们可以依靠新媒体、利用自己的零碎时间整合利用后进行学习。

（三）市民结构的多元复杂

随着我国现代化、城市化进程的不断推进，我国政治、经济、社会保障等方方面面均实现了高速发展。上海作为超一线城市在各个方面都走在全国的最前列，正因如此，上海的制度结构、经济环境、舆论导向、文化特色都与其他城市存在一定差异，人口结构也更加多元复杂。

首先，由于医疗卫生保障职业的迅猛发展，我国人口平均寿命不断延长，加上“优生优育”、独生子女政策的影响，人口死亡率基本处于稳定状态，人口自然增长比率逐渐降低，市民结构中老年人口的比重迅猛增长，老龄化时代随之到来[8]。老年群体作为社会中的重要组成部分已经成为社区教育的重点关注对象。由于当今生活节奏快、竞争激烈，在参与终身学习的过程中，越来越多老年人囿于身体状况、知识水平、思想观念等多种因素的限制，逐渐对社区教育服务提出了特殊的要求。

其次，农业人口和外来务工人员的市民化，使得市民结构中的外来人口大幅增加。《国家新型城镇化规划(2014—2020 年)》指出要在 2020 年实现 1 亿左右农业转移人口和其他常住人口在城镇落户，[9]这一战略的提出直接导致了大量农业人口划入城市市民结构，也导致了农业人口的市民化。同时，自 20 世纪 90 年代以来，中国逐步形成了大规模的国内劳动力移民浪潮，2006 年达到 1.682 亿人[10]，因为城市化进程加快，大量外来务工人员作为城市建设者进入城市，作为市民在城市中工作生活。通过农转非和务工方式市民化的人口，在在行为方式、思想观念、角色身份上都带有自身的特性，如何帮助他们调整自身行为方式、社会交往方式、融入城市生活，也成为社区教育的重要内容。

最后，教育不仅是民族的更是世界的，随着经济的全球化，教育也必然会向国际化发展。随着中国与世界各国的交往日益密切，上海作为包容性、开放性极强国际性大都市，吸引了世界上各个国家的人才前来旅行、工作、学习和生活。例如，上海古北的虹泉路处在多个韩国人高度密集的小区之间，因此被称为“韩国街”[11]。这些来自世界各国的人不仅是上海国际化的标志，也切实改变了上海的市民结构，他们来到上海后产生了区别于本地人的、特殊的生活学习需求，社区教育在其中的作用就至关重要。长宁区古北路市民学习中心就专门对区域内的外国人开设了精品课程，满足他们在上海旅居、学习的过程中产生的需求。如何更好的为外国人提供教育服务，帮助他们融入社区，将永远是上海社区教育的重要议题。

四、市民学习方式转变的应对策略

《中国教育现代化 2035》提出要建成服务全民终身学习的现代教育体系，社区教育作为服务广大社区市民的重要载体，应积极应对市民学习方式的转变，形成现代化的支持服务内容，从而实现“让每一个学习者都能得到全面而有个性的发展、都能享有人生出彩机会”的目标。基于对目前市民学习方式转变的影响因素分析，本研究尝试提出初步的应对策略。

（一）转变传统观念，重构教育服务理念

有学者指出：“在某种意义上，教育理念是教育思想家乃至整个民族的教育价值取向的反映。”[12]从历史上看，权威主义以教育者为绝对权威、功利主义只以眼前利益为价值取向、精英主义则是只关注少数人的英才教育、科学主义则主张科学万能论，这些教育理念都存在一定的缺陷。实践证明，教育理念本身指向教育的“应然状态”而非“实然状态”，[13]如果教育理念不能顺应时代和人的发展规律，教育势必会附属于某种现实力量，而不能发挥其原有的作用。因此，社区教育作为教育系统中的一个组成部分，应摆脱传统教育方式的束缚，树立现代化的教育、学习理念，顺应教育发展趋势和学习者特点，将教育看作是连续的、发展的过程，将学习过程中的每一位学习者作为积极的、能动的主体；针对不同市民学习者的个性特点，应提供多样化的学习方式；在尊重和欣赏他们的个性的前提下，引导学习者树立正确的学习观念，鼓励学习者之间采取自主、合作、探究的方式开展教育活动；重视在社区教育中引入与实际情况相结合的体验式、情境式学习方式，让学习者在参与、体验中

感悟丰富的学习内容。

（二）加速信息技术融合，引领数字化学习创新变革

李克东将数字化学习定义为：学习者在数字化的环境中，用数字化学习资源，以数字化的方式进行学习的过程。[14]这就意味着，想要做好数字化学习支持服务，就要"铺好路、造好车、备好货、训好驾驶员"[15]，完善数字化学习服务体系建设。首先，推进社区教育信息化学习环境建设，整合政府、企事业单位、社会组织的力量参与社区教育信息化建设，创设完善的数字教育资源共建共享机制，实现终身学习数字资源泛在可选；其次，进一步优化"平台＋教育"的服务模式，在整合终身教育平台数据搜集、资源管理、信息公布、教学互动等功能的同时，丰富创新社区教育服务内容，实现平台内涵化建设；其三，深化教育治理方式变革，通过统一数据传输、收集标准，建立覆盖全市的社区教育公共数据库，实现上海市各级各类平台、学校学员学习数据的共享和使用。依托对社区学员学习情况的大数据分析，数据驱动、量身定制，为市民学员构建学习者画像。最后，提升社区教育队伍信息化水平，打造经验丰富、素质过硬的信息化支持队伍，督促引导社区教育各项工作落到实处、打造数字化学习品牌项目，以评促建，树立标杆，推进社区教育信息化建设遍地开花。

（三）扩大参与主体，汇聚多样化学习资源

我国社区教育的执行主体，主要由各级政府和专门的主管教育机构组成。[16]这样的体制意味着实施社区教育实施主体单一、垄断，无法提供多样化的学习资源，不符合市民学习需求多样化现状。想要实现社区多元治理，需要吸引多元主体参与到社区教育中来。首先，社区教育师资队伍的建设对社区教育办学质量的提高、规模的扩大、发展的速度至关重要[17]，应该在提升社区教育专职教师专业素养的同时，充分吸收教育机构、普教系统的优秀教师作为兼职教师，加入社区教育队伍，组建一批专业的师资力量。其次，应该从政策上动员和鼓励社会力量加入社区教育，通过整合社会上的教育机构、文化场馆、艺术中心等力量，扩大社区教育影响力、丰富社区教育实施主体。其三，应该组织社区居民直接参与社区教育服务，由居民的需求为引导，发挥社区教育的主动性和灵

活性，深入挖掘社区内现有的教育文化资源，发挥社区居民的独有作用。只有这样才能形成“多方合力、双向驱动”的社区教育模式，以合作、协商、联盟的方式共享资源，满足市民多样化学习需求。

（四）划分市民结构，实施精准支持服务

2013 年 7 月，国务院办公厅转发了教育部、发展改革委等八部门联合发布的《关于实施教育扶贫工程意见的通知》。后来，随着我国长期扶贫开发实践的不断开展，实践经验表明教育扶贫应向精准扶贫转变，应结合具体原因、从扶贫对象的具体情况出发，采取针对性扶持措施和手段[18]。目前，由于人口老龄化问题越来越明显、市民化进程逐步推进，市民的构成变得越来越多元，无区别的教育投入没有针对市民的实际需求，与教育对象不适配，这种教育投入通常导致教育措施流于形式，教育效果大打折扣，最终降低社区教育的效果。因此，针对个性化越来越突出的市民需求，社区教育应在摸清市民真实情况的基础上，面对不同需求，有针对性的实施精准教育投入。例如，面对老龄化人口提供“寓教于乐”、以丰富生活为主增长知识为辅的“知无涯”教育；针对投入工作后仍想提高自身知识水平的成人，提供专业成人教育；面对外来务工人员，提供城市生活适应指导、社交行为教育等。

参考文献：

[1] 杨九俊，吴永军. 学习方式的变革[M]. 南京：江苏教育出版社，2006：31.
[2] 黄志成，程晋宽. 美国个别化教学新模式——邓恩对学生学习风格的研究及其教学设计[J]. 外国教育资料，1993(03)：1－9＋81.
[3] NASSP. Student Learning Styles Diagnosing and Prescribing Programs, 1979：4.
[4] 张春兴. 教育心理学：三化取向的理论与实践[M]. 杭州：浙江教育出版社，1998：13.
[5] 陈请，刘儒德. 当代教育心理学[M]. 北京：北京师范大学出版社，1997：278.
[6] 李珺. 改革开放四十年上海成人教育的发展脉络、特点及未来趋势展望[J]. 高等继续教育学报，2018，31 (03)：15－20.
[7] 叶成林，徐福荫，许骏. 移动学习研究综述[J]. 电化教育研究，2004(03)：12－19.
[8] 杨宜勇，杨亚哲. 论我国居家养老服务体系的发展[J]. 中共中央党校学报，2011，15(05)：94－98.

[9] 王伟同,魏胜广. 多维人口结构变动的交互经济影响——基于老龄化、城镇化和市民化视角的考察[J]. 财经问题研究,2016(02): 84 - 90.

[10] 黄宗智. 中国被忽视的非正规经济: 现实与理论[J]. 开放时代,2009(02).

[11] 俞玮奇,王婷婷,孙亚楠. 国际化大都市外侨聚居区的多语景观实态——以北京望京和上海古北为例[J]. 语言文字应用,2016(01): 36 - 44.

[12] 朱永新. 中国古代教育理念之贡献与局限[J]. 教育研究,1998(10).

[13] 韩延明. 理念、教育理念及大学理念探析[J]. 教育研究,2003(09): 50 - 56.

[14] 李克东. 数字化学习(上)——信息技术与课程整合的核心[J]. 电化教育研究,2001(08): 46 - 49.

[15] 何克抗. 我国教育信息化理论研究新进展[J]. 中国电化教育,2011(01): 1.

[16] 唐克,侯嘉茵. 社区教育政策执行多元主体利益博弈及其均衡调整[J]. 现代远距离教育,2017(01): 29 - 35.

[17] 王琪. 社区教育师资队伍的多维建构[J]. 继续教育研究,2015(11): 52 - 54.

[18] 沈芳. 职业教育服务于精准扶贫的路径探索[J]. 高等职业教育探索,2017,16(05): 6 - 10.

（本文为 2017 年度上海市教育科学研究项目“基于学习方式的社区教育支持服务研究”,课题批准号 C17055 的阶段性成果,主持人: 丁海珍。本文作者为: 丁海珍,女,副教授,华东师范大学教师教育学院 2018 级教育博士,上海市长宁区业余大学、上海市长宁区社区学院、上海开放大学航空运输学院副院长、长宁区终身教育指导服务中心主任。张华亮,男,讲师,上海市长宁区业余大学、上海市长宁区社区学院、上海开放大学航空运输学院社区教育指导中心主任。董梦飞,女,上海市长宁区业余大学、上海市长宁区社区学院、上海开放大学航空运输学院社区教育指导中心教师。）

云视课堂教学模式下"教"与"学"的省思

袁海燕

一、引言

2012年国家教育部发布的《教育信息化十年发展规划(2011—2020年)》中明确提出建设国家教育云基础平台的构想,云视课堂也日渐成为社区教育信息化的重要组成部分。2018年4月,教育部印发了《教育信息化2.0行动计划》,文件中提出,人工智能、大数据、区块链等技术迅猛发展,将深刻改变人才需求和教育形态。智能环境不仅改变了教与学的方式,而且已经开始深入影响到教育的理念、文化和生态。长宁区自2016年开始尝试探索云视课堂建设,从最初选取2～3个社区学校试点到深入长宁区各街镇社区学校;从上海市终身教育数字化学习协作组的社区教育云视课堂先行区再到实现上海市社区教育云视课堂全覆盖以及在外省市推广使用云视课堂,形成了一定的影响力,云视课堂呈现出快速发展的态势。

何为云视课堂?云视课堂是基于互联网,采用云技术,融入信息化教学手段的创新课堂,具备"一对多、无中心、可移动、云存储"特点的新型教学载体,是"学在数字长宁"体系与信息技术结合实现深化发展的新探索。其不同于直播课堂和在线学习,着重解决实体课堂教学受众有限,学习者单向点播收看课堂教学实录视频时缺乏参与感、缺乏教学互动的限制,实现实时可"视"的互动教学,强调该技术应用的便捷、适用、稳定与利于推广。

二、云视课堂教学模式下"教"与"学"的优势

相对于以课堂中教师讲授为主的传统教学模式以及通过网络平台

在线学习的网络教学模式，云视课堂教学模式具有显著优势。

（一）提供优质资源的共享

云视课堂作为一种新型的数字化学习模式，充分利用互联网技术，有效解决了教育优质资源供不应求的问题，让更多的学习者能够享有优质的学习资源；通过开发在线即时互动功能，解决了原有的在线学习难以实时互动的缺陷，增强了在线课程的趣味性和吸引力，提升了学习的效果。云视课堂基于云服务器搭建在线课堂，无论是有组织的学习点，还是随处所在的学员，都可以通过智能设备连入，即时收看，并与教师实时互动，让更多的学员轻松便利地享受到优质的学习资源，实现网络教学在时空上的多点实时分享，缓解了社区教育优质教学资源短缺与市民不断增长的终身学习需求之间的矛盾。实践证明，这种“互联网＋”的教学模式可以推进优质学习资源的在线共享，云视课堂不仅实现了区域内和上海市的云视共享学习新局面，目前在教育部和中国成人教育协会推进的社区教育东西部对接工作中也显示出其优势。在云视课堂模式下，社区教育实现了场所之间、地区之间、东西部之间在优质师资、精品课程和学习资源的共享，极大地拓展了社区教育在区域上的覆盖面，实现了不同地区优质社区教育资源的共享与互通。

（二）发挥教师的主导作用

在云视课堂教学模式中，教师既是引导者又是合作者。云视课堂教学过程是师生双方相互交流沟通、启发补充的互动过程，师生分享彼此的知识、经验和思考，交流彼此的情感、体验与感悟，在交流分享中不断充实教学内容、求得新发现，从而达成共识，实现师生在教学活动中的共同发展。

在云视课堂的混合式教学模式下，教师的角色由知识的传递者转变为学习的引导者。教师“导师”的作用愈发明显。教师可以对学生的学习进程进行整体调控，对教学资源的设计与管理更加自由。教师不仅可以上传具有碎片化、可视化、结构化与非线形等特征的微视频，还可以传教学课件、学案供学生学习，而且可以重复利用。教师可以及时更新教学资源，为学生提供学科领域最新的、最热门的学习资源，跟上学科发展的脚步。教师在学生学习的过程中。可以通过云课程对学生的学习行为进行监管,评价学生的作业,并及时反馈给学生。教师在课堂教学中,可以对教学内容的重难点进行针对性的指导,帮助学生更好地掌握教学内容和提高思考问题的能力

同时教师可以通过与学生的互动更好地引导学生学习,由于学生之间存在着差异,教师需要使用不同的方式来引导他们完成学习。教师在云课堂中能够及时向学生反馈信息,能够和学生进行即时聊天,及时反馈学生信息,可以提高生生、师生间的话语互动。在面对面的课堂中,教师可以和学生一对一进行交流,了解每一个学生的学习情况。在与学生互动的过程中,教师作为一个学习同伴的角色,引导学生学习,不再让学生按照自己的方法去被动地接受学习,充分发掘每个学生的潜力。让学生不仅能够学习到知识,还能够在学习过程中培养自己的创造能力、思考能力和团队协作能力,帮助学生综合发展。

(三)云课支持多样化的教学模式

以往,无论是利用网络进行在线学习,还是在课堂中进行学习,学生大多都是通过听老师讲述的方式来获得学习内容,教师也往往是采用讲述的方式来完成教学任务,这样的教学方式只能够完成单项的知识传递,并不能很好地发展学生的思维。

云视课堂要充分体现的理念是:以学习者为根本,以学习任务为标杆,以协作学习为形式,以共享资源为核心,构建个性化的学习环境来服务于教学工作。在云端,完全可以颠覆“师讲生听”的陈旧观念,而演变为让学生“课前预习,课堂练习,课后反馈”的自主学习模式。使用云视课堂教学之后,教师在课前将相关的学习资源上传到云课堂中,以讲述的方式让学生进行学习;而老师在课堂中则可以采用讨论、实验的方式进行教学。对具有一定讨论价值的问题,教师还可以组织学生进行小组讨论。并在小组讨论后发表自己的观点,让学生进行思维碰撞,通过研讨方式完成学习。教师也可以在云课堂中利用论坛发起讨论,让学生参与讨论分享自己的体会,开拓学生的思维空间。教师还可以采用任务驱动法,在课后布置相应的学习任务,让学生以个人或小组为单位,可以自己独立完成,也可以通过协作的方式完成。总的来说基于云合成的混合

式教学模式，使教师的教学方法自由灵活，不再受时间、地点以及单一教学模式的限制，学生则能够通过自己擅长的学习方式，在熟悉的学习环境下完成学习。

（四）支持个性化学习

云视课堂的在线视频功能不仅支持即时互动的学习，还将把现场教学录制的视频进行云端存储并加工成优质的数字化学习资源，无论是未能参与教学活动的学员，还是课后需要复习的学员，均可在线进行访问和学习。云视课堂系统还通过后台数据记录和存储功能，对学习者的学习者行为进行数据收集，相关数据的积累、挖掘和处理，能为今后更好地满足终身学习者移动学习需求提供决策依据。近年来，各种网络教育平台被广泛应用于教育领域。从传统的 MSN、BBS，到后来的博客、魔灯，再到今天的云教育，我们已经进入了第五代“云教育”网络教学平台的时代。它克服了传统网络教育平台存在的诸如：受时间、空间的限制，学习的灵活性不高，学习者交流、互动的实时性不够，信息更新滞后，教学资源短缺等缺陷，筑造了新一代云教育平台。云教育实质上就是“云计算”在教育领域的应用，它将各种教学应用软件推向云端，用户只需一个账号，便可登录到一个虚拟桌面，享受到全部应用。而无线通信技术的发展，各种移动终端设备（如智能手机、个人数字助理 PDA、电子书包等）的普及，使学习者可以通过浏览器登录云教育平台，随时随地进入学习环境，获取学习资料、学习计划等，开展个性化的自主移动学习。移动终端设备由于体积小、携带方便的特点，打破了学习的时空局限，轻松实现了移动学习，拓展了学习的时空，提高了学习的效率。

三、云视课堂教学模式下“教”与“学”的困境

（一）硬件对教学软件系统支持的问题

目前，许多学校进行电视媒体教学的网络教室并不完善，硬件系统不能充分地把软件系统的优势表现出来并加以完善。加之多媒体课堂的管理和维护存在着一些问题，造成多媒体的使用不但不能促进教学，反而成了包袱。因此，无论是在多媒体课堂教学还是在学生自主型个别

学习中,都存在着硬件设施和软件支持系统时有瘫痪的问题。

(二)难以实现差异化教学

从人本主义、认知主义、建构主义再到近年来流行的关联主义、联通主义都是以如何"学"为出发点,更加突出"学"的重要性,从而弱化了"教"的作用。然而,"教"的主导作用不可否认。教学离不开教学情境,好的教学情境可以让学习者沉浸其中。教学情境是一种在教学环境中经过设计或加工而形成的一种可被观察的教学氛围。由于教学情境贯穿了环境与人,因此教学情境包含有形或可观察的要素和无形、但可设计的要素。当前云视课堂采取的是"一对多"的形式,尽管这样可以充分利用教学优质资源,但是绝大多数学员在"云端",教师对学员"学"的情况并不了解,不能随时观察他们的学习状况,先前设计的教学情境也难以发生作用,因此无法进行"因地制宜、因材施教"。另外,社区里的学员本身差异性又很大,对同样的知识点,有略知一二的,有知之较多的,也有零基础的,教师面对异质性较大的群体如何开展有效的教学是有待研究的。

(三)缺乏精神世界的交流

在教育过程中,教育者与受教育者虽然都是参与教育的主体因素,但是这两类主体之间存在一定的差别。教育者拥有更多的知识资源,教育者有责任通过价值性的引导促进受教育者素质的提升。教育过程也不仅仅体现在知识从教育者向受教育者的流动,也在于一种精神文化在教育者与受教育者之间的传递和交流。(王鹄,2018)云视课堂作为一种信息技术能够促进教育者与受教育者之间知识的流动,但在精神文化层面的交流就显得比较薄弱了。受教育者的学习过程,不单单是对知识的学习和掌握,更包含了对精神需求的发展与满足。借助数字化、网络化、虚拟化的信息技术的便利,受教育者获取知识确实比以前容易了很多,然而知识的获取并不必然带来精神需求的满足和提升。云视课堂尽管实现了"可视化",但是缺少"面对面"的直观感和体验感,缺乏人与人之间交流时温情传递,因此无法真正满足受教育者的精神需求。

四、结语

“教育信息化 2.0”时代已经到来，教与学都无法离开与教育有关的各类技术支持。因此，面向广大社区居民的数字化学习手段之一云视互动课堂应运而生。随着社区教育数字化学习的深入推进，教与学将发生深刻的变革，尤其是随着新一代互联网、大数据、云计算、人工智能等信息技术的支持，将给社区教育教与学带来新的挑战和机遇，相信今后随着技术的完善、方法的更新，相关举措不断推层出新，必将促进社区教育事业向前发展。

（本文作者为长宁区社区学院发展研究中心讲师）

谈云视课堂虚实交融的特色

张　雯

当今信息时代，云技术、物联网和基于两者的大数据技术正推动教育发生着变革。从教育信息化发展的历程来看，其主要可分为三个阶段：信息技术应用作为教育外生变量引来、信息化逐步转变成教育的内生变量和教育信息化对教育产生革命性影响。越来越多的学习资源以数字化的方式呈现，学习资源与媒介的发展趋势决定了未来的终身学习必然会走向互通、分享、整合与集成、个性化的泛在学习；而相对应的终身学习环境则是以学习、交互为核心，并向更加开放化、多样化、智能化和人性化的方向发展。这一发展趋势，同样对长宁区在探索面向未来的终身教育模式产生了深远的影响。自2008年开展"学在数字长宁"数字化学习体系探索以来，"学在数字长宁"实现了从1.0到4.0的发展，从作为实体课堂补充的以数字化资源为建设重点的单向网站学习模式，到促进数字化学习与实体课堂优势互补的多级终身教育网络模式，再到4.0阶段以实现终身学习课堂虚实融合的云视互动课堂发展模式，以此来为市民提供更加智能化的终身学习服务。

一、云视课堂与实体课堂融合的背景

随着信息技术在教育领域的普及应用，课堂学习环境先后出现了三种形式，即传统的实体课堂、虚拟的网络课堂和虚实融合的学习课堂。课堂是学生学习和教师育人的场所，其实质是学习环境的一种展现形式。在逐步到来的大数据时代，未来的学习环境必将形成虚拟课堂与实体课堂的融合模式，它是虚实结合的复合体。虚拟课堂是基于网络，承担资源提供者、学习引导者和管理服务者的功能，绝大部分的讲授内容将由虚拟课堂承担。实体课堂则根据学习者的需要，可以是具体的学校，也可以是其他学习或实践场所。实体课堂与虚拟课堂配合，主要是承担组织深度学习，开展实践、体验、创造，促进合作、沟通交流等功能。实体课堂的物理地点将模糊，空间概念淡化，实体课堂与虚拟课堂相融，满足了不同地域的学习体验与实践需求，实现了泛在的线上服务和就近的实体体验学习相结合。学习者根据各自的需要在多样的空间以多样的方式学习，即通过虚拟课堂的配合，所有的实体空间都可以开展知识的获得、储存、编辑、表现、传授、创造等活动。

近年来，在终身教育领域广泛开展了以空间教学、微课建设、MOOC为代表的教育信息化改革与创新，并积累了海量的数字化教学资源和一定的教学经验。教学实践表明：一方面，基于云平台开展的虚拟网络课堂在拓展学习时间和空间、满足个性化学习需求等方面体现了明显的优势，但在受众范围、学习体验、情感互动、动机提升等方面却与传统的实体课堂存在着一定的差距；另一方面，传统的面对面实体课堂也面临着优质教育资源供需不匹配，以及如何适应泛在学习的新范式和克服教学质量提升的瓶颈等问题。为此，本文根据“虚拟课堂与实体课堂融合”的思路，探索将云视互动课堂和实体课堂进行有机地结合、关联和汇聚，以云视互动课堂创设虚实融合的终身学习课堂，从而获得面向数字化时代的新型课堂模式。

二、以云视互动促进课堂虚实融合的内涵

随着云计算技术的发展与应用，教育界又出现了“云课堂”的概念。“云课堂”是指在云平台上开展的远程教学课堂形式。由于云平台的高性能、高可靠性、强大的可伸缩性和灵活的按需服务等优点，云课堂能够为学习者提供诸多普通网络平台所不具备的学习支持。长宁区开发的云视互动课堂是基于“互联网＋”的理念，利用云技术和大数据思维开发的数字化学习新方式，云视课堂通过云视频会议系统和移动互联网，将课堂、学习点和在线学员互联起来，并以在线直播的方式进行互动公开教学，从而将线上和线下教育活动结合起来。远程课堂及学习者可以通过电脑、PAD和智能手机等设备加入到视频互动课堂中，同时教学资源

经过加工，可成为数字化学习资源或制作成课程课件供更多学习者使用和分享。

由以上定义来看，可以从以下三个角度来理解“虚实融合”的内涵：从微观角度来看，学习环境的各实体要素和虚拟要素之间存在着信息互通、功能互补的连通，并通过这种关系实现自身功能的增强与完善；从中观维度分析，学习环境局部功能的实现可能依赖于实体课堂与云课堂中各要素的相互嵌入和信息流通，比如在该融合的环境中一个有效的学习支架可能需要云平台将实体课堂、实践场景、实体设备的使用状况进行连通，同时汇聚和关联云课堂中虚拟场景、数字化教学资源等要素；而从宏观维度着眼，为了实现某学习任务而构建的融合学习环境在系统结构上既有云平台的数字化学习资源、应用软件、虚拟学习共同体、在线实时交互和网络学习评价等组件，也有实体课堂中的教师、学习小组、物理设备和实体辅助学习工具等要素，缺少了任何一个实体或虚拟要素，都将限制学习行为的正常实施，同时学习活动的实效性也将受到不同程度的影响。

云视课堂与实体课堂融合之后，学习环境的特征明显，具体表现为：强调“通”，既有通的内容，又有通的方式，即学习交互信息能否在不同主体之间进行无缝传递，包括主动推送，蕴含社交网络服务的思想；强调“分享”，学习资源在不同的主体之间能够通过一定的规则进行主动传送和分享；强调“整合与集成”，由此呈现的虚拟课堂页面将是一个包含了传统的多种学习功能的聚集页面，不再需要登录多个系统操作相关业务，而是所有和主体相关的业务均无缝整合在学习者的页面中，通过该空间操作所有的功能；强调“个性化”，学习将更加强调个性化，强调不同主体的学习空间内容应该适应主体的特征。

三、云视课堂与实体课堂融合的实践特点

“互联网＋教育”重塑着课堂教学环境，从课堂互动教学相关联视角来看，云视课堂与实体课堂融合作为课堂教学环境的新形态，以深度互动为探索核心，如何优化网络交互环境下基于移动终端的课堂互动教学，缓解教学互动生成性内容的流失，对课堂互动数据展开分析，成为云

视课堂可持续化发展需要关注的问题。从长宁区的实践来看，云视互动课堂具有一对多、无中心、可移动、云存储、大数据的技术特征，在有效解决终身教育优质资源供不应求问题的同时，也为实现云视课堂与实体课堂虚实融合提供了实践环境。

从云视互动课堂“一对多”的特点来看，教师授课通过现场摄录进入云视系统，多个不同地点的学员可以通过账号认证进行在线终端实时收看和互动。相较于单一教室内的班级授课，云视互动课堂在教学环境、设备空间布局、人员构成、互动方式等方面都有所改变，使得云视互动课堂与单一教室环境下的班级授课有所差异，就需要根据云视互动课堂的特点来进行调整适应。讲授教学模式中，主讲教师要保证讲授的内容、板书、演示可以清晰地通过视频系统录入，符合多地收视的可视化条件。主讲教师与同步班级学生会话时，需要主讲教师策略地处理通话延时。讨论教学模式中，无论是主播班级还是同步班级，都可以以多媒体分享、自由发言、小组讨论、辩论等多种方面参与讨论。开展讨论的时候，需要各参与教室的助教老师或者技术人员通畅地进行交互连线操作。探究教学模式中，无论是基于资源的自主探究性学习，还是基于人际互动的合作探究性学习，都需要云视互动课堂进行一定的在线探究资源积累。

从云视互动课堂“无中心、可移动”的特点来看，云视课堂运用网络技术实现了多个终端的有效连接，每个实体课堂都可以成为云视互动课堂的学习中心或者主讲课堂，并且支持多样化的团队研讨式在线学习。这就为泛在参与的学习共同体和学习互动提供了条件。有着相同或相似学习目标的学习者和助学者通过网络云空间，基于云视互动课堂移动终端的基础，可以在任何时间和地点参与学习活动。同时也解决了传统实体课堂的场地局限，通过云平台可以利用多媒体技术、3D 技术和实时视频技术实现虚拟信息和实体课堂中现实情境的信息叠加和补充，从而增强学习者对学习情境的体验感，增强现实的学习情境，提升学习效果。

鉴于云视互动课堂的“云存储”技术的运用，云视课堂与实体课堂融合将进一步实现学习资源的开放共享。这里的“开放”具有丰富的含义。首先是空间无限制，学习资源可以来自于实体课堂和学习活动进行现场，也可以来自于云空间；其次是时间不设限，任何时间都可以制作上传学习资源；再次是人员无局限，与传统的实体课堂上学习资源主要来源于教师相比，有了云空间的加入，学习资源的制作者则更多地来源于不同的角色，包括学习者、教师、专业院校、企业甚至是网络平台等；最后是形式多元化，在云平台和实体课堂融合视角下的学习资源可以是实体化的设备、教具、纸质教程等，也可以是图片、音频、视频、Flash 动画、3D、文档等形式的数字化媒介。在云平台弹性、虚拟的计算资源的支持下，传统的字典、计算器等学习工具被相应的应用软件所取代，新增了信息平台的检索工具、功能插件、交互组件等学习工具，大大丰富了学习工具的类型和数量。这些工具软件借助于智能手机、电脑和 iPad 等实体工具，从而实现了使用便捷、选择多样的独特优势。

在虚实交融的课堂环境中，泛在学习将成为常态。在不同学习理念指导下，学习者在完成相同的学习任务时可以根据自身的学习基础、个性特征和学习体验选择适合自己的学习行为和认知取向。在泛在学习中，学习将从有限的教学时空，转向无边界的知识建构。云视互动课堂具备的“大数据”特点，包含强大的后台数据记录和存储功能，对学习者行为进行数据收集，并且同一学习者在网站平台、移动平台的数据可以同步记录、横向比较。根据学习者课前、课中、课后产生的数据，据此调整教学目标，精准分析学情，确定学习的新起点和适切目标。根据泛在学习的特点，云视互动课堂要加强对三类学习数据的收集，第一类是基于学习的常态化数据，包括课堂教学数据、学习检测数据、学习探究数据和互动交流数据、社会情绪表现数据等，用于驱动学习者即时学习。第二类是阶段性、趋势性数据，包括学校的数据、教师的数据、班级的数据、个人的数据以及达标评估的数据等，用于预测学习者未来学习的最近发展区，实现可持续的学习。第三类是基于学习者特征的综合数据，通过自适应学习系统或者有经验的数据分析导师形成学习者数据分析，基于数据的学与教的流程也会发生变化。“教育＋互联网”的在线教育本身并不能完全改变教育，只有以数据提供支撑的“互联网＋教育”才能够正真成为智能化的教育。

（本文作者为长宁区终身教育指导服务中心行政主管）

云视课堂促进社区文化建设的路径研究

丁秋霞

一、关于云视课堂、社区教育与社区文化

随着社会发展以及终身教育思潮的影响，社区教育内涵不断丰富，社区教育逐渐演变成为终身教育的重要组成部分。2010 年《国家中长期教育改革和发展规划纲要(2010—2020 年)》指出，“广泛开展城乡社区教育，基本形成全民学习、终身学习的学习型社会”。可以看出，社区教育不但内涵发生了变化，其教育对象也不再局限于青少年，而扩展到社区居民，甚至全民。然而，由于场地与师资等资源的限制，全民学习的实现存在一定瓶颈。而信息技术与互联网的快速发展，打破时空限制，使得教育资源被无限放大，为打开此瓶颈提供了契机。云视课堂的诞生便是遵循这一思路，它是社区教育领域借助信息技术尝试突破教育资源有限的瓶颈做出的有益尝试。云视课堂是利用云技术创新的新型教学载体，它使教学活动具备“一对多、无中心、可移动、云存储”的特点，是上海“学在数字长宁”体系与信息技术结合实现深化发展的新探索。不同于直播课堂和在线学习，云视课堂着重解决实体课堂教学受众有限以及缺乏教学互动等问题，从而实现实时可“视”的互动教学。云视课堂的开发源于社区教育发展需要，同时也被广泛应用于社区教育领域，换言之，云视课堂延伸与改善了社区教育平台。

将社区与文化关联起来，就必然想到吴文藻先生。吴文藻是我国第一个提倡以“社区研究”来整体理解中国社会状况的学者，他认为社区研究实质上是对社区文化的研究，而社区文化是一种“大文化”，可将其具体分为四个方面，即物质文化、象征文化(预语言文字)、社会文化(社会组织)、精神文化。这种以社区研究来整体反映中国社会的研究是基于

乡村中国的社会背景。工业时代的到来,社会结构发生变化,不同于过去熟人守望的乡土文化,随着城市化进程的快速推进,陌生人快速聚集到一起,形成城市社区文化。相较于乡土中国背景下的社区文化,城市社区文化并不能整体反映城市社会文化,而目前社区文化更多是一种相对狭义上的社区文化,即精神文化。目前社区精神文化建设常常以开展歌唱、舞蹈等活动为主,这些活动除了具有娱乐性,同时往往兼有全民性和教育性,这使得社区教育与社区文化存在内在联系。而在外在表现上,社区精神文化与社区教育构成了一种双螺旋结构,其相互融合促进社区建设,即"社区教育与社区文化通过多元主体和丰富载体以内聚耦合的方式紧密链接、螺旋上升,并最终实现社区和居民全面发展"

二、云视课堂促进社区文化建设的路径

云视课堂作为承载社区文化的工具,将社区文化惠及社区居民,提高居民素养。另外,云视课堂跨越时间和空间,增加教育对象数量,同时为志趣相同的居民提供聚集平台,增加学习团队活力,能够从整体上促进社区文化氛围形成。实际上,云视课堂自身也作为一种开放与包容文化而存在,它的使用与传播也有利于社区文化氛围形成。同时,云视课堂的空间跨越,能够促进不同社区间文化的交流与创新,丰富社区文化。云视课堂主要经由三条路径促进社区文化建设,如图1所示。

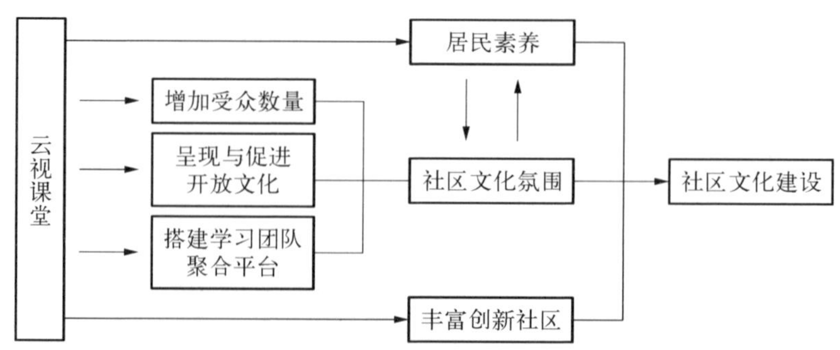

图1　云视课堂促进社区文化建设的路径

（一）提升社区居民素养

过去信息传播主要依靠信件、报纸、电视等传统媒介，而伴随着社会发展需要以及互联网技术的开发与推广，以网络为载体传播信息已成为主流。在这种背景下，能够使用信息技术与互联网获取和处理信息成为居民的基本信息素养。云视课堂是信息技术与互联网相结合的产物，它的推广与使用使居民尤其是老年群体，在有目的地学习“课堂”知识的同时，接触与使用了云视课堂这一教学工具。在这个过程中，实际上居民无形中获得了一定的信息技术与网络知识，这有助于提高网络时代居民的信息素养。

云视课堂定位是教学载体，换言之，云视课堂是一种教学工具，其最大功能是使得教学活动效益最大化。为此，云视课堂借由互联网技术跨越时间和空间，将社区文化输送给更多社区居民。同时，云视课堂通过采取减少延迟性、增加清晰度、优化教学互动等措施，为社区居民提供如临现场的教学活动，提高教学活动质量。这些技术改善最终指向提升社区居民素质，而社区居民素质就是社区文化的重要面向。

（二）营造社区文化氛围

1. 云视课堂呈现与促进形成开放与包容文化

现实中社区文化是多元文化融合的结果，社区文化具有开放性和包容性。这种文化的存在对于像上海这样外来人口占比将近一半的大都市来说尤为重要。从《2018 年上海统计年鉴》来看，2017 年末上海常住人口 2 418.33 万人，其中外来人口 972.68 万人，外来常驻人口占比超过 40.2%。但由于户籍的限制、社会互动范围较窄等原因，他们对上海归属感较弱，甚至在一定程度上呈现出文化隔离，这种现象阻碍了他们在城市中的进一步发展，进而可能导致城市的不和谐和不稳定。因此，如何培养这一人群的归属感成为社区治理的关注点。社区文化建设最终指向人的归属感，因此如何促进外来人口融入城市，成为社区文化建设的重要关注点。

云视课堂的充分运用能够使很多边缘居民，如流动人口，逐渐获得一定归属感。实际上，社区所举行的大部分社区文化实体活动，参与者大部分是本地居民，而外地居民出于某些原因，如文化隔离、时空不允许,不愿或不能参与社区文化活动。云视课堂是一种虚拟场所与实体场所的结合,它的虚拟场具有的匿名性与开放性,使那些有兴趣但又出于某些原因不愿参与社区文化活动的人,能够主动参与活动,而它的跨时空性使得那些有兴趣但不能参加的居民努力参与其中。而虚拟场景与真实场景的结合,为远程虚拟场所营造出真实课堂气氛,加之各种远程互动技术的成熟,远程居民能够在虚拟场所中真实体验教学活动,这一过程增加了社区居民之间互动,拉近了虚拟场所与实体场所中的居民,甚至全体社区居民的距离。

2. 增加教育对象数量

云视课堂增加了参与者数量,进而促进社区文化氛围的形成。云视课堂借助“互联网+”打破了时间和空间限制,使得教育对象从受限于实体教室的面积中解脱出来,而互联网的低门槛、大流量的特点,使社区文化活动能够获得大量潜在的教育对象。同时,受益的教育对象可以转化为文化的传播者,一方面他们可以介绍更多居民加入云视课堂的学习,另一方面他们可以直接将习得的相关知识教授给周围居民,这些行为无疑促进了社区文化氛围的形成。尽管互联网是一把双刃剑,但只要互联技术所承载的内容积极健康,同时对于互联网的运用合理,它将成为社区文化建设的利剑。云视课堂的活动内容都经过严格筛选,符合社会的主流价值,因此作为学习者与传播者的居民,能够更快地促进积极社区文化的形成。另外,云视课堂的使用与传播,使得向着着信息化、科技化的方向发展,促进了新时代社区文化氛围的形成。

3. 搭建学习与聚集平台,提高学习团队活力

云视课堂所开设课程往往具有初级性。由于云视课堂具有全民性,即只要社区居民有意向参与课程,无论社区居民基础如何、出于何种目的都可参加。因此,云视课堂大部分课程定位为初级课程,这一定位,一方面能够吸引更多社区居民,激发和保护其学习兴趣,促进社区居民长久学习。另一方面,初级课程的定位,为有共同兴趣的社区居民提供了聚集平台。在这里社区居民可以找到志趣相投的人,并自行组织形成学习团队。实际上,社区居民在云视课堂学习的过程,也是团队组建和发挥活力的过程。在初级课程的学习过程中,实体空间与虚拟空间将有着相同兴趣并有意愿长久学习的社区居民聚集起来,社区在“课堂”活动与

课下活动中逐渐形成学习团队。同时,云视课堂的初级课程为学习团队提供了基础知识和技能,有利于学习团队深入学习相关领域,维持保持学习团队活力。换言之,云视课堂有利于形成和维持学习团队,从而有利于文化氛围的形成。

(三)创新丰富社区文化

云视课堂具有“无中心”特征,每个社区都可以成为传播社区文化的主体,而“互联网+”方式的采用,打破地域限制,使每个社区也都可以成为社区文化的受众。换言之,云视课堂使得每个社区既是主体也是受众。

云视课堂可以使各社区居民参加其他社区开设的社区文化相关课程。在这个过程中,社区居民可以接触到“新”社区文化,形成“新”学习团队,或借鉴相关文化内容,创新学习团队和学习内容,进而创新丰富社区文化;也可能影响社区文化建设相关部门组织相关“新”社区文化活动,丰富社区文化。

三、结语

社区教育与社区文化建设相互融合相互渗透共同促进社区治理,而云视课堂作为对社区教育发展瓶颈的突破,也必然在一定程度上促进社区文化建设。通过梳理云视课堂实践经验,发现云视课堂主要经由提高居民素质、营造社区文化氛围、丰富创新社区文化三条途径促进社区文化。云视课堂从技术角度尝试突破优质文化资源数量的限制,进而推进社区文化建设进程。当然要发挥云视课堂最大功能,仅仅依靠技术突破是不充分的,必须积极进行相关宣传、组织和管理等工作,这也是社区教育、社区文化建设的整体推进的重要思路。

(本文作者为长宁区社区学院发展研究中心教师)

论新时代成人的个性化学习

叶　康

在以人民为中心的新时代，成人的个性化学习颇受关注。

本文从人性、个性谈起，阐述了新时代成人个性化学习的基本含义，分析了新时代成人个性化学习的动因，提出了推进新时代成人个性化学习的举措。期待成人个性化学习在新时代有新进展、新局面和新成效。

一、认准新时代成人个性化学习的定位

（一）什么是学习

网上对“学习”的狭义解释是：通过阅读、听讲、研究、观察、实践等获得知识或技能的过程，是一种使个体可以得到持续变化的行为方式；施良方《学习论》（人民教育出版社 1994 年 5 月第 1 版）对学习广义的解释是：人和动物在生活过程中，通过获得经验而产生的行为或行为潜能的相对持久的适应性变化。值得注意的是“这种变化并不意味着改变后的行为比原来更可取”。

（二）什么是新时代成人个性化学习

1. 什么是个性化

只有人有个性。认识个性先要明白人性。人性，顾名思义指只有人才具备的本性，它用在区别人与其他事物（包括动物、植物），是为人所独有的特性，也是人所具备的共性。它是在一定社会制度和一定历史条件下形成的，并受所处社会环境影响。正如马克思指出：“人的本质并不是单个人所固有的抽象物，在其现实性上，它是一切社会关系的总和”。社会关系是人们在其共同活动中结成的相互关系的总称，它包括经济关

系、政治关系以及思想文化和其他社会生活中人们的相互关系。不同时代、不同社会、不同阶级具有不同的人性。人的社会属性是不能离开自然属性而单独存在的,人性乃是人的自然属性和社会属性的统一。人的生理层面的自然属性是“人类总是要求拥有快乐而不是痛苦”,人的心理层面的自然属性是“人类总是要求得到尊重而不是贬抑”,人的心灵层面的自然属性是“人类总是希望有长久的目标而不是虚度一生”;人的社会属性有对自身行为后果的考虑,对人生长远目标的考虑,对人生价值的考虑。

人,存在于社会中就要有所体现。人性的本质就集中体现在个性上面。美国个性心理学家阿尔波特认为“个性是决定人的独特的行为和思想的个人内部的身心系统和动力组织”。所以,个性是每个人在不同环境中显现出的区别他人的外显和内隐行为模式的心理特征的总和,是由个性倾向性,性格系统、智能系统、自我调节系统构成的,是人的主观能动性与社会环境相互作用的结果,也可以说个性是某个人不一般的特殊的人性。作为人们身体、心理和精神自我发展的结果,并非所有的个性都是健康的,并非所有的个性都是有益于社会的。个性由许多品质组成,但组成成分却因人而异。完美的个性在其发展过程中需要长期呵护。因为人不能离开社会而孤立地生存,人的个性只有在社会,在人与人之中才能获得全面的发展,以个人为主体的自觉、自愿、自主的发展。

“化”本身具有融通、改变、形成的意味,个性化,就是个性发挥融通、改变、形成的作用。人的个性化,一是指人发展的人性化、人道化。尊重人的个性,就要突出某人在整个人生过程中的主体地位,培养其主体意识和主体能力。二是指某人的个人化或个别化,包括应考虑其个人的生理、心理、年龄特点,考虑其个人的天赋、特长、兴趣、爱好,考虑其个人的社会志向和职业选择等。要注意有正面价值的人性化是满足人深层次的人性需求,但不应一味地包庇、掩护人性的弱点,以免造成负面价值。

2. 新时代成人个性化学习的界定

个性化学习,是通过对特定对象的全方位评价发现和解决其所存在的学习问题,为其度身定制不同于别人的学习策略和学习方法而有效、优化的学习范式。个性化学习就是真正意义上的自主学习。这种自主学习当然不排斥接受老师的指导和同伴的帮助,但决定权一定在学习者手中。因为只有学习者本人才知道自己想学什么、学到了什么，任何人都不能越俎代庖。

个性化学习与个别化学习既有联系、又有区别，个性化学习常常需要个别化学习，因为每个人的兴趣、需要、习惯都不会完全相同，学习者只有在个别化学习的条件下才能充分满足自己的个性需要。但个性化学习也不排斥与同伴的共同学习、协作学习，因为这样的学习方式往往更有效率。什么时候单独自学、什么时候与人合作，也应该由学习者个人决定。反过来，个别化学习却不一定是个性化的，如果你的学习目标、学习内容、学习评价都由别人决定，即使你是单独学习，也并非个性化的。与个性化学习相反的，是统一化学习，一切关于学习的目标、内容、方式、步骤、进度都是按照统一步调安排的，个人没有自主权。传统的学习，在一定程度上是以社会为本位，不注重学习者的个性化发展问题，常常忽视学习者合理要求，不利于创新人才的培养。

成人个性化学习，是年满 18 岁的成人学习者，根据其个人的兴趣、爱好、需要，由学习者选择自己想学的内容和适合自己的方式、按照个人的节奏、步骤、进度进行的学习，包括显性与隐性知识、软技能与硬技能等。与非成人比，成人的个性更具多样性、自主性、拘谨性和实用性。新时代成人个性化学习应当以成人学习者为中心，主动根据每个成人自己的需要进行学习，以实现马克思主义关于人的全面发展的目标。

二、明晰新时代成人个性化学习的动因

（一）新时代成人个性化学习的必要性

1. 形势逼人

新时代是“3＋”的时代，即以“互联网＋”“大数据＋”“智能＋”的时代。以现代信息科技为核心驱动的“第四次工业革命”风起云涌。它带来了深刻的经济革命，也是社会运作、人际交往以及世界认知的高层次革新。尤其是近年来大数据、人工智能的发展使人类知识生产模式也因此发生巨变。无人机、无人驾驶、无人超市、无人商店、无人物流的无人技术广泛深入各领域、各行业。移动化、可视化、音频化的发展趋势正注入更多智能化。创新越加快，颠覆越加大。2011 年，欧盟委员会联合研

究中心将“数字素养”作为公民八大核心素养之一，建立了欧盟数字素养框架指标，把国民的数字素养作为全球竞争的关键要素。2014 年联合国教科文组织在全球全民教育会议上发布了《马斯客特共识》，将“可持续发展”确定为 2015 年以后国际教育发展的目标之一。2030 年以后所有学习者都要掌握建立可持续发展的和平社会所需要的知识、技能和价值观。英国是欧洲数字经济的领头羊，近年来英国文化、媒体和体育部发布《数字英国战略》提出了“七大支柱”。其第一条就是连接战略：将宽带接入变为国民的一项权利，加快推进网络全覆盖、全光纤和 5G 建设；第二条是数字技能与包容性战略，大力推进全民数字素养和数字技能培训，弥补数字技能鸿沟等。2015 年，日本国立信息学研究所研发的一款智能机器人通过了日本大学的入学考，测试分数高于平均分 416 分，达到 511 分。2016 年，美国联邦政府提出了“面向全体国民的计算机科学计划”，使国民从数字时代的消费者转变为数字时代的创造者，进而成为技术驱动时代的积极国民；2019 年 2 月美国总统签署了一份行政令，启动了“美国人工智能倡议”，首次从国家层面推出人工智能促进计划。

我国也在积极行动。习近平总书记多次强调“没有信息化就没有现代化”，“新时代要有新气象，更要有新作为”“来一个大学习”“在‘学懂’‘弄通’‘做实’上下工夫”。2017 年底，国务院印发了《新一代人工智能规划》，要求逐步开展全民智能教育项目，追赶世界顶尖水平。2018 年 4 月，国家教育部发布的《教育信息化 2.0 行动计划》明确要积极推进“互联网＋教育”“建立健全信息技术可持续发展机制，构建网络化、数字化、智能化、个性化、终身化的教育体系，建设人人皆学、处处能学、时时可学的学习型社会”。2019 年 2 月，中共中央、国务院印发《中国教育现代化 2035》，指出：“加快信息化时代教育变革”“利用现代技术加快推动人才培养模式改革，实现规模化教育与个性化培养的有机结合”。全球都在“联”，各国都在“赶”，处处都在“变”。

2. **重任催人**

要适应新时代逼人的形势，就要担当重任，关键就在“人”。习近平总书记指出，要促进人的全面发展，努力培养德智体美劳全面发展的社会主义建设者和接班人，构建全方位、全过程和全员的教育体系。在万物赋能的新时代，急需在智慧城市、智慧生活、智慧环境中有担当、能创新的人。2018 年 2 月，世界教育联谊会报告中提出了数字智力的命题，认为数字智力是社会、情感和认知能力的综合，使每个人能适应新时代数字化生活之必需。于是，继智商、情商、钱商外，数商（“数商”，即是数据素养，指一个人对数据的认识、理解、应用及效果程度的综合评价）成为 21 世纪新时代人的技能发展的基本要求，不久的将来它将成为提升国民素养的重点。任重而道远，催人以奋进。

3. 进展喜人

2018 年 8 月 27 日上海首个“终身学习需求与能力调研成果”公布：终身学习的需求和满意度呈“双高”，即上海市民对终身学习的认同度和需求整体较高，对目前政府提供的与学习相关的公共资源评价较高。90％的市民“非常认同”或“基本认同”终身学习理念。16—25 岁和 26—35 岁年龄组市民学习需求强或较强的占 41％和 44％；“近 20 年来上海对终身学习公共教育资源的投入获得了广泛认可，45％的市民认为政府提供的学习资源充足”。据《上海成人教育》2018 年第 1 期第 42 页刊登的来自上海电气《企业创新》的“在线学习与大脑相匹配的教学方式”一文披露：腾讯学院从 2013 年就开始负责在线学习平台建设和运营推广，其主旨是回归成人学习的本质，遵循大脑的 7 个记忆规律和 2 个“急救措施”：一是降低认知负荷，二是增强学习者的责任感，这就直接指向了成人个性化学习的某些关节点。一家民企能做这样的投入开发，这在相当程度上反映了上海市民个性化学习的需求相当强烈。2020 年新冠病毒疫情防控期间，上海市民居家学习需求大幅上涨。“上海学习网”积极整合精品资源，打造市民终身学习云“空中学习课堂”，帮助每一位终身学习者足不出户就可实现个性化学习。这些进展令人鼓舞。

4. 问题急人

社会日新月异，人民对美好生活的向往包括对文化学习不断增长的需求与发展不平衡、不充分之间的矛盾在加剧。

互联网和人工智能的快速发展对“人”的挑战相当严峻。人之所以为人，是因为人的生物组织在不断与环境交互，对机器人可以给它所有功能性细胞，但要把记忆和体验都传递给它才是目前人工智能研究最大的难点。联合国曾召开“人工智能向善大会”，这同时警示人工智能有

“潘多拉魔盒”的倾向，也意味着要警惕学习可能带来的非善化、非优化、非有效化的“改变”。《三体》的作者刘慈欣认为，信息科技的高度发展像一层“迷雾”掩盖了其他科学领域发展相对迟缓的现实。如果人类沉迷于人工智能发展带来的“安乐窝”，则可能很难再从技术带来的安逸中走出来，而逐渐丧失别的科技领域继续探索和学习的动力。（《文化报》2018 年 12 月 7 日第 8 版）2015 年十多位中外科技政策和科技伦理专家在《科学》杂志发表《承认人工智能的阴暗面》的文章，2016 年就出现了十大人工智能失败案例，其中就有自动驾驶汽车和机器人造成人员伤亡的事故（《解放日报》2018 年 11 月 6 日第 14 版）。人性中仍有其弱点。人心不正，数字化时代的任何工具都可成为恶的工具。网络诈骗、网络上瘾、数字鸿沟中成人占比不少。360 互联网安全中心发布的 2017 年《中国网民网络安全意识调研报告》显示，82.6％的网民没有接受过任何形式的网络安全培训，72.6％的网民遭受过网络诈骗。加强对包括成人在内的所有公民以数据安全为核心的网络安全学习刻不容缓。全面地看，我国成人终身学习的参与率并不高，从来不利用公共学习设施的比例在 40％以上，74％市民家中藏书不到 50 本，41％的市民藏书阅读量不超过 20％。随着年龄的增长，市民中终身学习的需求强烈者的比例呈现下降趋势。据不完全统计，有的经济发达地方个性化学习的人员也只占学习人数中的 17％。上海市成人教育协会在线教育工作委员会撰写的《中国电信继续教育教学平台学习者在线学习行为研究报告（一）》开篇就指出：成人在线学习平台层出不穷，“但随之反映出的管理涣散、难以形成完整的学习体系等问题不容忽视。”（《上海成人教育》2018 年第 3 期第 24 页）

社会发展在促进个人对美好生活追求之际，不可复制、独一无二成为人人的向往和追求。人们的休闲、娱乐等需求也随之变得越来越个性化、多元化，由此衍生了劳动时间不固定、劳动关系多样化、提供产品更便捷、更具备个性化特征的新职业。而社会观念更新和就业群体的年轻化势必让“自我”“率性”的择业变得更酷、更流行、更促人。要适应这急迫态势就要有成人个性化的学习来及时改变、打造、包装自己。

（二）新时代成人个性化学习的可能性

1. 社会多元化拓宽了发展天地

新时代的多元化呈现出百花齐放百家争鸣的开放性局面。多元化有许多方面，如社会舆论多元、利益多元、价值观多元、社会生活多元、社会组织多元、思想与政治理念多元。意识形态上的开放性发展造就人们信仰和价值观的多样性，各种各样的生活方式也就出现在人们的视野中。不断升级、更新版本的互联网的使用极大拓展了人们的社会交往领域，使得人们的社会交往犹如撒大网。“互联网＋”教育使学习者泛在学习、自主学习、协作学习成为现实。人人、时时、处处可学了就有了自由学习的选择，就能实现自适应学习，即适应自己的、满足个人兴趣的最优化的学习，也就是个性化学习。

社会多元化还应包容的是人的智能的多元。多元智能理论是由美国哈佛大学教育研究院的心理发展学家霍华德·加德纳(Howard Gardner)在1983年提出。加德纳从研究脑部受创伤的病人发觉到他们在学习能力上的差异，从而提出本理论。加德纳在《心智的架构》(*Frames of Mind*，1983)这本书里提出，人类的智能至少可以分成7个范畴(后来增加至8个)：语言、数理逻辑、空间、身体-运动、音乐、人际内省、自然探索(加德纳在1995年补充)、存在。其他学者从内省智能分拆出“灵性智能”。这9个范畴的内容对应有9种智能。人的智能还可以从其他角度进行分类：① 记忆力，对于事物的记忆力，包括短期和长期的记忆力，形象和抽象的记忆力等；② 形象力：在记忆的基础上形成形象的能力，也可以说是感性认识能力；③ 抽象力：在形象的基础上形成抽象概念的能力。也可以说是理性认识能力；④ 信仰力：在形象和抽象的思维的基础上形成对于人生和世界总的观念的能力；⑤ 创造力：形成新的形象、理论、信仰的能力等。既然世界上没有两片相同的树叶，那么不同背景环境、不同经历遭遇、不同文化基础、不同智能结构的人的学习有差别、要个性化就顺理成章了。

2. 万物智能化提供了技术支撑

如今，现代科学把人如何学习，大脑如何工作等研究摆到了重要的位置。这方面的研究越深入，揭示规律越多，人工智能促进个性化学习的胜算越大。在万物赋能的新时代，城市各单元都在实现从单点智能到全局智能的转型重塑,以保障并强化人工智能的兼容性、完整性、安全性、可信性、可用性和移动性。人工智能应用于成人学习时,既能从大容量的各类学习者学习数据中找到特定个人的需求,定制对应的学习对策,又完全可以从大容量的学习资源中找准匹配的所需内容。这为大规模个性化学习最大程度地拓宽了时空、提供了宽广平台和丰富的资源支持。上海智而仁信息科技研发的"自适应智能诊断系统"已实现了智能地诊断学习初中文化程度理科学习中存在的问题,批阅有计算题、证明题等的试卷。智能机器人将以强大的功能,成为名符其实的"万宝全书"。经济社会从数字化网络化向智能化的强劲跨越,人机协同将激发更多的自由创新。智能化的推送能力越来越精准,可捕捉不同生活环境中人的相关信息,根据需求而提供合适的课程内容和学习方式。正如百度教育事业部总经理张高形象地说:人工智能就像《功夫熊猫》中的"阿宝"能发掘学习者自身未必知晓的"天赋"和"潜力",唤起其学习的兴趣、欲望。(2017 年 5 月 15 日。光明网《人工智能推动个性化学习、激发学习欲望》)有了这样宝贵的技术支撑,成人的个性化学习前景美好。

3. 教育终身化增强了推进动力

党的十六大至十九大都强调建设全民学习、终身学习的学习型社会。构建终身教育体系已成为党和政府全面建设小康社会的重要内容。习近平总书记在 2019 年 5 月 16 日在向国际人工智能与教育大会致贺信中更为明确地指出,要"积极推动人工智能和教育的融合……加快发展伴随每个人一生的教育、平等面向每个人的教育、适合每个人的教育、更加开放的教育。(见新华社北京 2019 年 5 月 16 日电,《文汇报》2019 年 5 月 17 日要闻版)这样的"融合"将释放强大的能量。因为:学习型社会、终身教育体系的基本标识就是人人皆学、时时可学、处处能学;那就是覆盖包括成人各类人群的、激发各种学习形式的、可持续的学习;学习前所未有地成为每个人一生中最起码的生存的要求;学法多样化(课堂式、场馆式、混合式、弹性式、差别式、功利式、定制式等)呈现了可供选择的充分余地。所以,作为突出人主体地位、强调有效、优化的成人个性化学习势必有了鲜亮的吸引力和长久的推动力。

基于以上阐述和分析,可以明确新时代成人个性化学习的必要和可能,也应当清醒地看到成人个性化学习的价值有正,也有负。所以,落实推进新时代成人个性化学习以立德树人的举措很重要。

三、做好推进新时代成人个性化学习的举措

（一）助推新时代成人个性化学习的导向原则

1. 规矩是底线

为了向善，成人个性化学习的规则是要严守新时代我们国家制定的法律、法规，包括法定义务和道德义务。法定义务——宪法和法律规定公民必须履行的义务，如赡养父母、抚养子女、依法纳税、爱护公共财物，道德义务——社会成员依据社会道德规范，自觉自愿的承担对他人、对社会的道德责任，如爱护公共财产、遵守公共秩序、尊重社会公德、尊老爱幼、热心助人等。其意义有利于形成温馨、和谐的人际关系，能够促进成人个性化学习有正能量。当然，随着智能化的推进，政府会加快人工智能研究与应用的立法，同步广泛、深入开展人工智能伦理教育和相关有针对性的教育。例如 2019 年 6 月我国发布了“新一代人工智能治理原则”，又如较有影响力的阿西莫夫关于“机器人三大定律”：第零定律，机器人必须保护人类的整体利益不受伤害；第一定律，在不违反第零定律的前提下机器人不得伤害人类，或看到人类受到伤害而袖手旁观；第二定律，在不违反第零定律和第一定律的前提下，机器人必须绝对服从人类给予的任何命令；第三定律，在不违反第零定律、第一定律和第二定律的前提下，机器人必须尽力保护自己的生存。以上提到的规矩可使学习改变后的行为“可取”，皆为不能突破的底线。

2. 目标是上线

马克思说的自由、全面发展的人，习近平总书记说的德智体美劳全面发展，社会主义核心价值观等都指向立德树人、指向社会主义事业的建设者和接班人的培养目标。这是崇高的上进的追求。尽管，每个成人学习者的个性化学习有其个性，但不能改变党和国家制定的以上提到的培养目标的本色，无疑应把激励、指引成人个性化学习不断向上追求正能量的目标定为上线。

3. 跨界是边线

关联主义学习理论认为：学习与知识建立在各种观点之上；学习是一

种将不同专业节点或信息源连接起来的过程;为促进继续学习,需要培养与保持各种连接。该理论注意到学习的外部过程和社会化过程;信息借助网络等媒介以"信息流"形式在相互流动,以保持知识的创新。建构主义学习理论也强调学习是在已有的经验基础上通过与外界的相互作用来获取、建构的,也就是学习者与学习环境是互利共生的,强调学习的主动性、社会性、情境性和协同、合作性。网络科技为代表的新技术不断深入人类社会的方方面面,带来了"连接一切"的"魔力",涌现更多的碰撞和交融。个性化学习本质上是靠学习者进行的活动;学习是从情感、动机、认知的动力性交互作用之中产生的;学习开始感觉有些困惑、效果不怎么好时,可以夹杂别的学科内容进行交叉学习,"交替练习"与"多种练习"比"集中练习"更容易习得等等。"交互""交叉""交替"显然在跨界学习了。可见其为发挥成人主观能动性进行个性化、有创意领域学习要跨域的边线。

4. 人道是连线

人道主义就是提倡关怀人、爱护人、尊重人,做到以人为本、以人为中心,张扬人的个性。具体来说,就如心理学家罗杰斯所指出的:要让整个人(情感和认知)都投入学习活动;要在推动力或刺激来自外界时发现获得和掌握、领会的感觉是来自人内部的;要使成人学习者的行为、态度、内至个性都有变化;要进行自我评价,以搞清自己实施的学习是否满足自身需求,是否有助于导致自身想要知道的内容,是否明了自身原来不很清楚之处。这里,要提醒的是注意本文第一部分提到的成人与非成人的区别:成人经历多、资历长、理性强,但记忆力差、生理素质降等(成人中不同年龄段各不相同),这对学习有利有弊。从每个个体实际出发,扬长避短,也是人道主义的表现。整个成人个性化学习过程中,都必须讲究、贯穿、渗透这样"人道"的连通线。

以上提到的"四线"可以说就是成人个性化学习在导向层面的共性。

(二)开拓新时代成人个性化学习的基本路径

1. 设置成人个性化学习的环境

国内外学者认为学习环境与学习场所、空间、支持、技术工具、信息资源、共同体、建构性学习、情况与条件、社会环境有着密切的关系。作为促进学习者更好开展学习活动而创设的空间,包括物质空间、活动空间、心理空间；因学习环境和学习过程密不可分，它是动态而非静态的，包括物质方面的有具体场所、技术工具等，非物质方面的有学习氛围、信息资源等。如基于云优势的云视课堂的优势和特征是：一对多、无中心、可移动、云服务和大数据等，这让每人可选择适合自己的学习空间，从而人人都有相对更好的学习空间。把握这些对学习的组织者而言，则可以为不同人的个性化学习营造公平的机会，对学习的参与者而言，可以根据个性自主来适应、来利用、来调整、来发挥。

成人个性化学习的环境必须有吸引力、激发力和持续力。吸引力表现在线上线下学习的可自主选择的设施、条件相对充分、完备，形成浓郁的学习氛围，有人文关怀的温度；激发力表现为能调动所有成人学习参与者个性化学习的积极性；持续力就不是一时一事的积极性，而是有恒心地坚持并不断有所发展的个性化学习。

2. 创设成人个性化学习的模式

模式是主体行为的一般方式，具有一般性、简单性、可重复性和可操作性等。成人个性化学习既然依据个性而行，就会百花齐放。难怪兰德公司认为要找出个性化学习的模式很难。但个性化学习毕竟开放度大，毕竟还有“百花”的共性，所以设计某些成人个性化学习的非普教式试行模式的基本走向，供实践探索并鼓励创意还是可行的吧。

从学习组织者或教学者角度看成人个性化学习模式有：基于原来基础实施型，根据学习者的知识水平来进行个性化、针对性的教学；基于学习场景进行型，根据学习具体场所精准化的个性教学；基于发展需求推进型，根据学员要求，适应学员个性发展的柔性教学。上海徐汇区尝试的“嵌入式”课程将已有的学习资源灵动组合，有适用性、时效性、便捷性。将“咖啡慢生活”“中药香囊定制”嵌入布艺课程、手工课程、保健课程等，可以配合传统节假日等开展相应的学习资源推送，以满足不同的以至个性化需求。

从成人个性化学习的主体建构者角度看其创设的模式可以多样化，例如有：量身定制型，“量身”是针对某个体的实际情况，“定制”是按其个人需求安排；取长补短型，这里的“短”指某学习者个体，“长”可以是这个学习者本身的，也可以是他人的；挖潜开进型，这里的“潜”指某学习者自身尚未被发现、没被激发的有利于学习的因素，“开进”是向此学习者自身需求的目标进行开发；自助优选型，这是指某学习者自身有了领悟后对学习内容、方法、途径等比较后进行选择等。

这些模式的主要特征是：多元性，由成人个人的兴趣爱好的不同带来了丰富多彩的样式；动态性，由个人的主动性带来了发现问题、生成问题、探讨问题、解释问题、搁置或解决问题；交互性，由人机不同组合形成的人员交互：学员与学员、学员与教员，人员与电脑、手机、人工智能设备等的交互，能力的交互：听、说、读、写、算、演、活动等；情景性，由声、更换画、文字等多种媒介带来各种感觉反应；变换性，由个人的习性等带来了学习方法、学习时间地点、材料、内容、路径的不确定、不可重复，也就带来了成人个性化学习的变化和更换。

3. 注重成人个性化学习的过程

其过程概括地说就是各取所需、各选所学；展开说：① 了解对象的学习兴趣、需求、经历、文化基础、长处和短处等。② 对其资源需求作分析，确定对象的学习起点，细化需求开启个性化服务进程；从现有的网络学习环境来看，资源主要靠学习者自主搜索，但学习者面对庞杂的资源条目，加上自主学习的惰性，资源利用率低、学习效果不佳。而传统基于Push技术的推送服务往往给不同的人推送相同的资源，不够个性化，效果为佳的就要利用成人个性化推荐服务系统开展相应的服务，诊断对标，择优选取。③ 设定合乎对象的学习目标，制订个性化学习计划。④ 尝试学习，可以有人机交互、人人交互等。学习主体与相应的特定环境相互作用，内化要通过感知、理解、巩固、运用等，发挥好理智与情感的作用，经过内化获得经验并外化为行为，有所活动。⑤ 诊断评估，跟踪进度对影响学习者学习过程的所有因素进行测评和分析，而后提出调试、改善的建议，不同程度地修改学习计划等；要有个性化的诊断才会有个性化的服务，为了精确诊断可从智力、心理、能力、知识等多角度测试评定，以实现相对精确的扫描成像，找出有利、不利因素，如此定位后能针对性地作出进一步提升学习的引导。⑥ 再次学习，交流分享，逐步提高。这是实施成人个性化学习操作层面的共性。

（三）落实新时代成人个性化学习的有效保障

1. 加快相关立法实施

新时代是法治社会。包括促进成人的个性化学习，也需要“法”的全方位支撑。福建、上海等地已有促进终身教育和学习的地方性法规,但离满足全民学习,特别是成人中不同人群个性化学习的需要,还有相当的距离,留有不少遗憾,如没有明确提到违反规定后的惩戒措施等。有关报道曾提到目前我国有视障者 1 300 多万人,有近五分之一的视障者认为“互联网产品很难用”,还有其他残障者呢,老年人呢,成人学习中的其他弱势者呢,信息盲道造成的沟壑不解决,他们的权益哪有保障?(《解放日报》2018 年 12 月 3 日第 12 版《“信息盲道”何时通》)

1985 年联合国教育科学文化组织(UNESCO)第四次国际成人教育会议宣言,特别强调学习权的概念,并对于学习权的内容提出具体的界定:学习权是阅读和写字、提出问题与思考问题、想象和创造、了解人的环境和编写历史、接受教育信息、发展个人和团体技能的权利。由此观之,学习权是以个人为主体,透过适当的学习情境和学习活动,充分发展个人潜能,以记录历史、创造历史的一种基本人权。学习权立足于个人与生俱来的、要求通过学习来发展和完善人格的权利,所以它能够实现如下转变:即从国家法律规定的被动接受教育的权利发展为公民以自由人适用的方式行使自己成长和发展的权利。受教育权和学习权是有着明显不同的。受教育权有国家规定性、生存权性、公民权性等,而学习权具有福利权特性、自由权属性、社会权属性、人权特性等。但是自由权与生存权有着天然的联系,公民权与人权总是相互缠绕的。为此,呼吁有关部门要抓紧相关工作,让学习权的立法能够早日实施,使成人个性化学习得到更有力的驱动、更良好的环境等。

可喜的是十三届全国人大第二次会议已将一些与人工智能密切相关的立法项目,如数字安全法、个人信息保护法和修改科技进步法之类列入本届人大五年的立法规划,针对人工智能的立法也被列入必须抓紧研究的项目之中。

2. 做好学习成果认定转换

《国家中长期教育改革和发展规划纲要》在发展任务中提出:搭建终身学习“立交桥”。

《上海市教育综合改革方案(2014—2020)》以及《上海终身发展“十三五”规划》中也都明确提出了要建立“市民个人终身学习账户”的工作要求。这就能促进各级各类教育纵向衔接、横向沟通,提供多次选择机会，满足个人多样化的学习和发展需要；建立继续教育学分积累与转换制度，实现不同类型学习成果的互认和衔接。这样的“立交桥”也有利于成人个性化学习成果的认定。在成人学习中，通过设置不同的人才培养方案和课程体系，实行选修制、学分制和相对统一的课程标准，建立学分互认机制，以实现同一层次的不同类型教育的学习成果多边相互承认，达到不同层次、不同类型的成人学习内部和外部横向沟通与纵向衔接。建立学分互认机制要用“学分银行”，它模拟或是借鉴银行的功能特点，使成人学员能够自由选择学习内容、学习时间、学习地点从而累积学分。要适当借鉴国内外比较成熟、完善的学分转换和相关系统模式。当然，我们必须要建立必要的统一机构和制度规范，通过反复实践来确定成人个性化学习成果互认的具体有效办法，提高此项工作的效能。

3. 制订评价指数框架

评价是对一件事或人物进行判断、分析后的结论。指数是综合反映多种不同事物在不同时间上的总变动的特殊的相对数。即专门用来综合说明那些不能直接相加和对比的复杂社会现象的变动情况。新时代成人个性化学习的指数要求有：指向性，即指标设置能反映新时代的走向，对个性化学习的向善、有效、活跃具有引领作用；概括性，就是其设置具有集中性和代表性，用适量的指标性数据反映特定对象的个性化学习水平；操作性，能使量化评价有效进行，以促进其持续推进、完善。

鉴于新时代成人个性化学习尚处于发展初始阶段，离完整有效指数体系建构尚有相当一段“路”要走，相关指数选择和确定还要深入调研、政策和文献解析以及多年实践，所以目前只能形成初步框架。

环境指数，这是从政府、社会及成人个性化学习组织者角度设置的，反映相关方在新时代为成人实施个性化学习中运用包括数字化在内的所有现代先进技术满足各类成人学习需求在环境、设施方面的保障能力。下设的二级指标可有公共计算机指数、学习平台指数、相关平台使用指数、学习资源指数、相关资源共享指数等。

参与指数，这是从成人学习者角度设置的，反映学习者运用各种学习工具包括信息技术参与个性化学习的能力。下设二级指标有个人投入指数、学习时间指数、学习参与指数和技术应用能力指数(学习者知识水平、学习兴趣、学习风格、学习偏好)等。

成效指数，这是从综合后多角度进行设置的，反映成人个性化学习实施后所获得的学习体验和质量。下设二级指标有学习体验指数、学习提升指数（检索行为、浏览行为、提问行为、交流行为、测试行为等）、学习组织创建指数、学习项目创建指数和服务社会指数等。

服务指数，这是从政府、社会和组织者角度设置的，要体现在终身教育、全民学习理念指引下，在建设学习型社会过程中，政府、社会和组织者满足全民特别是成人个性化学习需求在管理、服务方面的执行力。下设二级指标有城市领导力指数、政府投入指数、社会投入指数、服务机构指数、从业人员指数和人员培训指数等。

4. 强化对应的学习服务支撑

推广、落实成人个性化学习一定要有可靠的、配套的人性化专业服务。这里择要说明：一是加快推进人机交互技术的开发。数字化、智能化学习最大的缺陷是无法实现面对面的互动，要改变这种“冷漠”，必须开发人机互动技术，构建有温度的在线学习平台。这里既要勇于进行智能化方面的创新，又要严守本文前面提到的“导向原则”，做到善于探索，“摸着石头过河”。二是优化多元化的学习资源建设。有关部门要具备超前意识，能充分预判，及时推出满足个性化学习的“定单课程”，如上海嘉定成校从学员年龄、性别、教育背景、工作经历、生活场所、时代发展的角度来把握成人学员学习需求，开设了课程“集贤新韵”。（《中国社区教育》2018 年第 6 期 70 页）金建良《成人学校姓“学”更姓“社”》）。优化课程资源还体现在有缩短学习者个性化需求与学习资源开发的时间差的对策。就如南京秦淮开放大学储呈梅对加快对“在线学习平台”更新力度时提到的建议：可以建成两级课程资源，一级库为使用率高、活力强的课程，二级库为淘汰下来的资源库；及时对二级库资源进行改造升级。（《中国社区教育》2018 年第 6 期第 32 页）三是要打造适应成人个性化学习发展的教师和志愿者队伍。不可否认，成人个性化学习的自主权在个人，但个人离不开社会，个性化学习与其他学习方式不可能毫无关联。尤其在成人的弱势群体中，如老年人进行数字化学习时需要“帮手”。这些“帮手”是指导、协助、鼓励成人个性化学习的可靠力量，借用苏州吴中区木渎镇成人教育中心校的吴娟所说的在师德上应是“红旗手”，在业务上是“多面手”，在实践中能“手拉手”（《中国社区教育》2018 年第 6 期第

72 页)。

这是落实成人个性化学习保障措施层面的共性。

当然,要落实的相关保障不只涉及以上提及的内容。全国教育科学"十三五"规划 2017 年度教育部重点课题"城市社区教育信息化发展指数研究"(课题批准号 DKA170406)主持人上海开放大学航空运输学院、上海市长宁区社区学院党委书记、教授,上海终身教育研究院兼职研究员宋亦芳撰写的《从 1.0 迈向 2.0:社区教育信息化研究回眸与展望》对"三个关注"的阐述中,也涉及了保障成人个性化学习的内容。本文不再赘述。

总之,在新时代,成人个性化学习的发展空间很大。天高任鸟飞、海阔凭鱼跃,路长且多艰,前景很灿烂。只要自觉认清逼人的形势,勇担催人的重任,发扬喜人的成绩,解决急人的问题,就能让成人个性化学习不断刷新纪录,提升水平,创出佳绩,呈现魅力。

(本文作者为长宁区终身教育指导服务中心工作研究主管、中学高级教师)

后　　记

本书呈现了终身学习云视课堂建设带来的新问题、新气象。在现代信息技术快速发展背景下，终身学习的新情况、新提升、新进展成为终身教育与学习工作者们大有可为的新田地，大家推进终身教育现代化的自信心更强了。

长宁区学习办十分关注本书的出版和发行。长宁区学习办主任、区教育工作党委书记姚期担任本书主编，并撰文；区学习办的多位副主任也写了重点文章。执行副主编，长宁区社区学院、长宁区业余大学、上海开放大学航空运输学院副院长，长宁区终身教育指导服务中心主任丁海珍有力实施。长宁区终身教育指导服务中心的叶康老师全程参与了策划、组稿、统稿、校编等事务。

本书的出版得到了长宁区和兄弟区学习型城区建设相关单位的鼎力相助，得到了相关高校、兄弟区终教系统专家和广大终身教育工作者、学习者的全力支持，得到了上海科技文献出版社的悉心指导，在此一并表示诚挚谢意。

长宁区学习办

长宁区终身教育指导服务中心

2020 年 2 月